荆楚文庫編纂出版委員會
武漢出版社

古典小說論

金聖嘆的意識問題

“極微論”已經碰了壁，金聖嘆的私塾弟子們的面子有點坍臺。該找什麼機會再給金老夫子辯護一下呀！於是余楊靈先生的文章出來了。

金聖嘆把《水滸》和《左》、《史》、《莊》、《騷》放在一起，尊之爲“才子書”，其中并無惡意，倒是極正確的見解，正和現在的批評家重視描寫黄包車伕的小説一樣。至於“才子書”云云，不過是明人習用的濫語，也和今人動不動便説“天才”“偉人”一樣（參看七月四日《自由談》余先生原文）。

這一段話是什麼意思呢？我説過金聖嘆有惡意麽？我説過他的見解不正確麽？我没有！我衹是在指出金聖嘆的意識是屬於什麽的。由尊貴者群的觀點看起來，不錯，金聖嘆是“并無惡意，倒是極正確的見解”。至於“現在的批評家”或“明人的濫語”什麽的，自然也對；可并没有證明金老夫子的意識不是屬於尊貴者群。不過余先生還有爲金聖嘆的意識辯護的文章在下面。

金聖嘆倘以“尊貴者群的意識”來選書，那是决不會選到《水滸》的，甚而他選到《水滸》了，而且把純然是故事的連綴的一百二十回本，删成七十回，這是一種有目的的工作，其目的就是暴露官僚政治的黑暗，指出梁山泊集團的社會的成因，讚揚游民階級的義氣。

不錯，“這是一種有目的的工作”。可惜這裏説的這“目的”，衹是余先生現在爲了爲金老夫子辯護纔想出來的；金聖嘆自己并没有這樣説。二十年前，我就讀過金聖嘆的“以丸泥封函谷”（即用《水滸》杜天下亂萌）的《水滸·序》。可惜現在忘記了。有點另外的批語的大意還記得，就舉出給余先生看吧。

林冲是第一個上梁山的人。他的渾名叫“豹子頭”。爲什麽叫“豹子頭”呢？金聖嘆的高見：豹子是吃父母的，等於無父無君的惡人。梁山上的强盜，都是無父無君的，都是豹子。林冲頭一個上山，又是頭子之一，所以叫“豹子頭”。這説法，跟余先生現在所説，是怎樣的不同！至於“金聖嘆倘以尊貴者群的意識來選書”，爲什麽“决不會選到《水滸》”的理由，余先生没有説，我也衹好“從略”。且看余先生的下文：

> 他把故事中寫得十分忠義，惟盼望招安的宋江，奚落得一文不值，試問這是何種意識？

從這幾句看來，我幾乎疑心余先生讀的另一種金批《水滸》。金聖嘆奚落宋江是不錯的，但他所奚落的，剛剛跟余先生所説的相反，不是“十分忠義，惟盼望招安的宋江”；倒是十分假忠假義，拿願受招安騙人，而實際甘心做强盜的宋江。大約讀過金批《水滸》的不止我跟余先生兩個人吧。“試問這是何種意識？”答曰：這是尊貴者群的意識，不折不扣。

以下，余先生引了一大段金聖嘆的話之後，説：

> 這一段説明官僚政治下的無限的剥削及其必然的結果，豈能説是出於“尊貴者群的意識”？

真奇怪，余先生憑什麽斷定尊貴者群就一定没有人反對“官僚政治下的無限剥削”呢？又憑什麽斷定反對“無限”剥削，也就一定反對“有限”剥削呢？其實，尊貴者群，有很多人反對“無限”，希望“有限”。最早的是孔、孟。孔子要人做好人，孟子要人過好生活。他們的著作中，没有一句贊成剥削的話；剛剛相反，有很多反對剥削的話。但是他們都是尊貴者群的意識。閑話少説，抄點余先生引的金聖嘆的話：

> 嗚呼！天下者，朝廷之天下也，百姓者，朝廷之赤子也；今也縱不可限之虎狼，張不可限之饞吻，奪不可限之肌肉，真不可限之

谿壑，而欲民之不畔，國之不亡，胡可得也！

滿口“朝廷”“朝廷”地，“試問這是何種意識”？答曰：這豈能説不是出於尊貴者群的意識？

結論：

第一，金聖嘆的意識，是尊貴者群的意識。

第二，金聖嘆的意識，不能説不是出於尊貴者群。

第三，金聖嘆的意識，跟余先生所斷定的不同。

（原載 1934 年 7 月 10 日《申報·自由談》）

談《野叟曝言》

林語堂先生再三向我們推薦《野叟曝言》，認爲是他在一九三四年中第一部愛讀的書。他的推薦，大大地煽動了我讀這部書的熱情。可是我讀了之後，很奇怪林先生爲什麼要再三推薦。因爲這部書，不但骯髒腐臭，無一好處，并且與林先生平日的主張在許多點上，剛剛完全相反。

一、方巾氣

林先生對“方巾氣”的深惡痛絶是周知的，方巾氣，無論林先生有什麼獨特的解釋，我們把它想爲三家村迂夫子的腐氣，俗氣之類，該不會錯得很遠。《野叟曝言》是一部最方巾氣的書，無一句不腐，無一字不俗，衹要是個清醒的人都會看出；以後還要引用原文，即使不讀原書，也可以略見一斑的。

所謂腐氣，我的意思是指見識狹隘，食古不化，迂執頑固，不近人情之類。《野叟曝言》的中心思想，恰恰是這樣的。書中主人公文素臣討了一個姨太太名叫璇姑，是懂得一點數學的。無所不知的文素臣就指點她的數學；因而談到天文方面的問題。

> 璇姑笑道：“天地謂之‘兩大’，原來地在天中，不過這一點子，可見妻子比丈夫小着多哩。”素臣笑道：“若是妾媵還要更小哩。”

從天文上悟出這樣妙理，真可算得腐氣衝天了。但這樣的例子是舉不勝舉的，現在衹舉一幕最可笑的悲喜劇。這幕劇中，主人公文素臣不登場，登場人物：

任夫人——縣長太太。

鸞吹——文素臣的父執的大小姐，曾落水中，被文救出，想嫁文爲妾，被文曉以大義，已與人訂婚。

素娥——鸞吹的丫環，已給文爲妾，但未成婚，由鸞吹認爲義妹。

湘靈——任夫人的長女，曾以重症被文醫好，想嫁文爲妾，正在家害單思病。

素文——任夫人的次女，湘靈之妹。

其他丫環老媽子之流。

交待清楚，請看正文：

任夫人大慟道："京中有人來説，文先生直言觸怒，綁在午門候旨處斬"……夫人話未完，鸞吹素娥已放聲大哭，湘靈泪如泉涌，面若死灰，素文也滚出满眼的泪來。鸞吹想起前情，哭暈了去；湘靈一陣心酸，把吃的幾杯酒兒都倒出來……素娥哭得發昏；連那晴霞丫頭也是掩面悲啼，和素文兩個靠着東壁邊哭泣；其餘丫環僕婦没一個不短嘆長吁。

亂了一會，任夫人道："……大小女雖未有成言，然已心許文郎，斷無改節之理"……

素娥哭道："……侄友倏得確信，當招魂設祭，以一死謝責，不復計及他事矣。"

湘靈道："孩子也是這個主意。劬勞之德，當報以來生。"

鸞吹哭道："……文兄此信果確，我亦何忍偷生？當與你（素娥）同嚮黄泉，以報知己。"

老實地招供，我没有看見過這樣怕人的文章。一個男人要死，害單思病的女人的母親、妹妹以及丫環僕婦都如喪考妣，害單思病的女人的母親簡直就説已經“心許”，就“斷無改節之理”，没有成婚的姨太太與連婚姻的影子都没有摸着的害單思病的女人都要“以‘一死謝責’”，甚至已字他人的名門閨秀也要“同向黄泉，以報知己”，這真奇到無以再奇，怪到不能再怪了。但是何不爽興説任夫人和她的小女兒以及丫環僕婦都要一齊“殉節”，以表出文素臣的了不得呢？這不是方巾氣，這是方巾氣十百倍以上的東西！衹説是腐氣，未免小看了它。

所謂俗氣，我是指那滿口仁義道德，滿腦子却是功名富貴，妻財子禄而言。《野叟曝言》對這一點，是描寫無以復加的。文素臣那様一個大英雄，官做到一人之下自不待言；他有六個老婆，二十六個兒子，成百的孫兒。内面有好多兒子是“尚主”的，皇王貴族，搶天搶地要和他家聯姻。專説他的大兒子吧，八歲點狀元，九歲做巡按，十一歲做巡撫。可惜寫得太多，不知該舉那一個例子纔好，這裏衹抄幾條回目給讀者看看吧！

第五十八回　三女明婚鸞諧鳳合　一人暗卜夫貴妻榮

第八十五回　五日抱兩皇子醫法通神　一旬産四男兒麟祥曠世

第一百二十四回　五星聚井五星聚奎　三索得男三索得女

第一百三十六回　九子奪魁會元復歸門婿　百丁介壽男女尚軼外孫

第一百四十一回　百世推恩侯伯子男遞衍　千秋異數君臣後妄同筵

第一百四十五回　五百道賜符三男同降　七十回獻壽六寶齊歸

第一百四十七回　九萬里外塑生祠　百壽堂前開總宴

記得有兩句詩：“飄然一隻人間鶴，飛來飛去宰相衙”，《野叟曝言》“飛來飛去”離不了功名富貴妻財子禄，庸俗之態嘆觀止矣！

二、性　靈

林先生是標榜着性靈的。反對方巾氣一定會愛好性靈，因爲性靈與方巾氣是不能兩立的對頭。《野叟曝言》既然是方巾氣十足的書，不知性靈爲何物是不用談的，衹説從頭到尾，無不東剽西竊，没有一句自己的創見這一點，就可明白與林先生的主張是如何地相反。當然，把别人的意思，寫入自己的文章，是常有的事；但整段的抄襲總未見有人恭維，并且總該不是性靈，如果性靈的解釋中，有一條是“説自己的話”的話。現在就舉幾條最明顯的抄襲以示例：

> 這日正走到東阿縣地方……素臣道：“……此處山勢險惡，恐有歹人出没，須要小心。”
>
> 大郎道：“小人也是這般想頭。但托相公本事，就有盜賊何足爲懼？就是小人，仗着相公傳授并自己的膂力，約摸三五十個漢子也還抵擋得住。這强盜若想着我們，可知晦氣哩。”
>
> 大郎正在誇口，早有一人縱馬而過，説道：“好大話！”一頭笑着，把馬加上一鞭，飛也似的去了。
>
> ——第十回

這是“劉東山誇技順城門”的故事。

> 峒元兀自遲疑，毒龍强之再三，衹得出城。見素臣一人一騎，衹跟着三五個小兵，便把苗兵約住，也衹帶得二十餘人跟着，策馬相見。素臣把從人退後，峒元恐有機密，也把從人退下。素臣舉手道：“道人别來無恙……道人貴庚？令郎貴庚？”
>
> 峒元道：“貧道今年五十，小兒十九歲了。”
>
> 素臣道：“那年相會，還是孩子身量，今已弱冠，光陰迅速如

此。道人年已五十，該替令郎完婚，早得抱孫方好。請問令郎曾否定親?”

峒元見素臣并無一句正話，惟入峒一段，似涉機密，口聲又比前高些……正待欲問息兵之説，素臣已拱手而別。

——第一百回

這是“曹操抹書間韓遂”的故事。這段談話以後的情節，也與《三國演義》完全相同。

素臣道:“我若死了，不消幾日，滿身皮肉就臭爛起來，七竅中流出血水，蛆蟲攪滿，臭穢難聞……你看着可愛不可愛? 再到後來，髮脱肉消，光剩一個無眼無鼻的骷髏，幾條蟲蟻食剩的枯骨，你看着可愛不可愛?”

……

素臣道:“人有不死的嗎? 衹消在這上頭着想，那淫念就消散下來，不特我久後必如此，即你的花容月貌，到那時也一樣被蛆蟲攪食，血肉淋漓，過後單存一個骷髏，幾條枯骨。

——第六十八回

這又是從《天開榜》上狄仁杰的“若將美色思亡婦，遍體蛆鑽滅色心”偷來的。這樣妙論，在這書上反復過幾回。

不但抄襲稗官野史，正經書上的奇離怪誕的材料，毫不客氣地剽竊。借“鎔經鑄史”之名（這書有兩句標語:“奮武揆文天下無雙正士，鎔經鑄史人間第一奇書”）行東抄西襲之實，是這書的拿手好戲。顧全篇幅，不能多舉。

三、大 脚

林先生寫過一篇文章題爲《説大足》是主張個性，主張自由，擁護德謨克拉西，反對思想上的定於一尊的專制主義的。他近來的文章，都被這一思想貫串着；前面舉出的反對方巾氣，榻䙲性靈，也正是這一思想的表現。他的意見對不對是另一問題，我想説的是《野叟曝言》在這一點上又剛剛和他的主張相反。書中的英雄，就是衹崇“正學”，力辟“邪道”，否認思想自由的人物。我們看他的志願吧：

> 慨自秦漢以來，老佛之禍幾千百年矣。韓文公《原道》雖有“人其人，火其書，廬其居”之説而托諸空言，雖切何補？設使得時而駕，遇一德之君，措千秋之業，要掃除二氏，獨尊聖經，將吏部這一篇亘古不磨的文章，實實見諸行事。天下之民復歸於四，天下之教復歸於一，使數千百年蟠結之大害如距斯脱，此則弟之夢想而不敢妄冀者也。
>
> ——第一回

不用説，這一思想也是全書都貫串着，到處都闡揚着，主人公更是身體力行着。文素臣做了宰相之後，對於這一問題，曾有一篇皇皇大文的本章，可説是這部書的思想的結晶。現節録幾段以供欣賞。

> 《易》曰：“乾，元亨利貞。”而孔子釋之曰：“君子體仁，足以長人；嘉會，足以合禮；利物，足以和義；貞固，足以幹事。”此見仁義禮知，在人之四德，即天道之元亨利貞，而非可歧而二之者也。乃老子則曰：“大道廢，有仁義。”又曰：“失道而後德，失德而後仁，失仁而後義，失義而後禮。禮者忠信之薄而亂之首。”而以杳冥昏暗者爲道。廢實事而尚虚無，薄恩義而高曠盪。後世申韓商斯慘

刻之政，伶籍弼宴縱達之行，罪浮於桀紂而禍結於生民者，皆老氏之邪説有以啓之。其餘煉養、服食、符箓、科儀諸術，皆托於老氏而戕人之生，惑人之心，破人之家，亡人之國，尤指不勝屈。……至於釋氏則并以天理爲障，而獨守其知覺運動之心。其明心見性之言，既足以荒智士之精神，使吾儒仁義禮智萬善具足之心，一變而爲空虛無用，幻妄無常之心。其輪迴懺悔之説，復足以惑愚夫之心志，使彼蒼命德討罪，萬古有常之法。一變而爲裂綱毀紀，萬惡必赦之法。……朱子云，浮屠氏之説，亂君臣之禮，絶父子之親，淫誣鄙詐，以毆誘一世之人而納之於禽獸之域。固先王之法之所必誅而不以聽者。臣愚以爲老氏之惡，較佛當爲末減，而充塞仁義均爲害苗之莠，其亂政之罪，實浮於少正卯，固宜與佛氏同致兩觀之誅，而不可使其教一日姑容於聖世者也。

——第一百二十九回

這書中衹舉出了佛老，是因爲作者是個迂夫子，衹讀過幾本古書，并不知道天下國家大勢；雖説在他之前及和他同時存在的“異端”，已經不止佛老二氏，他却茫無所知，或略知一二，又苦無成文可抄，自己肚子裏拿不出貨來，所以一字未提。佛老該不該闢，他闢的意見對不對，不在本文範圍。要林先生注意的是，他所渴慕的思想自由，德謨克拉西，在他最愛讀的書《野叟曝言》中也是找不出的。

四、心靈不健全

林先生有一句名言：“中國人心靈根本不健全。”這句話是值得相當的恭維的。現在正有許多人以爲中國的東西什麼都好，中國人的心靈自然更是十全十美的寶物。林先生的話對於他們是很有用的。不過“中國人心靈根本不健全”這話裏面，包括得有“外國人心靈健全”的意思。林先生所指的外國人是什麼雖無明文，從他的别的文章看來，决不會是指非洲人或澳洲人，印度人或菲律賓人。那末，如果是指歐美人，他們和中國人不同的地方，不是心靈，而是養成他們那種“健全的心靈”的社會組織。歐美人生活在資本主義發達的社會，中國人生活在半封建半殖民地的社會，彼此的“心靈”當然不能一致。林先生把這根本原因看掉了，好像“心靈”是什麽天賦的東西；立論是頗有可疑的。

現在没有工夫和林先生討論這一問題；衹要告訴他，他所最愛讀的書《野叟曝言》，正跟他所鄙視的許多中國人一樣，是一部“心靈根本不健全”的東西。當然“心靈不健全”，也可以有各種不同的解釋，我想，這書中的（一）色情的誇張，（二）非刑的贊嘆及吃人肉的嘉許，這幾點，如果作爲“心靈不健全”的例子，應該是没有問題的。

（此處編者删）

我不是説非刑或吃人肉就不該描寫，但那認爲天公地道的態度，是值得起反感的。割股療親，書中雖也説是愚蠢行爲，却也表示着嘉許的態度，并且這樣大規模地割股，割到乾女兒、親家母（兒子的丈母）身上去，也怕是這書上所特有的。這樣的事，一個心靈健全的人，不説大書特書地來表張，就是夢想也想象不到的。

五、白中之文

然而林先生説得最振振有詞的理由是《野叟曝言》是用很好的話寫的。説句笑話，林先生的“文中之白”，“白中之文”，本來連他自己也纏不清楚。這書的主人公恰巧名叫“文白”（字素臣），難怪更是炫花了睛眼。固然這書大部分是接近口頭語的文字，但也很呆板的，談不上是很好的口頭語。從前面引過的幾段話中，已可看出比《紅樓夢》、《水滸》、《儒林外史》差得還遠，雖説這書是在它們以後出來的。就算這樣已經很可貴吧，但這書却用了很多的文言，并且常常用在最不該用文言的地方——對話。

母親對兒子講話，偏好咬文嚼字，説出駢文式的話來的事，該是少有的吧。我們看這書中怎樣寫：

水夫人怒罵道："你這逆子！枉讀詩書，空列學校。豈不聞瓜田李下，君子不居；濮上桑間，詩人所刺？施恩望報，乃鄙士之胸襟；爲德不卒，豈通儒之意量？昔柳下坐懷，不聞貯之金屋；魯男拒色，惟知閉此柴門。乃敢陽托知恩報恩之名，陰行知法犯法之實……

——第七回

像這樣的對話，書中很多，不能盡舉。最可笑的是，不但駢文，連八股文的對話也有——讀者如不明八股文體例，最容易找的參考資料是石印本《西廂記》前面，很有幾篇"怎當他臨去秋波那一轉"之類題目的文章即是。

長卿入至樓下，便道："柳絮因風，書聲澈耳。黨家金帳，固屬痴肥；陶氏葫蘆亦嫌寒瘦。嚼雪讀《檀弓》，較嚼雪讀《楚》詞，清標愈上。未識伊川夫子肯許門外人立雪三尺否也?"

那人微笑，延進客坐，答道："冰城吐焰，寒谷生春。袁安僵卧，固屬忘情；子猷返棹，亦嫌鮮與。踏雪尋寒士，較踏雪尋梅花，冰腸愈熱。未識富春老子足與天上人卧分半榻否也?"

長卿大喜道："寶劍自獄中化去，干將猶落塵寰耶？惜未得華陰赤土，一拭龍文耳。"

那人答道："奇峰從天外飛來，泰山寧讓土壤耶？惜未具南宫象笏，一拜丈人耳。"

長卿道："孫登鳳嘯，弟實聞所聞而來。桃源姓氏，乞向外人一道!"

那人道："嵇康箕踞，君應見所見而去。瀛洲氏籍，恐非野人可知。"

對話寫成八股文了，還公然有人喝彩，引爲用話寫文章的好例子，固屬奇怪；不過我們看過林先生對大衆語所持的態度，對袁中郎的偏好以及“四六文的新生命”的主張，倒不足爲怪了。

從以上幾點看來，《野叟曝言》處處和林語堂先生的主張相反，爲什麽林先生還要再三推薦呢？這不能是一件偶然的事情。我將寫一篇《再談野叟曝言》來討論這一問題。

（原載1935年3月5日《太白》半月刊第1卷第12期）

再談《野叟曝言》

《野叟曝言》是一部宣傳舊禮教，提倡封建道德的書，讀過前次談話中的引文，該可以相信我的話。成篇成套的説教，硬栽在書中人物的口中，叫我們看了，好像看見阮玲玉在“小玩意”之類的影片中，忽然大演其説，大喊其口號一樣肉麻。藝術手腕，實在太笨拙了。一般的劍俠小説，本來都是封建社會的産物，都有忠孝節義的指示；可是那些指示，大概滲透在人物的性格行爲中間，不像《野叟曝言》直接把作者的論文窗稿式的東西都拿出來交了卷。至少，在這一點上別的劍俠小説比《野叟曝言》要可愛一點；哪怕《野叟曝言》的作者，他的主觀的企圖，也許比一般的劍俠小説要大。

如果我們對於一篇作品，不光從作者的教唆上去瞭解，還要從他的表現上去瞭解的話，《野叟曝言》這書，雖然有着宣傳舊禮教的熱忱，可是它的宣傳，却是很無力的。

第一，舊禮教那東西，要建築在像文素臣那樣的英雄的鐵腕上。既有豪杰肝膽，又有聖賢心腸，有伊吕之志，孔孟之學，孫吴之略，武穆文山之至忠至正，而又才高子建，勇邁孟賁，貌勝潘安，功壓韓信，天文地理，醫卜星相，三教九流，諸子百家，十八般武藝，無一不精，連生殖器也與衆不同，衹有嫪毐、薛敖曹之流可比。這真把古今中外的偉大人物冶於一爐，也造不出這麽一個大英雄。就算天可憐見，萬衆有福，産出了這麽一位英雄，這英雄又是一味正氣，不信神仙的，當然不能長生不老；那末，舊禮教豈不也衹能趁英雄健在之日，如曇花之一現麽？舊禮教是千好萬好的，作算我們相信，可是没有那麽偉大的英雄就無法實現，却未免令人遺憾千古。

第二，這樣一個大英雄，作者并没有告訴我們在現實生活正常生活中怎樣需要，倒衹在離奇誕妄妖魔鬼怪的場合表現了他。石女開洞，閹人茁芽，無夫生子，人和熊交、龍交、蟒交、猿交、神交，人急變虎，馬死變人，清水變錢，老蚌獻珠以及種種稀奇古怪的事，固然表出了英雄的偉大，足以烜赫“少見多怪”之流，但與我們這些平凡的人，平凡的生活有什麼關係呢？把英雄表現得和我們凡人隔得這麼遠，不怕那寄托在英雄身上的舊禮教不容易叫我們心悦誠服地接受麼？

第三，《野叟曝言》雖然是宣傳舊禮教的東西，却無意中露出了舊禮教本身的好些漏洞。例如，據書中所寫，女人的貞操是極被看重的。男子妻妾成群，不用説，是理之當然；女人却要從一而終，以守節殉節爲貴。這本是我們的傳統的東西；可是書中的英雄雖然也看重女人的貞操，并且教唆别人看重，自己却常常破壞别人的妻妾的貞操。他俘獲的女將，賞給自己的家將僮僕，連一個叛王的妃子，也不給人留點體面。固然，别人的貞操她們自己不一定像我們的英雄那樣，把它當作一回了不得的事；但是由英雄自己的手裹去破壞别人的貞操，却未免太違背“己所不欲勿施於人”的道理了。還有，有些叛逆的人，邪淫的人，固然他們的妻妾，往往不正經，却也有些是很貞潔的。他們“伏誅”之後，還有妻妾爲他們守節。這樣的守節是應不應該的呢？守節的出路又是什麼呢？這書中并未交代清楚。那末，作算我們承認舊禮教是千好萬好，全盤接受書中的教唆，豈不有時也會無所適從麼？

第四，那樣一個大英雄，同時又是個大忠臣。他爲什麼一定要做忠君呢？書中的皇帝是個昏君，“東宫”雖好，也是個平常的人，差那位大英雄，不知該有幾十個十萬千里。爲什麼英雄一定要忠於昏君或庸君，自己不做皇帝呢？難道天下還有人比他更適宜做皇帝麼？難道皇帝衹許昏庸的人做不許英雄做的麼？固然他不做皇帝，已經很好了；但是做了皇帝豈不更好麼？這，至少在現在看起來，是件不容易懂的事；也就是忠孝節義的説教本身的一個矛盾。

像這樣指摘，會把文章拉得太長，且説這部書爲什麼會有人推崇。首先我要説，像這樣的一部書，在五四時代那種反舊禮教反封建的高潮中，是誰也不肯或不敢推崇它的，更不用説五卅時代。固然五四時代也有林琴南王敬軒之流，很够資格把這部書當作法寶來祭起；可是林語堂先生説得好："《野叟曝言》——增加我對儒道的認識"，雖説維護舊禮教，究竟道士氣味太濃厚太露骨，是不足見重於真儒的。現在五四時代已經過去了。舊禮教雖已不像五四以前被認爲天經地義的東西，但舊禮教的社會基礎，還殘存於目前的中國。……加以"熱心救世"者流，更衹要是宣揚舊禮教的東西，不，衹要於舊禮教有點利益的東西，都會急不暇擇地搶到手中；哪管那東西本身有没有問題？……推崇《野叟曝言》，豈不比勸青年讀《莊子》、《文選》還要識時務得多而且也切實用得多麽？

但是推崇這部書的是林語堂先生。林先生在三一八前後的那種戰鬥姿態，我們還没有忘記；何況像前次所説，這書又和林先生的主張，在許多點上又剛剛相反。難道林先生會推崇一部在本質上完全和自己的主張相反的書麽？像這樣想，正像舊小説上的兩句套話："衹知其一，不知其二。"不錯，林先生曾經是一個戰士。但是他好久以來，已經不是戰士了，他完全脱離了戰鬥的行列，從戰鬥中，他没有得到什麽光榮的戰績，剛剛相反，得到的失敗的創傷；這創傷，在正在戰鬥的時候，是不會覺得的；一到離開了戰鬥，這纔深深地感到，纔凄婉地用自己的曾經戰鬥過的手去摸撫。這時候，如果不是一個意志十分堅强的人，他就容易傷感地想到在戰鬥中所受的犧牲無謂，想到早知今日倒不如根本不戰鬥的好，而回轉頭去羡慕在戰鬥以前的那一副鋼筋鐵骨一樣的健康的身體。這樣的心情，衹要有一點點兒，也就容易發榮滋長起來，使他回復到戰鬥以前的自己而成爲敵人的精神的俘虜。何况林先生在他的"黄金時代"就已承認古人的"浩然之氣"，説"古人之精神或有可復者"。經過一點風吹雨打早就感到"寂寞的悲哀"，深悔從前"少不更事"，自然更容易投入敵人的懷抱了。不錯，《野叟曝言》在許多點上和林先生的主張不合；但它是一部宣傳舊禮教的書，在本質上投合了對許多舊東西發生了熱戀的林先生的胃口。説林先生對舊東西迷戀，并不是一句過分的話。

他崇拜明人小品是周知的，反對大衆語提倡“語録體”也是周知的，在他編的刊物上特別介紹五四時代代表封建陣營的林琴南，特别鼓吹以歡喜小脚（雖説林先生好像贊成大脚）著名的保皇主義者辜鴻銘的“蠻子氣”，特别刊載一手絞殺了洪楊革命爲“滿洲國”傀儡的祖先盡了最大忠忱的“曾文正公”的相片，來煽動我們對那些陳死人的熱情更是周知的。和這些“幽默”的“妙”舉一貫，他又向我們推薦了《野叟曝言》，叫我們去聽那舊禮教宣傳員的講演。在這裏，林先生企圖着什麽，不言而喻。

不用説，我們希望林先生恢復他那三一八前後的英勇的精神；但是也不能容忍他現在對我們所下的毒藥。如果他的行爲是不自覺的，我們更應該指出他的迷途。誰要是放鬆了林語堂，誰就是三一八時期的林語堂的罪人！

（原載 1935 年 3 月 20 日《太白》半月刊第 2 卷第 1 期）

追　記

在《再談〈野叟曝言〉》裏，我説林語堂先生之所以推薦《野叟曝言》，是《野叟曝言》的根本思想，那舊禮教，封建道德的宣傳，正中了林先生的下懷。可是寫那文章的時候，并没有把林先生的文章拿出來一一引證，雖説自己已經覺得很够了，讀者未必不有論據不足之感。所以文章寄出之後，總有點放心不下。

但是要我重新翻出林先生的文章來讀一遍，正像要我把《野叟曝言》重讀一遍一樣地不容易，心裏雖想做點補充工作，同時又感到無從下手。多謝林先生，最近又在《人間世》上發表了一篇《哀莫大於心死》；多謝《芒種》創刊號，刊出了林先生的演詞的真正紀録，現在我可以從這些新材料中隨便抄一點來作我的文章的補充了。

> 處此是非混淆之勢，聰明不足憑，惟視一點孤貞氣義足爲我們表率而已……若文天祥、史可法、王陽明、曾國藩、林則徐，以儒家出身作出大事業，皆禀一點孤貞節烈之氣而已。能數君子皆一片天地正氣在心頭，其學問皆從正心修身做起，王陽明講良知，曾國藩事事留心，皆是儒家積極入世以天下爲己任之成功者（小圓圈引用者加）。
>
> ——《人間世》第二十三期

> ……孔子的做人之道，一點不懂……最好，諸位青年們，先明瞭孔子的做人之道……我平常是反對孔子的，但是孔子的做人之道，諸位不好反對，不好反對，有價值的……做人要正正經經，不好走入邪道真的，一走邪道……（小圓圈引用者加）。

——《芒種》創刊號頁二三

像這樣高貴的思想，不用說，林先生早就具有了，不過現在格外來得明顯，來得具體些。把林先生的這種文章一領會，回頭再去看看《野叟曝言》，除了覺得《野叟曝言》没有林先生的思想純粹以外，對林先生的推薦《野叟曝言》，是不會再有什麽不懂的。胡風先生在《林語堂論》裏説："八九年之後，纔由孟子的'浩然之氣'走到了袁中郎的'性靈'和'語録體'，我們倒應該承認他走得是很慢的。"現在帶給胡先生一個可喜的消息：林先生已經在開快車了。

（原載 1935 年 3 月 20 日《太白》半月刊第 2 卷第 1 期）

探春論

探春是趙姨娘生的，出身微賤，已經是大書特書的了。可是不肯以卑微自甘，總是想往高處爬，主子小姐的架子，擺得比别人還足；甚至呵其母，疏其同母弟，直呼其舅父之名，妄攀九省檢點爲舅父，可謂不識人間有羞耻事矣。才色下林薛遠甚，却好附庸風雅，發起什麽海棠社，使《紅樓夢》一書，平添許多無謂文章（紅樓文章以公子小姐們吟詩賭句爲最不耐讀），更是俗不可耐。作者使之遠嫁，也許就是“沙衣五百，黄錢二斤，東南方五十步送之大吉”的意思。

然而她也有一件快人心意的事，打過王善保家的耳光。

讀過《紅樓夢》的人大概都記得，傻大姐在大觀園拾到一個香囊，上面綉着赤裸裸的“兩個妖精打架”，被邢夫人看見，拿到手裏，派陪房王善保家的送給王夫人。王夫人和鳳姐都不知道是誰幹的，打算留心暗訪。王善保家的獻計：有其一必有其二，搜查丫頭們的箱子，看誰的箱子裏有這玩意兒。這計馬上被采用，弄得丫頭們鷄飛狗上屋，司棋、潘又安且因之泄漏戀愛秘密，終於雙雙死掉。

其實寧榮二府的男女“妖精”，何止千數？其中兩個兩個地脱得赤裸裸地“打架”，又何時何地没有？乃天下事往往如此：無論什麽不可告人的玩意兒，都可青天白日，明目張膽，大張旗鼓，忘情恣意地做，縱然春光泄露，被同儕所窺，也都相視而笑，莫逆予心，反正彼此彼此。惟有如焦大之流的傻子，酒酣耳熱，罔識禁忌，宇宙之大，蒼蠅之微，不禁脱口而出的時候，那就罪大惡極，非群起而攻之不可。至於文人墨士，不惟出之於口，而且筆之於書，宣之以書，不用説，情勢的嚴重，比之天崩地陷，有過之無不及。嗟呼，香囊而綉着妖精打架，其欺天害理，傷風敗俗，無君無父，斷子絶孫爲何如乎？得其作者而甘心焉，蓋亦勢所必至，理有固然也。

且寧榮二府，真正有傷風化，不可言也的醜事，真是多如狗毛。首先第一，王夫人的大小姐元春就給一個人作姨太太，不是一件最大的醜事麼？可是不但不以爲醜，反而全家大小，都以爲莫大榮幸，大觀園還正是爲了那位姨太太回家“省親”而建造；賈府之所以如此其闊氣，大半也因爲祖墳埋得好，出了這位好姨太太。所不同於探春可有呼其名的趙國基的，就是那位姨太太和别的太太和姨太太所共同的老公是“聖上”，而趙國基的姊姊（或妹妹）和王夫人所共同的老公是賈政而已。秦可卿死後，公公賈珍哭得和泪人兒一樣，不拄杖簡直不能走路，宣稱要盡其所有地來埋她，馬上替她的丈夫捐官，讓她的銜頭好看一點；至於她的丈夫也就是賈珍的兒子賈蓉，反像没事的人似的。這裏面包含着如何的一段醜史呀！其次寶玉與秦鐘、蔣玉函的故事，王熙鳳與賈蓉的故事，賈璉與尤二姐、多姑娘等人的故事，那一件不比一個綉着“妖精打架”的香囊，醜過一百倍？可是没有人問；甚至焦大嚷出來的時候，鳳姐賈蓉之流還裝着没有聽見。對於一個小小的香囊却大驚小怪，非雷厲風行地徹查不可。越是亂七八糟的人，越是喜歡假充正經，自己正在把風化碎尸萬段的時候，維持風化的面孔一定非常猙獰。其意若曰：傷風化是我們的特權，奴才下輩公然仿傚，就未免膽大妄爲了。這意思從王夫人先以爲是鳳姐的，衹打算説説了事，以及搜查衹限於丫頭們的箱子，置公子小姐的於不問這一點上充分地表現出來！

這些姑且不談；僅爲王夫人（大觀園當局）設想，搜查的辦法，也是失策。搜查之前，知道這回事的，還不過三兩個人；搜查之後，群起而詢根究底，雖不必看見實物，知道是怎麽回事的，就反而多了。以它爲不足以教兒女麽？搜查實際上就是把它告訴兒女；以它不足爲外人道麽？搜查其實是執途人而告之。如果園中人和天下人，果真知道是怎麽一回事，還是幸運；香囊微物，所綉亦不過兒女私事，究無礙天地之寬；若不幸而不知道真相，大家胡猜亂測，言人人殊，悠悠之口，輾轉相傳，那就不知道會傳成什麽。寧榮二府的令譽和尊嚴，都可被那些傳言一掃而光。國必自伐也，然後人伐之；那麼，家必自抄也，然後人抄之；錦衣軍之來，王夫人招之有素矣。且搜查無着，也是幸運；若不幸而搜得人人的箱子裏有此實物，問題豈不更嚴重了麽？誅夷盡净，以爲天下事大定矣的治安之道，從來没有，以後也永不會有，王夫人怎麽辦呢？又，被搜查的雖然都是丫頭們，如果從她們的箱子裏搜出了實物，究詰起來，竟都與公子小姐們有關，又怎麽辦呢？不是出乖露醜，連自己也無地自容了麽？察察爲明，賢哲所棄，不僅病其擾民，亦且病其自擾。然王夫人不足以懂得這道理！

古話説："爲君難。"爲君有什麽難呢？穿君衣，戴君帽，坐君位，儼乎其然地坐朝問道，聽大臣們奏聞舉措興革的天下國家大事，擇其善者而從之，其不善者而改之，不必要什麽聰明才智都可做得像樣。問題是像這樣冠戴齊楚，正襟危坐，禮儀三百，威儀三千的時候少；私服燕居，申申夭夭，吃飯拉矢，妻妾調笑的時候多。似乎有這樣一句談：人不能是隨身侍從眼中的英雄。君也是人，不能不有人的弱點，喜怒好惡上的偏私，燕居的時候最爲顯露。隨身侍從看見主人的弱點的時候最多，最清楚，那種人的特殊性格與技能又最會捉住和利用主人的弱點，用種種陰謀詭計，使主人就範；就範之後，主人就成了他的耍把戲的猴子，要怎樣就怎樣，縱然并不心甘情願，有時也就欲罷不能了。閹宦之禍，史不絶書，魏黨客氏尤其著者。這就是爲君之所以難的一端。王善保家的似的希榮固寵，討好賣乖，刁唆主子，摧殘同類的女子而兼小人，正是唯恐天下不亂的角色；平居無事，尚且要興風作浪，惹是生非，香囊經她傳遞，這是何等機會，安能默爾而息？乘間獻計，不必智者始知其然。然而王夫人之爲人，必爲其覷之有素矣，雖然她祇是邢夫人的陪房。

古代的聖賢，看見人君的殘暴可以無限，小民的水深火熱，不可一日居，於是一車兩馬，周游天下，講道德，説仁義，希望當世人主推行仁政，以略蘇小民之困。所謂悲天憫人，其用心實在很苦。孔子曰："爲政以德。"又曰："政者正也，子帥以正，孰敢不正？"孟子曰："不嗜殺人者能一之。"仁義道德的基本精神在於反求諸己，不是很明顯的麽？乃後世暴君讒臣動輒以仁義道德責人，不是説某人不仁當誅，就是某人不義當殺。仁義道德的詞句，滔滔不絶，如數家珍，好像他們比聖賢還要聖賢，聖賢的話，不過特爲替他們準備的殺人工具似的。至於他們自己是否仁義，是否道德，他們自己既不問；炙手可熱，别人更不敢問，於是成爲一筆永遠的糊涂賬。“竊國者侯，侯之門仁義存焉！”莊子早已慨乎言之了！禮教風化之説深中人心，由來已久，妖精打架的綉香囊公然出現，在某些人看來，實在是不成體統的。徹查嚴辦，也未嘗不理直氣壯。問題是倘若平日守正持禮，又能齊家以禮，帥下以正，正是“苟子之不欲，雖賞之不竊”；怎會有這樣東西出現？這樣東西的出現，就證明自己不行，應該下詔罪己纔是。現在不但不責備自己，反而要把雷霆萬鈞之力加到不識不知，誤蹈法網的蚩蚩之氓們身上，而且是因一二人之故而使全體受殃，無論口裏的仁義道德，或禮義廉耻説得怎樣動聽，其實都是舍本逐末，差之毫厘，謬以千里。孔子曰：“見善如不及，見不善如探湯。”王夫人生平每反其道而行，早在金釧溝瀆自經的時候，我們就有此人當國，必然誤盡蒼生之感了。“豺狼當道，焉問狐狸。”王善保家的之流，反而是不足深責的。

無論是王善保家的挑唆或是王夫人自願，吃苦總是小百姓：大觀園的那些丫頭們，半夜三更，敲門打户，翻箱倒篋，而狐假虎威的叱喝申斥，予取予求，其間必有人情所不能忍者。探春主子小姐也；探春面前，王善保家的尚敢動手動脚，况别人乎？丫頭們雖然是卑賤的人類，但既辱且冤，恐怕也不是分所應有的吧。誰不知是王善保家的搗鬼，而想和晴雯一樣，給點顔色她看呢？無奈礙於王夫人的命令；又豈没有連王夫人也懷恨在心的？無奈格於主奴之分，敢怒而不敢言！“君要臣死，臣不敢不死，父要子亡，子不敢不亡，”片言抗命，身首異處。“五人墓碑記”上就載着抗命者們的結局！而晴雯也終於被逐出大觀園以死了！嗟呼！獨夫佞幸，同惡相濟，勢不可忤；小百姓有冤無處訴，有怨無處吐，有史以來，不僅大觀園一隅爲然，此正英雄豪傑所掩卷嘆息，莫可如何者。“有佛菩薩焉，運五指之峰，作巨靈之掌。香風盡去，春雷與新笋齊生；

翠袖翻來，鴻爪共烏泥并現。嘻！此何聲也，其殆博浪椎之嗣響乎！……蛾眉吐氣，爲大白浮者三；老魅殺風，爲舞劍起者再。”這是讀花人“王善保家的贊”，人同此心，心同此理，探春賞了王善保家的一個耳光，大快人心，古人早已感到；比之如“博浪椎”，簡直就是説她不僅打了王善保家的，并且也打其用意在王夫人了。然而古往今來，王夫人王善保家的何其多；而探春何其少也！

探春説：“可知道這樣一大族人家，若從外頭殺來，一時是殺不死的，這可是古人説的‘百足之蟲死而不僵’，必須家裏自殺自滅起來，纔能一敗塗地呢！”看得遠，認得清，説得沈痛透徹，可見探春并非斬竿揭木的暴徒，倒是賈府較識大體的孝女。王夫人雖殘暴，如果事先聽見這番議論，未必不收回成命。可惜事涉猥褻，既不能與聞於先；風聞一二，又不便直言於後。涕泣而道，尚且不得不以“取瑟而歌”出之，遇亦慘矣。説到這裏，想到大觀園的幾個正經人，似乎從來没有對王夫人説過什麽要緊話；倒是王善保家的和襲人之流的宵小，反能大鼓其如簧之舌，天下事之不可問，已可想見。但仔細想想，却也難怪，能説話的，首推鳳姐，而鳳姐本身問題却特别多，往往爲了洗刷自己，不惜犧牲天下人；自不肯説，林薛爲人在客，不便説。寶玉少長於君，説話不足重。李紈苟全性命於亂世，無言責。迎惜一則木訥庸懦，一則年幼無知，所謂豎子不足與謀，其不説也更不待説。“當今之世，捨我其誰！”探春左顧右盼，旁若無人，其概應不減於今之梁漱溟先生。不幸又非王夫人所出，其間不能没有多少距離，假使像寶釵之於薛姨媽，情形必然大不相同的。甚矣。人居下位，進一言也，如此其難，此韓非之所以著書，而天下之所以多事乎！

或曰：探春打王善保家的，非僅爲丫頭吐氣，亦且爲自己伸寃，作者爲王夫人喜寶玉不惜連篇累牘；其於探春，蓋闕如也。是王夫人之歧視庶出之女，昭然若揭；就王夫人的爲人看來，也不能捨歧視之外還有别的。探春動心忍性，企圖報復，已非一日，打王善保的，尚不過小試其鋒耳。若然，則探春所蓄，正未可量，其於母弟，於舅父，或亦有不得不爾在，本文開頭所論，倒未免皮相了。時云："高山仰止，景行行止"，探春如何作，雖如褚太極之於美人魚，所忻願焉。

（原載1942年9月1日《野草》月刊第4卷第4、5期合刊）

論關羽

關羽是封建地主的守護神。

他的功業是以剿滅農民的叛亂（“黄巾賊”）開始的。

剿滅農民叛亂就是保護封建地主的原來的統治，這統治是以姓劉的——劉秀或劉邦的後代——做皇帝爲集中表現。他的畢生功業都和這一件事分不開。他的忠誠和大義無非就是對於姓劉的忠誠和大義。擴大開來説，是對於原來的封建地主的統治的忠誠和大義。

在他看來，皇帝是不能叫姓曹的做的，如果姓曹的做了皇帝，縱然仍然是封建地主的統治，却已不是原來的封建地主的統治了。姓曹的豈但不能做皇帝，連“挾天子以令諸侯”也不行。那樣就侵犯和削弱了皇權，也不是原封不動的原來的統治了。姓曹的是劉家天下的敵人，因此也就是關羽的敵人。所以在許昌打圍的時候要殺曹操，屯土山的時候説“降漢不降曹”，後來“千里保皇嫂”、“尋兄”去了。

有人説關羽不懂國策，不肯聯合東吴，共同反曹，不肯交還荆州，所以終於失敗了。這是不懂得關羽的忠誠大義的緣故。東吴是姓孫的天下，也就是侵占的劉家天下。姓孫的也是姓劉的敵人，是關羽的敵人；荆州又原來是姓劉的。“虎女豈配犬子”！姓孫的是什麽東西呢！這是關羽的中心思想。也許他不懂策略，但是把握住了原則。

關羽喜歡讀《春秋》。這也許是後人給他加上去的，但加得恰當。《春秋》是使“亂臣賊子懼”的書，是景慕過去的光榮，維護現存統治的書，他活該喜歡讀。讀《春秋》一事，就表現整個關羽的精神，他可不是什麽隨隨便便，能够與别人和光同塵的角色。

關羽，這裏自然説的是小説上的，不是史書上的，是封建地主的代言人替他們的守護神製的塑像。這塑像是經過地主階級的整理、概括和創造的把一切忠於地主階級的美德都加到他身上；把一切缺點都摒棄和洗刷了，甚至曾經作過降將軍的事——降漢不降曹！甚至和皇嫂共處一室的事——秉燭達旦；甚至放走了敵人（曹操）的事——天不絶曹。

地主階級造好了自己的守護神的塑像，并不僅是給自己階級膜拜的；必須使農民和農民以外的一切人都把它當作自己的神而崇拜，纔能收到守護地主階級的利益、效果。他們恐怕他們塑出來的像，不够通俗，不够卑下，不被一般人所贊嘆，除了把它供在武聖廟裏之外，還加上了許多“蓋天古佛”之類的称號，捏造了許多“顯聖”謡言。恐怕没有一個縣份没有“關帝”顯聖的紀念物或傳説，没有一種縣志之類的書上没有關帝顯聖的記載。在這樣的苦心孤詣之下，當地主階級君臨天下，農民還處於自在狀態的時候，這塑像果然萬丈金身，光芒四射了。

現在地主階級崩潰了，農民起來了；不，不等到現在，當民主與科學的思想傳到中國來的時候，關羽，這封建地主的守護神身上的金漆已經開始剥落了。

（原載 1946 年 12 月 14 日重慶《新民報·呼吸》）

論武大郎

上

武大郎安分守己，勤勉而良善，順從他的妻子，友愛他的弟弟，和鄰居們從不發生什麽糾葛，是好人和良民的標本。然而他的老婆被人奸占了，他的性命斷送在奸夫淫婦（這袛是法律上的名詞吧，但此處正用得着!）和“馬泊六”手裏了！豈但如此，還落下一個“王八”之名，千百年下，好開玩笑的常用他的名字作揶揄别人的用語，好像他不是好人和良民的標本，反是王八的標本！這是怎樣一個不問是非，不分青紅皂白的世界呀！又是怎樣一些不問是非，不分青紅皂白的人們！活在這樣的世界上和人們中間，用胡風先生的話説：就是“在混亂裏面”!

請問：他犯了什麽罪，應該得到這樣的結果?

他矮。這是他的錯麽？晏平仲也矮，爲什麽没有得到同樣的結果?王矮虎也矮，爲什麽不但不失掉老婆，反而得到老婆呢?

他樣子不漂亮。這又是他的錯麽？“不意天壤之間竟有王郎”，這是晋朝一位闊太太講的話。那位王郎，樣子就不漂亮，雖然不能可太太之意，也没有得到武大郎的結果呀！

他没有學問。但西門慶又有什麽學問呢？最没有學問的莫過於晋惠帝（?)，他説：“天下饑，何不食肉糜?”但還做皇帝咧！

他的老婆太好看了。笑話，西門慶有六個“房下”，一個賽似一個地好看，他的老婆不過其中之一。

他窮。對了，他窮。但顔回也窮。“一簞食，一瓢飲，在陋巷”；原憲也窮，“捉襟則肘見，納履則踵决”；黔婁也窮，“夫婦對泣於牛衣中”，窮人實在太多了！

他賣炊餅。當然，他賣炊餅。但炊餅這東西到處都有，也就是到處都有賣炊餅的。難道人人都像武大郎那樣結局麽？

這些原因，分開來，一個也搔不着癢處；但合起來，武大郎就死於非命了。

武大郎窮，賣炊餅，這不是什麽高尚職業；在舊世界，凡靠體力勞動吃飯的，都不高尚。一表非凡地不像樣子，貧窮和低微的世襲者又怎麽會像樣子呢？大概没有讀書，像他這樣地位的窮人大都很少機會讀書的。從優生學（一名淑種學或遺傳學）的立場説，是一種愚劣的人類，根本没有傳種的資格，不應該有老婆。我想潘光旦教授一定會同意。這决不苛刻，爲學術，爲人類，爲種族，爲國家，爲人民，都有這必要。而最必要的還是他自己。假如没有老婆，他就不會慘死！也許有人懷疑，斷子絶孫的阿Q也没有老婆，爲什麽也慘死了呢？這不同。阿Q偷人家的東西，又想革命；我們的武大郎却不那樣。再説，阿Q也不算慘死，是國家拿去明正典刑了的，死而與國家有關，怎麽算慘呢？但優生學恐怕也真有一個缺點：天下固然有許多愚劣的男性，不應該討老婆；另一面是不是也有許多愚劣的女性，不應該嫁人呢？如果有，不嫁不娶，自然最理想；問題是那些愚劣的兩手兩脚的禽獸，既然愚劣，當然不懂得學術，也不懂得爲人類，爲種族，甚至爲他們或她們自己的這種替天行道。參天地之化育的學者：聖賢、思想家們的苦心孤詣。如果禁止他們和她們之間的嫁娶，一到春機發動期，他們和她們就會按捺不住，亂來一回，不但與安寧秩序，説不定與國際觀瞻都會有損。莊嚴神聖的優生學，至少在“爲國家”這點上，還未達到完善周密之境。放寬尺度吧！在國家面前，學術多少讓點步，就准許那些狗男女們去如此如此吧。但須有個限制：愚劣的男性衹能跟愚劣的女性配合！真的，武大郎如果討一個粗脚大手，笨嘴笨舌，有水牛般力氣，幫她的丈夫挑水，砍柴，生火，和麵，挑着擔子到街上喊：“賣炊餅呵！”那纔真是天生一對，地造一雙，龍配龍，鳳配鳳，一定會夫唱婦隨，白頭偕老的。然而幸乎不幸乎，不幸乎幸乎，他的老婆却是那如花似玉，千嬌百媚的潘金蓮，於是，“天下從此多事矣”！詩曰：“駿馬每馱痴漢走，巧妻常伴拙夫眠，世間多少不平事，不會作天莫作天！”多少高貴人家，三妻四妾，粉白黛緑，争妍取憐，誰也不哼一聲；西門大官人就是現成的例子。貧賤人衹討了一個老婆，那老婆也没有别的什麽，不過模樣兒長得好看一點罷了，天下之人就如此憤憤不平，好像一定要他和她分散拆開，最好叫那“巧妻”陪他——那位作詩的“巧夫”眠眠，這纔天公地道，心滿意足。有道是：“千夫所指，無疾而死”，武大郎就死在這“千夫”的“指”裏！人，衹要有錢，有地位，堂堂一表，不管怎樣爲非作歹，卑污貧賤，壞得像西門慶，或者還壞十倍百倍，衹要不把番僧的藥吃得太多，都可安享天年，生榮死哀。貧賤醜陋，不管如何良善，如何愛妻友弟睦鄰，不損人，不利己，衹靠自己的勞力養活自己和家人；别的不説，就是老婆好看一件事，也可以死於非命。這似乎太不像人間，的確是事實，武大郎的結局，是個有力的證據。

中

有這樣的意見麽？武大郎不過小説上的一個不重要的人物，那事件也不過是一件偶然的事件，用不着據以憤世嫉俗。

我决不憤世嫉俗，但也决不停止把舊世界的真情實態指示給你。

不錯，武大郎是個小説上的人物，但爲什麽一定不重要呢？世界上最可貴的是這種人，最多的也是這種人，不聲不響，忍辱含垢，克勤克儉，用勞力養活自己，養活家人，同時也養活全世界。没有這種人就没有世界，爲什麽不重要？——别亂扯了！我是説在小説上，他不占重要地位！——你這樣説，爲什麽？《水滸》可以没有他麽？《金瓶梅》可以没有他麽？没有我聶紺弩，《大公園》還是《大公園》，《野草》還是《野草》，文壇還是文壇，世界更還是世界；但没有武大郎，想想看，《水滸》就不成其爲《水滸》，《金瓶梅》更不成其爲《金瓶梅》了。他在小説上的地位比你我在這現實社會占的地位重要得多。

其次，那事件爲什麼是偶然的呢！他姓武行大，偶然；他的老婆叫潘金蓮，偶然；那奸夫名叫西門慶，更偶然。但像他這樣的地位的人，有了好看的老婆，不能保住，甚至性命也要賠上，這件事却決不偶然。

我是在一個小城市裏生長的，那城的事情有許多我都熟悉。跟別處一樣，那裏也有生得好看的女的，大都是有錢有勢（就那小地方而言）人家的小姐，經過某種手續之後，變爲少奶奶、奶奶、太太。她們不一定没有艷史韻事，但與我們的問題無關。且不談它。低三下四的窮家小户，比如差人（司法警察）、打漁佬、裁縫、厨子、皮匠、剃頭佬、武大郎的同行等等，女的常常不好看。人果有好看的，不管是老婆也好，女兒也好，首先就一定偷人；不偷的衹算是例外。偷同等地位的如果不是没有，多數却是偷那些有錢有勢人家的少爺或店鋪老闆。其次是逐漸把偷偷摸摸的事變爲公然；再就是變爲職業，原來的職業反變爲副業，或者根本放棄。我們那兒，偷外面的妓院的那種東西是没有的，這一點比清河縣差遠了。因此把别人的妻女買來做摇錢樹的事情也没有。如果有鴇母，那就是“姑娘”的真正母親或婆婆，而龜頭、大茶壺等等，又正是她的丈夫本人。聽見過好幾個這種傳説：某人看見他的老婆了就發抖流汗，走攏去就頭痛；某人跟老婆睡在一個床上就生病，單獨睡就好；某人跟老婆睡，一夜你摸不着我，我摸不着你，像有一道墻隔住了；有緣千里能相會，無緣同床不能歡，順理成章，底下是與其備而不用，又何不沾她一點光，圖一條生財之道呢？這是摇錢樹是老婆的場合，如果是女兒，則更簡便，連傳説也免了。姑娘們的結局有好幾種：其一，嫁給外面來的文武官員做太太或姨太太。父母變爲岳老太爺，岳老太太，兄弟變爲舅老爺，榮耀之至！原來有丈夫也不要緊，花一筆錢，買一張“脱頭”；這却比清河縣文明多了，西門慶曉得用這辦法，就會少欠一條命債，免掉許多麻煩！其二，嫁給本地的大好佬做姨太太（本地人討姑娘做正印夫人的差不多没有），等太太歸天了扶正；其全家光榮同上。其三以下不必説，不嫁或不幸短命死矣的也多。説清楚了没有？窮家小户的美人兒，總是老爺、少爺、先生、老闆們寵幸的對象，或者共同寵幸，或者獨自寵幸，例外幾乎没有。要不要補充一句傻話？大家人家的太太、奶奶、少奶奶、小姐，前面説過，不是没有韻事，甚至偷和尚的都有；但偷差人、裁縫、厨子，終於向丈夫買了脱頭，改嫁給差人之類的，信不信由你，連半個也没有！沈從文先生曾寫過一個故事，《愛欲》：一個皇后，私奔一個没有腿的乞丐，每天用車子推着那乞丐在街上討飯，那皇后决不是我們那裏的人！

豈止我們那兒；在舊世界裏，什麽地方，什麽時候，不是這樣？請想想《復活》的女主角吧，想想《大衛·科波菲爾》裏面的小愛米莉吧！想想《金瓶梅》裏面的春梅、宋蕙蓮、王六兒、賁四嫂、如意兒、李嬌兒、鄭愛月吧！想想《紅樓夢》裏香菱、平兒、尤二姐、多姑娘、襲人、柳五兒吧！想想《海上花》、《花月痕》吧，想想《日出》和《雷雨》吧！真是數不盡的千千萬，説不清的萬萬千；無論怎樣的美人兒祇要出身寒微，結果都一樣：不是西門大官人之流的“房下”，就是外室，再不就變爲妓女、女伶、交際花、舞女、女招待、女擦背、女嚮導，伺候大官人們。

武大郎的老婆被奸淫被占去，是偶然的？

舊世界的强盗、痞棍、惡鬼們，什麽都要搶到手裏，權力、名位、高樓大厦、綺羅紋錦、珍饈美味、黄金、外鈔，一切一切，而最别緻的一種東西（是的，東西，這裏决没有修辭上的毛病），便是美人——這似乎有點侮辱女性，但無法，事實如此！我願女性們也跟我們一道想想這怪事，在搶的過程中，少不了有些犧牲者，犧牲的樣式又名目繁多，武大郎不過是其中之一。

下

婚姻應該以愛情爲基礎。没有愛情的婚姻，哪怕祇是片面没有，也不應該存在。潘金蓮不愛武大郎，愛西門慶，除了從封建道德的立場看，她没有錯。她的本意，不過通通奸，調劑調劑生活的枯窘，後來因爲武松的巨影威脅她們，這纔一不做，二不休，置武大郎於死地；終於自己也被殺掉。我們也許應該同情武大郎；但從舊世界的婦女生活的無邊黑暗這一點看來，潘金蓮是不是也值得寄與若干同情呢？

問題不在這裏！問題在：你所説的應作爲婚姻的基礎的愛情，究竟是一種什麽東西？愛情，不錯，應該有它的崇高、聖潔，使人勇敢，使人趨嚮戰鬥的一面；但同時也有卑賤、醜惡，甚至渴血的一面。我們雖然不贊美用自己的血灌溉愛情的人，但有時也無法吝惜一掬同情之泪；至於倚仗惡勢力，拿别人的血來培養自己的愛情，無論是什麽威脅着她，都是可恨可耻的，縱然是無知到像潘金蓮，也無法饒恕；除非由於戰鬥，在戰場上流了敵人的血。因此潘金蓮與人通奸，猶可恕也；像我們那裏的姑娘買了“脱頭”抱琵琶上别船去，猶可恕也。這自然也使人痛苦，但痛苦究竟不是直接的血；直接流人家的血，是又當别論的。

但問題還不在這裏。問題在：潘金蓮這種人的愛情，永遠無例外地向着西門慶，永遠無例外地不向着武大郎。當然，武大郎窮，社會地位又低，樣子又醜，人又老實，不會、也没有功夫温存老婆，有什麽可愛呢？至於西門大官人，那太不相同了，怎樣的一表人才，怎樣的一身穿著，怎樣的一派談吐，怎樣的知情解趣呀！“潘驢鄧小閑”，儘管還有一些并非一望而知的，但衹就可以一望而知的幾點説，也多麽足以使人一見傾心，相見恨晚，情甘意得，死心塌地呀！

高爾基著的《二十六個與一個》，寫二十六個麵包師同時以一個少年女工爲偶像，獻給她無上純潔的愛情。但那女工没有把她的愛情施與二十六個中的任何一個，雖然每晨都來接受他們的走私的麵包的供養——那麵包裏面有二十六顆心，她却一點也不覺得。另外一個較爲高級的麵包師，是一個流氓、大兵式的女性玩弄者，衹把嘴向她一挑，她就縱身入抱了。

也許這還不够明顯。莫泊桑的《莫南那公猪》，寫一個小販莫南在一次夜火車上邂逅了一位高貴的小姐，恰巧車厢裏衹有他們兩個。那位小姐對莫南自然睬也没有睬。莫南這不揣冒昧的癩蝦蟆却在旁貪饞地望那小姐，越望越愛，越愛越望，竟自己也莫名其妙地跪在那小姐面前了，活像阿Q之於吴媽。以下怎樣呢？小姐大聲呼救，驚動了別的車廂裏的乘客和車上的警察，把小姐護送回家，莫南帶到局裏去問罪——他從此得到一個綽號："公猪"，即專門傳種的那種"公猪"；用《金瓶梅》上的話説，就是"屬皮匠的——縫（逢）着就上"。消息傳出去之後，小姐也成了名人，常有新聞記者來拜訪，一個年輕紳士（即小説中的"我"）跟一個記者也來了。小姐和她的父親一同出來招待，父親陪記者，小姐陪紳士，都談得十分入港。天晚了，兩位遠客留在她家住宿（這人家是鄉下）；半夜，紳士去敲小姐的房門。"誰？""我。""做什麽？""借本書看看。"門開開，紳士進去，她就獻出了她的"書"的任何一個篇頁！這是什麽意思？這是説：愛情，那小姐的愛情，對於一個小販，隔着山，隔着海，隔着銅墻鐵壁；對於紳士，連空氣也不隔！

想想簡愛（《簡·愛》）吧，她知道她的主人愛她的時候，她是怎樣的衷心感激！想想賈瑞（《紅樓夢》）吧，王熙鳳對他是怎樣殘忍！想想宋蕙蓮（《金瓶梅》），一被西門慶寵幸，是如何志得意滿，趾高氣揚！想想春梅（同上），對她的音樂老師李銘——勾欄裏的王八，是如何"正色閑邪"，凛若冰霜！愛情，至少，在某些女性那裏，是長着一雙勢利眼的！不錯，潘金蓮也愛過武松，那衹能比之於梁紅玉的愛韓世忠，識英雄於未遇時，料定或認爲他將來會不錯；武松其實是現在也不錯，在碰到西門慶之前，他是無可比擬的。因之，仍舊含有勢利的成分。

婚姻應以"愛情爲基礎"，這是一句好話。但在舊世界，在有着西門大官人和武大郎的分別，有着貧富貴賤的分別，你怕不怕嚇人的字眼，有着階級的分別的舊世界，愛情本身，這裏專就女性方面説，永遠長着勢利眼。蛟龍不是池中物，美人兒絶不是貧賤人的被窩蓋得住的，除非女性自己有了覺悟。

歷史上有一個女詞人朱淑貞，她的名句是"月上柳梢頭，人約黄昏後"，嫁給一個木匠了，我們同情她；《西青散記》上有一個才女雙卿，她的名句是“春容不是，秋容不是，衹是雙卿”！嫁給一個農伕了，我們又同情她。爲什麽呢？這樣的美人佳人，本應該嫁給達官貴人英雄名士，今竟爲貧賤的工農所有，未免太委屈了！關於潘金蓮，歐陽予倩曾辯護於前，我在《論怕老婆》一文裏也説她遇人不淑。這些意見，也許并非全無道理，但除了爲既得利益階級服務以外，毫無其他作用！而且如果朱淑貞、雙卿、潘金蓮值得同情，爲什麽她們的丈夫，討了“人約黄昏後”的老婆的丈夫，尤其是慘死的武大郎，反而是不值得同情的？

親愛的喲，把你的觀念改變過來！

（原載 1948 年 9 月 30 日、10 月 1 日、10 月 2 日香港《大公報・大公園》）

語言文字論

從白話文到新文字

一、起　頭

從白話文運動到新文字運動，差不多就是中國語言文字改革運動（通常簡稱語文運動）的全體。所謂語言，是指寫文章用的語言；所謂文字，是指紀録語言，把口頭的語言變成書面文章的工具。所謂語言文字的改革，就是説，文章應該用口頭話或接近口頭話的用語寫——打倒和口頭話離得太遠的文言文；紀録這種文章的工具應該是一種容易學、容易記的拼音文字——廢除繁難的方塊字。一句話，語文問題所要解決的問題無非是：第一，用什麽話寫文章；第二，用什麽字紀録文章。

如果有人問，爲什麽會發生這樣的問題呢？這很好答復：就是我們原有的文言文和方塊字都太難了——文言文和口頭話離得太遠，方塊字太不容易認識和記憶。可是問題并不這麽簡單。

語言和文章都是表達人的思想情感等等的東西，文章甚至於是寫出來的語言。照理，除了文章因爲受繕寫、印刷等技術上的制約，必需比較經濟、謹嚴以外，以及文章可以容許獨有的表現方法如標點圖表等等以外，語言和文章應該是一致的。但是現在事實上語言和文章這樣的不同！不但中國，世界各國的語言和文章，也很不同！

它倆爲什麽分了家的呢？

人類社會在最初的時候，他們用的語言，在某種程度的地域範圍以内是一樣的。因爲他們的生活習慣，他們的行爲，他們的觀念，没有什麽不同。但是在很久以前，人和人就分了家。孟子就説過什麽或勞心或勞力，“勞心者治人，勞力者治於人”之類的話，那起源當然在孟子以前。所謂“勞心”和“勞力”的分别，無非就是參加生産過程和離開生産過程的分别。因爲有的參加生産過程，有的離開生産過程，兩者之間的生活習慣就慢慢不同起來。不但行爲，就是觀念也慢慢不同起來。不消説，兩者之間的生活習慣、行爲、思想所需要的語言，自然也跟着不同起來。時代的進化，就是説生産工具和生産關係的逐漸改變，兩方面的生活習慣、行爲思想也以不同的發展路綫逐漸改變；兩方的語言的不同程度就逐漸增大。時代越進化，兩方的生活習慣、行爲思想相差就越遠，兩方面的語言也就相差越遠。但這裏所説的不同，衹是局部的而不是全體，他們兩者究竟不是可以“老死不相往來”的兩個民族，他們必須交通彼此的意見，纔能維持彼此的關係。就衹這一點，也就不允許分成全然不同的兩種語言。這樣一來，這不能分成全然不同的兩種語言，爲了研究，我們倒可分成三種了。一種是共同的語言，其餘兩種是兩方面各自的語言。换句話説，就是：勞心者的語言，等於兩方面共同的語言，加自己獨有的語言；勞力者的語言，等於兩方面共同的語言，加自己獨有的語言。語言和語言之間，就是這樣自然地分了家。

還有一種是人工的分家。有兩種不同的人，就是有兩種不平等的人，换句話説，就是有不平等的事實。既有不平等的事實，也就定有不平等的觀念。换句話説，就是有尊卑貴賤的事實和觀念。在這樣的社會，尊貴的人會鄙視卑賤的人是必然的。鄙視他們的人，鄙視他們的行爲動作，决不會單獨不鄙視他們的語言——他們所獨有的語言。鄙視他們的語言，就不説他們的語言。即使非説不可的時候，也特爲找旁的話來代替。從前俄國的貴族，在他們自己談話的時候，是不説俄國話，倒説法國話的。那原因就在於農奴們都説的是俄國話。在華貴的沙龍裏面，如果有一個“麥歇”在一個“馬丹”面前無意地説出了一句俄國話，那簡直是莫大的侮辱，像我們在一個小姐面前説出了兩性生殖器的最土俗的名字一樣。至於那些貴婦人們，除了在她們的奴僕面前，永遠没有説俄國話的機會。

在有兩種不同的人類的社會，哪一種人最願意維持現狀、歌頌現狀，并且把這種維持現狀，歌頌現狀的意思傳給别人呢？就是説，哪一種人最需要宣傳，最需要寫文章，同時也最有工夫，有能力寫文章，最有機會發表文章呢？何消説，一定是勞心的人們，也就是尊貴的人們。這尊貴的人們寫文章的時候，究竟願意用哪一種人的語言寫，能够用哪一種人的語言寫呢？卑賤者的語言，他們是鄙視的，平常連説都不説，難道還願意用它寫文章麼？并且，因爲他們的生活習慣的隔膜，他們對於卑賤者的語言也隔膜了；就是想用那種語言寫，這隔膜也使他們不能運用。那麼，剩下來的還有什麼語言呢？衹有尊貴的人們的語言，也衹有這種語言，他們願意用，能够用。

還有表現某一種人的生活意識，衹有用那種人自己的語言纔能恰到好處，纔能體貼、刻畫到“入微”的程度；另外的語言，一定會牛頭不對馬嘴，不但寫文章的人的表現問題，讀文章的人的理解問題也很要緊。寫給某一種人讀的文章，當然要用那讀的人所最瞭解的語言，要是不讀的人，一定不會瞭解；就算瞭解，也不會透徹。寫文章的既然是尊貴的人，他必需表現卑賤者的生活意識，以及特別寫給卑賤者讀的理由是不容易找到的。所以法國在革命以前，根本上就有兩種語言：貴族的和民衆的。據歷史學家所説：瑪拉特自己出版一種報紙《民衆的朋友》，還要知識分子裏面的人向民衆去講解那報紙上所用的語言。那情形就像中國的文言文。原來文章上用的語言和一般人口頭語言的不同，并不衹是中國一國。

在文學方面，由語言引起的糾紛也是各國常有的。服爾德反對莎士比亞，説他的主人公的語言是不中貴族的意思的。法蘭士反對左拉的語言也同樣是著名的。屠格涅夫不承認涅克拉梭夫的語言是文學語。起初許多戲子不願排演果戈里的《欽差大臣》，因爲那劇本裏頭的走卒説的是走卒的語言。

總之，文章上的語言和口頭上的語言之所以不同，是因爲口頭上的語言，先就分成幾種了。語言分成了幾種，寫文章的人却衹有一種；寫起文章來，他們又總是用自己説的語言，自然別種人看起來，就覺得隔膜了。

二、文言文

然而中國的文言文，不但和現在的卑賤者的語言不同，就是和尊貴者的語言也不同，又是什麽道理呢?

第一，我們必須説：文章和語言的絶對的一致是没有的。雖説文章應該是寫出來的語言，却也有各自的特殊性。例如：語言是用口説，用耳朵聽的；文章却是用手寫，用眼睛看的。幫助語言的表現的是：肢體的動作、面部表情，以及聲音的高低快慢等等；幫助文章的却是分段、標點、圖表，以及多量地引用别人的文章等等。語言受時間的限制非常厲害，不能今天説上句，明天再説下句，説出來了又不容易修改，所以需要較敏捷的思考力；文章不同，現在寫了上半句，可以過了好久再來寫完它，不好的句子還可以從容不迫地塗掉或掉换。還有一個最重要的不同點，就是語言一説完就没有了，所能達到的空間也有限，除了當時當地，就不能聽到原來的語言；文章却不但可以傳給别人，傳給遠處，還可以傳給後代。雖説現在有了留聲機、播音機，增加了語言的效力，可是因爲應用上的不便，比起文章來還是差得太遠。文章既然可以傳給後代，那傳到後代的文章，一定還是古人的文章，原封未動；語言可不同，它時時刻刻在變化，在新的生活裏頭吸收、創造那必需的新的東西，淘汰修改那失了時效的舊的東西。這樣，現代的語言當然和古代的文章不同了。

第二，一篇文章，必然有它一定的内容，那内容一定會在别人面前或後代人面前發生影響，内容越豐富，那影響也就越大。有人説，文言文是周朝人的語言；周朝是封建經濟（也許是奴隸或農奴經濟。對於中國古代社會史，我是外行，不過姑妄言之，不必過分認真）開花的時代；禮制文物大備，文化思想爛熟，那時候的文章，内容最豐富，給與當時和後代的影響最大，在歷史上占着支配的地位。同時，文章的内容，是寄托在一定的形式上頭的。内容最豐富的文章，往往形式也最完整（也有内容超過形式或形式超過内容的，大概一種新思想在形成的過程中，内容會超過形式；一種舊思想在没落的過程中，形式就超過内容；在全盛時期則内容和形式統一）。周朝的文章内容既給後代以最大的影響，占着支配的地位，和那内容分不開的完整的形式，自然也一同影響着後代，占着支配的地位。内容和形式既都給後代以大影響，占着支配的地位，就免不了被後代的人所崇拜、模仿；而能够模仿得到的又往往不是内容而祇是形式，例如，體裁、風格、語彙、表現法等等。於是，作爲形式方面的重要成分的語言，也就被後代所崇拜，模仿着。前面説過，文章上的語言和口頭上的語言本來有多少不同，語言一寫進文章又不容易改變，那麼，我們可以説：第一，周朝的文章到現在還是周朝的文章，現在的語言却早已不是周朝的語言了。是周朝的語言的文言文，怎麼會和現在的人的語言相同呢？第二，周朝的文章，像前面説過的一樣，是周朝的尊貴的人們用尊貴的人們的話寫的，和周朝一般人的口頭話就很不相同，因爲後代的人模仿那種語言，周朝的文章纔逐漸定型化，成爲所謂文言文，於是文言文就縱然是現代的人寫的，也和現代的任何一種人的語言都不同了。

第三，文言文雖説是周朝尊貴的人們的語言，却也不過是一種省文，并非那時的尊貴者的話都有寫進文章的資格，也不能照那原樣一絲不改。除了像前面説過的特殊性的關係以外，還有别種理由，就是，紙張的出現以前，寫文章要在“竹”、“帛”上剞劂，那够多麽麻煩；在印刷術還未發明的時候，文章要傳世，不能不靠人鈔寫，又够多麽麻煩；加以我們的文字是一種象形文字（自然現在連形也不像了），難寫，難認，難記，又不容易創造新字；雖説周朝的語言應該比現在的語言簡單，可是那文字恐怕更爲缺少；寫起文章來一定不會够用，寫出來的文章一定是簡之又簡，省之又省的語言。疑古玄同在《歷史的漢字改革論》上説過這樣的話：

《左傳》第一句：“惠公元妃孟子”，寫完全了應該是“惠公之元

> 妃曰孟子”。因爲工具不方便，要想省寫，於是就把介詞“之”和動詞“曰”都省略了……又如《孟子》裏有一句：“許子冠乎?”意思是説：“許子戴帽子麼?”單寫一個“冠”字，無論作名詞或動詞用，都有些不成話。我們若説：“許子帽子麼?”固然不通；就是説：“許子戴麼?”也就含糊得可以了。

這樣看來，文言文不但和周朝一般人的語言不同，就是和周朝尊貴的人們的語言也不很同，自然和現在無論什麼人的語言都更不同了。

最後，文言文之所以能支持到幾千年，雖説是由於周朝的文章影響大，後人的模仿性强，同時也該是有一種文章職業家存在的原故。尊貴的人們，雖然又叫做“勞心者”，其實是許多人連心也不勞的；有許多人雖然勞心，却不勞在寫文章上。因此，寫文章的事，在尊貴的人們中間，也并非人人會做，倒成了一部分人的專門技能或職業。那些文章職業家既然崇拜、模仿周朝的文章，周朝的文章的内容，又在幾千年中没有本質的改變，自然衹能以周朝的尊貴的人們的語言的省文爲基礎，或是使簡單的文章變得稍稍複雜，或是使已經複雜了的文章變得仍舊簡單而已。文章職業家既然是尊貴的人（雖然不一定是最尊貴的人），并且是尊貴的人中間的特殊分子，那就一定是：文章越是懂的人少，就越顯得自己的特殊和尊貴，自己的地位就越穩固。何況有時要爲尊貴的人們全體“粉飾太平”，文章也確有不能使一般人都懂得的苦處。孔子説：“民可使由之，不可使知之。”如果大家都懂得文章，豈不大家都知道許多事情了麼？什麼都讓大家知道，在尊貴的人們看來，的確是很危險的。於是，一般人都不懂的文言文就不但成爲文章職業家的法寶，也就成爲尊貴者全體的法寶了。

三、方塊字

現在我們來談談中國的文字——方塊字。

方塊字是一種象形字。象形字是以物體爲對象，照着模擬，例如日字是⊙，月字是D，都和日月那東西相像。從過去的記載看來，有些古代的民族，如埃及、亞述，都曾先後經過和中國文字同樣的歷程。象形字在文字史中算是最古的形式，説得老實一點，就是最野蠻的文字。但是方塊字雖然籠統地叫做象形字，其實并非“象形”一件事所可包括，不過説它最初是種象形字，現在也屬於象形字那一類罷了。人類的生活逐漸複雜，知識逐漸發達，思想逐漸由具體的進而爲抽象的。象形的文字一種，就不能滿足他們的要求；因爲有些字固然可以象形，更多的字却是無形可像的。於是就逐漸有什麽指事字，會意字；以後還有什麽形聲字，假借字，轉注字等等。這樣一來，文字的數量就增加到幾千幾萬，文字也就成爲少數人所操縱的複雜的東西，并且習用既久，不但形象和原來的不同，意義也越久越曖昧，文字就須强記和長時間的練習了。關於方塊字的意見，我以爲疑古玄同的最爲簡單明瞭：

> 中國文字，論其字形，則非拼音而爲象形文字之末流，不便於識，不便於寫，論其字義，則意義含混，文法極不精密；論其在今日學問上之應用，則新理新事新物之名詞，一無所有；論其過去之歷史，則千分之九百九十九爲記孔門學説及道教妖言之記號。此種文字，斷斷不能適用於二十世紀之新時代。
>
> ——《中國今後之文字問題》

不但玄同個人，許多進步的文化人的意見都是這樣；不但中國人，有些關心中國的外國人也有同樣的意見。中國人的意見且不多引；僅僅舉出《中國文字改進問題》（白占友著）裏頭搜集的幾個外國人的意見來看看吧：

1. 威爾斯的意見

> 中國文字中仍有繪畫示意之遺迹可尋，然大多數不易認。口字

昔書若口形，後就毛筆之變而成方形。子字原極似幼年之人，今則爲“字”形——是知中國文字確是形書。既異且繁，多數之字，久用方熟。故思想議論之能力至今仍不能與西方標準合。吾人極懷疑此種文字所能發達之思想。其範圍之廣大，性質之普及，能否與西洋文字相比擬，確是疑問。

中國文字之構造繁重，應用艱難，形式固定，不能適應現代簡易敏捷準確交通之用。同時西方人則已解决文字記録之問題，其文字組織與中國文字迥異，且較便利焉。

……論者頗以爲中國之具有本來長處，而在最近四五百年中之進步反大受阻滯，其原因非他，即其文字不善，及其思想上成語之複雜困難是也。全國之心力，盡耗費於學習之中，不遑他顧……日本文字……皆取諸中國字而用之；然同時亦有發音之符號……近來日本人已有采用西洋字母之運動……除此數種文字之外，世界所用文字，大都以地中海之拼音文字爲基，遠較中國文字易學而易精。是則他國所學習者爲記載語言之較簡易較直接方法，中國人則須記憶一大群複雜之符號及成語而運用之……故中國往往有雖認識常見之字，而知識寬廣，能完全瞭解新聞之記載者，爲數甚寡；至於能領悟奥妙精深之文字者，更寥寥矣。

中國之字體既如此奇特，藉此種文字而出之教育制度，遂爲歷代甄別學子之難關……而不適於流動、富創造力之學士。

就相同之學力而論，則中國人達某程度所耗費之時間與精力，實遠過歐人。中國之士大夫教育，大部分在乎讀書識字而已。

2. 愛羅先珂的意見

在這四萬萬人民的中國，怎麽衹有極少數喜歡文學的人呢？這件事情很希奇的，可是也很容易解釋的。做工的人，没有空閑去學習，更没有空閑去研究。白費工夫而難見功效的希奇古怪的中國字……全世界上没有民族的文字和民衆完全隔絶，像不幸的中國文字這種樣子！

現在一般工人，并不是對於文學没有興趣，他們也許是非常有興趣的。他們不愛文學，衹是終日工作，没有希望能制勝這種希奇古怪的文字困難。

因爲中國有這種文字障礙，你們知識分子，不但與歐美的文化相隔絶，并且與你們自己的人民相隔絶。這種障礙，比古代的萬里長城更堅固，比專制君主的野蠻性還要危險。

文字是求學的工具，學文字是求學問的一種歷程，一種手段。文字難則求學問題尤難，這是必然的。我們教育上最經濟的説法，就是要使學生能於最少時間内習得多量的有用的學問。但要達到這個目的，第一步非把文字弄到簡單容易不可。現在中國小學裏所教的文字，依我看來，實在太難了。如果不早設法改良，則兒童入學數年，對於文字尚不能應用自如，學問進益的限度，格外是無從説起。所以我以爲如要把文學弄到簡單容易，這却是現今中國一個緊要的問題。

3. 杜威的意見

中國無論如何傾嚮進步，其文字殊足爲前途的大障礙，就小學言，學生職務，在記得横七竪八的若干字。即此一端，已與事業不宜過費時間、及學校課程僅爲基礎應用的原理等相違背了。……論字體構造，則奇特異常，凡極普通應用之名，如“蒼蠅”、“鹽”等字，均用雜亂無章的數十筆畫——所謂横，竪，撇，點，捺，趯，鈎，折等——堆砌而成，其冷僻之字，間有多至六七十畫者。故他們寫字於每字的發筆次序及發音意思，均須牢記。不牢記便不會寫。所以他們學校都注重書法。

從上面那些話看來，我們的方塊字究竟是種什麽東西，究竟應不應該改革，已經明明白白，用不着我來枉費唇舌了。

四、語文問題

雖説文言文和方塊字是必須改革的，要是没有近代中國的社會的動因，語文運動還是不會發生。因爲這一運動，是由近代中國發生的文化思想的改變引起的。更本質地説，是由近代中國的社會生活的改變，引起了文化思想的改變，文化思想的改變，引起語文運動的發生。語文問題是整個文化運動的一個基本的問題或者説先决的問題，如果語文問題不解决，雖然由新的社會生活産生了新的文化思想，却不能用最恰當的語言，最便利的工具表達出來，就不容易得到一般人的理解，不容易發生普遍的巨大的影響，不容易推翻傳統的舊文化思想的統治而形成新的力量。

不錯，在白話文運動以前，中國就有好多用口頭話寫出來的文章，道學先生們的“語録”且不説，文學史上最光榮的成果，像《水滸》、《紅樓夢》、《儒林外史》這些小説，也全是用口頭話寫的。在文字方面，也是幾百年以前，就有人提倡拼音文字，像到中國來傳教的意大利人利瑪竇，法國人金尼閣，英國人威特等等。不過，那都不是這裏所説的語文運動。第一，雖然有人用口頭話寫某種文章，至多也不過表示口頭話也可以寫文章，或某些文章可以用口頭話寫，却没有人有意識地主張一切文章非用口頭話寫不可，没有人想打倒和口頭話隔得太遠的文言文，用口頭話的文章來代替它。第二，那些外國的傳教士提倡的拼音文字，不過拿來給不懂中國話的外國人或不認識方塊字的中國人作爲學習、記憶中國話或方塊字的一種手段，根本没有想到動摇方塊字本身。第三，那種文章和文字都没有引起社會的普遍的注意，没有形成一種含有改革意義的群衆運動；舊的文章和文字也没有因爲它們而受到怎樣的損害。在一百年以前，中國人的社會生活，没有什麽劇烈的改變，和世界各國的文化思想很少接觸，舊制度、舊思想、舊文章、舊文字雖然自己也一天天走到日暮途窮的境界，可是并没有迫切地需要着改革，所以語文運動的發生和發展都祇是近代的事。

十九世紀末期以來，世界資本主義國家都先後發展到了帝國主義階段。“美洲金銀地的發現，土著人口在礦山中被殲滅、奴役和埋葬，印度的開始被征服、被掠奪，非洲的轉變爲黑奴貿易的獵場，已顯出了資本主義生産時代的曙光。這種牧歌進程乃是原始蓄積的主要契機。於是以全世界爲舞臺的歐洲諸民族的商戰繼之而起。這種商戰，由尼德蘭脱離西班牙的叛亂開始，在英國反雅各賓戰争中取着廣大的規模，在對中國的鴉片戰争之類的遠征上，更是向前展開着。”（《資本論》國民版第一卷六七九—六八〇頁）中國的萬里長城，終於抵擋不住列强的砲艦政策，從鴉片戰争開始，竟成了國際帝國主義共同的侵掠對象。喘息在封建剥削之下的中國農村經濟，也就開始爲資本主義的魔手所破壞，一天天走嚮殖民地化的道路。鴉片戰争以後，不但接接連連的有許多辱國喪權的不平等條約，像《南京條約》、《天津條約》、《馬關條約》等等，并且還有“發匪”、“捻匪”、“回匪”乃至以後的“拳匪”等一波未平一波又起的變亂。一方面是中國的封建經濟已經到了末日，不能保持着原有的安寧秩序；另一方面是帝國主義的侵略加速了中國農村手工業的崩潰。於是由一部分進步的封建地主蜕化而來的、在封建社會已經有了相當成長的市民階級，纔恍然大悟：中國原有的腐敗的封建政治，决不足以圖存，纔高叫出種種改革的口號，發動種種改革運動。文化方面也就有人從事科學思想的販運和散布。一八八八年在上海出現的廣學會，曾翻譯和編著過不少的科學書籍；中日戰争以後，它的影響已擴大到官僚政客中間去了。張之洞們的强學會就是在它的影響之下組成的。强學會之外，又有什麽桂學會、聖學會、湘學會、蘇學會、格致學會、算學會、農務會、天足會、禁煙會等等標榜着革新的思想，也確實實現了許多改革的事實，像廢科舉、興學堂、派留學生、出洋、興實業、講洋務之類。這時候，中國古老的教訓，整個傳統的文化思想，都動摇起來了。“中學爲體，西學爲用”，雖然現在看起來，改良主義的氣味未免太濃厚，比“十教授宣言”，實在高明不了多少。但在當時，却不失爲一種代表的思想。因爲既説“中學”不能爲用，也就無異宣布了“中學”的死刑，或者説“中學”本來不過是一種死東西罷了。可是，這種新的文化思想形成之後，爲了要在群衆中發生影響，就需要教育普及。爲了增加教育的速度，就需要一種便利的適當的教育上的工具——語言和文字，就發現了原有的方塊字和文言文是怎樣地艱深，怎樣地難以速成，怎樣地阻礙着教育的普及，阻礙着新的文化思想的傳播。我們現在所説的語文運動的萌芽，就因之而發生了。這裏有幾個先驅者的意見很能説明語文運動之所以發生的根本原因——

> 竊謂國之富强，基於格致；格致之興，基於老幼皆好學識理。其所以能好學識理者，基於切音爲字，則字母與切法習完，凡字無師能自讀……亦即易於著筆。省費十餘載之光陰，將此光陰專攻於算學、格致、化學以及種種之實學，何患國不當强也哉！
>
> ——盧戇章《切音新字·序》

> 今全國共計二十萬秀才、舉人、進士，比日本五千萬受過普通教育的人民，少過二百五十倍。以一敵二百五，還有什麽策略可説？中國政府非注重下層教育不可；欲去下層教育的障礙，非制出一種溝通語文的文字，使言文合一不可。
>
> ——王照的話，見《國語運動史綱》頁三四一三五

> 伏惟方今時局，誠可謂危急存亡之秋矣；有識之士，咸思何以救之。以言乎弱，則宜尚武事，然無兵學，無以練兵也；以言乎貧，則宜講實業，然無農工商學，無以興利也；以言乎人心偷薄，則宜重道德，然無義理之學，無以興民行也；是則興學尚矣……是故今日欲救中國，非教育普及不可；欲教育普及，非有易識之字不可；欲爲易識之字，非用拼音之法不可。
>
> ——勞乃宣《進呈簡字譜録摺》

五、五四運動

可是那時候的封建地主雖説已經有人開始蜕化爲市民階級，市民階級雖説已經在封建社會裏頭孕育成長，已經因爲從西洋運進來的物質文明的煊赫和誘惑，對舊有的封建制度感到了束縛；可是究竟還衹是初春的燕子，羽毛未豐，没有形成强固的力量。因之，對於封建文化還衹能有部分的懷疑，就全體説，意識形態還沉浸在封建思想的影響裏頭，對於文化運動没有澈底的認識，也没有澈底的改革要求。“中學爲體，西學爲用”，一面既要模仿利用西學，一面又不敢拋棄舊有的中學，以致對於中學固然没有鞠躬盡瘁，對於西學又衹能竊取一點皮毛，像軍用工業和應用科學之類。適應這一時期的需要，語文運動也就謙虚得很，像盧戇章之流的見解，不過是平民教育的工具而已。關於這，周作人的《中國新文學的源流》上有一段話是對的：

> 不是凡文字都用白話寫，衹是爲一般没有學識的平民和工人纔寫白話的。因爲那時候的目的是改造政治，如一切東西都用古文，則一般人對報紙仍看不懂，對政府的命令也仍將不知是怎麽一回事，所以衹好用白話。但如寫正經文章，或著書時，當然還是作古文的。因而我們可以説，在那時候古文是爲老爺用的，白話是爲聽差用的。
>
> ——頁一〇〇

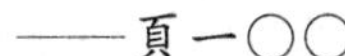

不但文章上的語言是這樣，對文字改革的意見也是這樣。拼音文字衹作普及教育用，不作代替方塊字用的。這時候的語文運動的特色是：從事運動的人都是政治偏嚮主義者，完全無視了文化運動的特殊性，因之也完全拋棄了意識形態上的鬥争；自覺地或不自覺地想使“中學”的“體”和“西學”的“用”調和起來。同時推進運動的力量又差不多全靠既存的政治勢力，簡直没有什麽群衆運動。

戊戌變法失敗了，辛亥革命也没有得到完全的勝利；中國的市民階級一方面受國内封建勢力的壓迫，一方面又受國際帝國主義的壓迫，在發展上感受着種種的艱難困苦。辛亥以後，許多由地主階級出身的革命黨人，因爲本來没有把握着時代的精神，以爲革命已經成功；天下從此太平無事，反讓北洋軍閥袁世凱之流乘機竊取政權，繼續滿清政府，作爲封建勢力的代表而登臺。市民階級不但没得到革命的實惠，反而在封建軍閥和帝國主義勾結的情勢之下，喪失了初期改革的熱情；使民國初年在文化運動乃至各種運動上都成爲沉寂的時期，有時候并且是復古的時期。

世界大戰發生，國際帝國主義暫時中止了對中國的侵略；中國市民階級一時得到相當的發展機會。沿海各地以及有些内河商埠的輕工業很快地興起，成爲中國市民階級的黄金時代。於是市民階級和一般把握住了市民階級意識的小市民，因爲社會生活的轉變，纔加深了對於新的文化思想的認識和對於舊的文化思想的憎恨。於是由於反對××帝國主義的單獨進攻而爆發了轟轟烈烈的五四運動。

五四運動又稱爲新文化運動，是整個新起的市民階級的文化思想對於舊的封建的文化思想的反抗運動。它和以前的改革運動不同的是，雖然和政治運動密切地關聯着，同時却認清了文化運動的特殊任務，即意識形態改造任務。語文運動在整個五四運動裏頭，是站在最前綫的。所謂白話文，這時候完全是新内容與舊形式衝突的結果，已經普遍到任何文化部門，不僅當作普及教育的工具而已了。雖説這時候又太偏於語言問題，把有人提起過的文字問題忽視了。

對於五四時代的語文運動即白話文運動，常常有人作一種錯誤的估計。周作人的載道、言志的文學分類説且不談；黎錦熙的《國語運動史綱》就説："四十年來的國語運動是把工具的改進問題作中心的"；文逸的《語文論戰現階段》也説："五四時代的文學運動是忽視了内容方面的鬥争的。"這些意見都忘記了那時候的文學運動，（語文運動）是和那時整個文化運動、社會運動是分不開的；無視了那時候抬出來的德先生

（民主政治）、賽先生（科學）以及易卜生主義、實驗哲學等等，無視了那時候的男女平權、戀愛自由、結婚自由的要求和反對舊禮教的主張，無視了陳仲甫的非孔言論和《吴虞文録》的影響，魯迅的《阿Q正傳》、《孔乙己》、《狂人日記》的影響，無視了新青年派和林琴南、王敬軒們的論争。離開了一定的社會生活的要求，即離開了一定的内容的語文運動，僅僅作爲工具或形式的無所爲的語文運動是不能想象的，雖説個别的参加者像胡適之流，往往抓不住那真正的内容，表示出來的意見，看起來像祇是形式而已。

然而五四運動也没有得到完全的勝利。

第一，世界大戰的時候，西方的帝國主義雖然暫時中止對中國的侵略，可是已經在中國樹立起來了的經濟勢力并未完全消除；不過有的表現爲一種停滯的狀態，没有按照平時的速度繼續增高，有的有部分的萎縮罷了。并且，西方帝國主義的侵略雖然中止，東方的帝國主義却乘機加深了進攻；世界大戰一停，西方帝國主義的喘息一定，對中國的侵略又馬上恢復；中國市民階級始終未擺脱過國際帝國主義的魔手。

第二，封建勢力雖説早已百孔千瘡，似乎無力存在；可是因爲它的存在足以障礙市民階級的發展，是國際帝國主義的利益，得到國際帝國主義的培植，像前面説過的一樣，已經重新獲得了革命以後的政權，於今也成爲未可輕視的力量了。

第三，前面説過，市民階級本身本是從封建地主蜕化而來，因爲成長的困難，幾乎可説是没有純粹的市民階級的分子。他們不是和封建地主、軍閥官僚們還保持着共同的利害，就是同時受帝國主義的僱用而成爲買辦階級的一部。這樣，他們就不能有澈底的市民階級的意識和要求；既不能澈底地反封建，又不能澈底地反帝。加以俄國十月革命成功，新的勢力、新的政權已經在艱難困苦中樹立起來，不但市民階級的要求不能真正改造中國社會；并且指出它本身縱然能够打倒封建勢力和帝國主義，也没有遥遠的前途。使它减輕了敵愾心，一天天和敵人接近，終於完全妥協了。

於是五四運動就成爲外强中乾、虎頭蛇尾的東西，很快地就有了勸青年多研究問題，少談主義，讀書救國，他們自己也埋頭幹那整理國故的偉業去了。五四運動并没有完全建立起市民階級的文化思想，也没有澈底鏟除封建的文化思想。它衹得到局部的解放和自由，至多不過可以和封建的文化思想各據一方，分庭抗禮罷了。整個五四運動既然這樣，作爲一部分的文學運動，語文運動，不能有澈底的解决，是毫不希奇的。語言上的白話文一開始就保持着許多必要以上的文言文的成分，從來没有達到和口頭話接近的可能的限度。文字方面，本來是五四時代所忽略了的問題；它的影響完全爲白話文所遮没了。它衹能成爲讀音統一會，衹能弄成不能和方塊字脱離的注音字母，而且不能不專靠政府機關來推行。這些無法掩飾的史實，都是由於五四運動的社會基礎以及它的時代和環境所决定的。就説白話文吧，因爲没有肅清封建的文化思想，不但它裏頭保持着許多文言文的成分，并且使學衡派、甲寅派以及汪懋祖、存文會等等隨時有抬頭的可能；甚至今後還有相當的時期可以披上種種色色的外衣，打着種種色色的旗號隨時出現。

然而五四運動的功勞究竟是不可磨滅的。它使中國人民大衆在精神生活上獲得了相當的解放和自由，加速了中國文化思想向前發展的速度，給與了向更高階段發展的可能。五卅以後，中國的文化思想完全换了另一副面目，語文運動也隨着有了本質的差别。近來的大衆語運動、新文字運動和白話文國語統一運動的不同，不在於形式，也不在於技術，乃是在於决定那形式和技術的内容。這本小册子雖然不能暢所欲言，對於這十幾年來的變亂身受目睹過的讀者，對於社會問題、文化問題有過相當的關心的讀者，應該是很瞭然的。以下衹略述語文運動的經過。

六、白話文

一九一七年一月，在北京出版的《新青年》雜志上發表了一篇胡適的論文：《文學改良芻議》。這是白話文運動史上的第一篇正式文章。以前，《新青年》編者陳仲甫和胡適、錢玄同們幾個人在私人通訊上曾有過幾次的討論，也有的在《新青年》上發表過。不過提出具體的主張却從這篇文章開始：

> 吾以爲今日而言文學改良須從八事入手。八事者何？一曰須言之有物。二曰不摹仿古人。三曰須講求文法。四曰不作無病之呻吟。五曰務去濫調套語。六曰不用典。七曰不講對仗。八曰不避俗語俗字。
>
> ……
>
> 以今世歷史進化的眼光觀之，則白話文學爲中國文學之正宗，又爲將來必用之利器，可斷言也。以此之故，吾主張今日作文作詩宜采用俗語俗字。與其用三千年前之死字，不如用二十世紀之活字；與其作不能行遠不能普遍之秦漢六朝文字，不如作家喻户曉之《水滸》、《西遊》文字。

響應這文章的有錢玄同的通信和陳仲甫的《文學革命論》：

> 余甘冒全國學究之敵，高張文學革命軍大旗——旗上大書特書革命軍三大主義：曰推倒鵰琢的阿諛的貴族文學，建設平易的抒情的國民文學；曰推倒陳腐的鋪張的古典文學，建設新鮮的立誠的寫實文學；曰，推倒迂晦的艱澀的山林文學，建設明瞭的通俗的社會文學。

把胡適和陳仲甫兩人的文章對比一下是很有趣的。第一，胡適用的名詞是“改良”，陳仲甫用的是“革命”；第二，胡的主張多偏於形式，陳則兼顧内容；胡是從文學本身的進化上着眼，陳是從整個文化運動乃至社會運動上着眼。下面兩節通訊，更分明地看出他們兩個人的態度：

1. 胡適：此事之是非，非一朝一夕所能定，亦非一二人所能定……不敢以吾輩所主張爲必是而不容他人之匡正也。

2. 陳仲甫：改良中國文學當以白話爲文學正宗之説，其是非甚明，必不容反對者有討論之餘地；必以吾輩所主張者爲絶對之是而不容他人之匡正也。

第二年（一九一八年）《新青年》由陳胡錢及李守常、劉復、沈尹默等輪流編輯。這一年他們都完全用白話寫文章。裏頭有一篇胡適的《建設的文學革命論》：

這二千年的文人所做的文學，都是死的，都是用已經死了的語言文字做的，死文字决不能產生活文學——簡單説來，自從三百篇到於今，中國的文學凡是有一些兒價值有一些兒生命的，都是白話的或者近於白話的——中國若想有活文學必須用白話。

這一年冬天，陳仲甫、胡適們又辦了一個《每周評論》，同時，北大學生傅斯年們也出了一種月刊：《新潮》，刊載用白話文寫的關於新思想的文章。這時候，胡適、沈尹默、周作人、劉復、康白情等人都用白話寫詩；《新青年》上介紹的易卜生、斯特林堡、安徒生、朵斯妥耶夫思基、托爾斯太、顯克微支等人的作品，都是用的白話，也發生了很大的影響。

一九一九年春天，巴黎和會的消息傳來，中國的外交完全失敗了。於是有五四的學生運動，有六三事件。各地學生團體裏忽然發行了許多小型報紙，形式略如《每周評論》，完全刊載白話文。此外又出了許多白話的新雜志。有人估計，這一年的刊物在四百種以上，像《星期評論》、《少年中國》、《解放與改造》、《建設》都發生過較大的影響。日報方面，北京《晨報》副刊、上海《民國日報》的《覺悟》、《時事新報》的《學燈》，都成了重要的白話文機關。以後，一些比較守舊的刊物像《小説月報》、《東方雜志》都改用白話了。一九二〇年連教育部都有了小學國文教科書采用白話的命令。

白話文的勢力逐漸强大，雖然當時有林琴南、王敬軒們的反對；以後有學衡派梅光迪、胡先驌們的反對；甲寅派章士釗的反對，以及汪懋祖、許夢因們的反對，但大勢已定，反對者終於没有辦法。尤其是汪懋祖們的言論，反引起了一場大衆語論戰，使語文問題發展到更高的階段了。這是後話。

胡適在《五十年來中國之文學》説這一次的白話文運動和以前的白話報或字母的運動絶不相同：

> 第一，這個運動没有“他們”、“我們”的區别。白話并不單是開通民智的工具，乃是創造中國文學的惟一工具。第二，這個運動老老實實地攻擊古文的權威，認他做死文學。

同時，白話文運動和學生群衆的運動有密切關連，它是由學生運動纔把影響擴大開去的。這是最不可忘記的一點。

七、國語統一運動

前面説過，白話文運動完全遮没了有人提起過的文字問題，它是偏重語言問題的。到了白話文已經發生了大的影響，連教育部也令小學教科書采用白話的時候，白話纔被正式稱爲國語，和國語統一運動合流，文字問題又被給與了注意。

國語統一也是市民階級的要求。市民階級的成長，必需工商業發達、更必需在交通和運輸的條件上有充分的便利，因此不但需要輪船火車，同時也需要打破那“老死不相往來”的封建社會的風俗習慣，也就需要全國人民的語言減少隔膜。要全國語言減少隔膜，就需要有一種簡易的表音的文字。國語統一運動的中心任務就在這裏。

改造中國文字的運動，本來是很久以前就有了的。但到了民國成立以後，少數熱心提倡者的意見纔爲教育當局所采納；文字的方案纔得統一，由教育部公布出來。

一九一三年二月，由教育部召集的讀音統一會議，在北京開會，到會者有教育部延聘的專家和各省代表，共四十餘人。在許多的争端中，算通過了一種簡單的方塊字爲注音字母。當時因爲種種關係，没有公布。一九一八年，正是白話文運動高漲的時候，胡適并叫出了什麼文學的國語、國語的文學的口號。一般關心文字問題的人，本有一個國語研究會的組織，於是乘時向教育部請願公布注音字母。十一月，注音字母被公布了。計聲母廿四，介母三，韻母十二，共三十九個。并規定濁音符號於字母右上角作“,”，四聲點法於字母四角作“。”。以後還有幾次推行字母的命令，并且改名爲注音符號。

這種注音符號本是一種簡單的方塊字，很不適宜於拼寫；字母又有三十九個之多，也不很容易學習；并且最要緊的是：它祇準備給方塊字注音，并未打算代替方塊字的。所以，它現在雖説在教育界有着多少的勢力；在邊省的人學習官話的時候，發生過多少的效果；但和一般的人民大衆却没有什麼關係，簡直連國語統一運動職業家們也不怎樣重視他了。根本問題是方塊字太難，注不注音，倒不是頂要緊的事。

注音字母既不能代替方塊字，必定要有一種能够代替方塊字的拼音文字出現，幾十年來爲許多進步的文化人所最關心的文字問題纔能解决。雖説這一任務不一定是國語統一運動所能完成，却不能説不是國語統一運動所應該引爲己任的，於是國語羅馬字就在注音字母之後産生了。

一九二二—二三年，在北京出版的《國語月刊》出了《漢字改革號》和《字母研究號》兩個專刊。《漢字改革號》中并載有羅馬字拼音方案三種：錢玄同式甲乙兩種，趙元任式一種。影響所及，使教育部組織了一個國語羅馬字拼音研究會，指定錢玄同、趙元任等十人爲委員。至於國語羅馬字的製定，則是“數人會”的功勞。所謂“數人會”，本是錢玄同、劉復、趙元任、黎錦熙、林語堂、汪怡等幾個在北京的音韻學者的聯歡會，這時候就成了專門研究國語羅馬字的團體了，國語羅馬字方案的制定，據説“計開會二十餘次，參稽試驗，稿凡九易”。由大學院公布的時候是一九二八年九月。

然而“數人會”的最大的功勞，并不在於製定國語羅馬字方案，倒在於他們那班人，曾經明目張膽地攻擊過方塊字的野蠻，提出了應該用、可以用并且必然會用拼音文字來代替它的理由。錢玄同的《漢字革命》、《歷史的漢字改革論》，和趙元任的《反對羅馬字的十大疑問》等等文章，在中國語文運動史上都應該是很重要的文獻。至於國語羅馬字本身，也許比歷來種種拼音文字的方案要完備一些，并且經過大學院公布之後，成了一種正式的東西，可以省掉許多私人自製方案的麻煩，不能説没有相當的價值。可是因爲它是政府的國語統一運動的工具，在推行的辦法上無視了各地方言的社會生長性，和大衆的日常生活斷絶了關係，於是什麽“京音京調”、“國音京調”、“鄉音京調”，鬧個不休，把問題弄得纖細化、專門化了，使大衆不容易接近。又因爲帶標四聲，多少保存了方塊字的野蠻性，學習起來還有相當麻煩。所以它在少數知識分子中間或者還成爲一點冗餘的知識，在大衆中間尤其是大江以南的大衆中間還没有什麽影響。中國的語文運動，不能停滯在國語統一的階段，現在的政府也無心來統一全國的語言；連改良色彩十分濃厚的推行簡體的命令都由教育部收回了，何况拼音文字呢？

讓我們進行另外的談話吧。

八、文藝大衆化和大衆語

五卅以後，文化運動踏上了全新的階段，前面已經説過。可是語文問題到了九一八以後的一九三二年纔具體地作爲文藝大衆化的問題而提出。革命文藝本來應該是大衆的，爲大衆所擁護的。可是方塊字，文言文，非驢非馬不中不西的“所謂”白話文，却阻止了文藝和大衆的接近。“九一八”以後，國勢更爲危急，革命文藝更有和大衆緊密地攜手的必要，語文問題乃因爲賦予了新的意義而被强調起來。

提出這問題的是《文學月報》，第一期上有一篇宋陽的《大衆文藝的問題》。他説：

> 現在中國文字的情形是同時存在着許多種不同的文字：（一）是古文的文言四六電報等等；（二）是梁啓超式的文言，法律公文等等；（三）是五四式的所謂白話；（四）是舊小説式的白話。中國的漢字已經是十惡不赦的混蛋而野蠻的文字了，再加上這樣複雜的互相之間顯然有分别的許多種文法，這叫三萬萬幾千萬的漢族民衆怎麽能够真正識字讀書？
>
> 在五方雜處的大都市裏面，在現代的工廠裏面，大衆的語言事實上已經産生着一種中國的普通話，以這種大都市裏各省人用來互相談話、演講、説書的普通話，纔是真正的現代中國話——總之，一切寫的東西都應該拿讀出來可以聽得懂做標準，而且一定要是活人的話。

這意見最正確的地方是指出了文章不但應該用口頭話寫，并且應該用大衆的口頭話寫。這是和五四時代的白話文運動根本不同之點。不過他太看重了大都市裏的普通話，對於普通話的存在的描寫，未免多少有點誇張，而忽視了和大衆生活有密切關係的各地的方言土話。所以止敬就在這刊物第二期上提出了不同的意見：

> 五方雜處的大都市如上海的大衆的普通話，還是一種以上海土白做骨子的南方話。各省人之流入上海工人社會畢竟是逐漸的。——所以上海本地話常居主位。上海以外的大都市亦有同樣情形——即使在一地的大衆有其普通話，而在全國却没有。宋陽先生描寫得活龍活現的“真正的現代中國話”，何嘗真正存在？

不過止敬的意見終於回復到仍舊寫白話文，却似乎不對。他本主張“努力發展土話文學”，因爲“没有紀録土話的符號”，“用固有漢字來拼土話的音固然不行，用注音字母或羅馬字也有不便”，所以説“這一難關未打通以前，土話文學暫時祇好不論”。

後來，宋陽在第三期上又發表了一篇《再論大衆文藝答止敬》。這篇文章雖然提出了好多系統的意見，對於止敬提出的“紀録問題”，還是没有具體的答復；僅僅含混地説：“活人説得出來的話很容易用羅馬字母拼音而廢除漢字。”

文藝大衆化的問題暫時告一段落。

到了一九三四年，封建殘餘在各方面開始了五四以來的空前的活躍：有公然主張恢復舊道德的運動，有班禪大師的金剛法會，有張天師的打醮求雨，有各小學讀經及禁止男女同學同行，提倡良妻賢母主義的事實，并且盛大的祀孔大典也在政府的命令之下舉行了。和這復古的空氣相適應，教育界也就有官僚們的中小學應教文言文（汪懋祖），白話文不能算治學的工具（許夢因）等等的主張。那些文章登在南京的《中央日報》和《時代公論》上。

這一年的六月，上海文化界爲了回答那些提倡文言文的言論，在《申報·自由談》上提出了建設大衆語（陳子展）這一口號，於是由復興文言和擁護白話的論戰馬上發展到大衆語論戰的階段。《自由談》和《中華日報》副刊《動向》、《大晚報》副刊《火炬》、《申報》本埠增刊、《晨報》副刊《晨曦》，一時都把大衆語當作中心問題來討論了。不久，幾個定期刊物像《文學》、《新語林》、《社會月報》等等都有了響應，漸漸就擴大到全國。參加討論的有教育家、科學家、文學家、戲劇家、美術家、電影導演及批評家、新聞記者等等。也有職業婦女，及工廠的職工、商店的店員、農村的農民等等。發表的文章有幾百篇，字數在一百萬以上。這裏自然不能詳徵博引，也不能一個人一個人地摘録原文，祇把幾點重要的意見概括地説一下：

1. 大衆語是什麼？大衆語是大衆能懂（聽得懂，看得懂，説得出）

能寫的一種筆頭語；是能表現大衆的意識、生活的筆頭語。文章要使大衆懂，就必須照口頭話寫。但照什麽人的口頭話寫呢？軍閥、官僚、地主、買辦、資本家以及文人學者的口頭話都受了很深的文言文的毒，或者還有許多必要以上的歐化成分；并且他們的生活習慣和大衆的生活習慣相差太遠，自然彼此的話也有很遠的距離，也自然不適宜於表現大衆的意識、生活，不容易被大衆瞭解。這裏，照口頭話寫，就是照大衆的口頭話寫，洗練大衆的口頭話成爲筆頭語。衹有這樣，纔能肅清文章裏頭的封建影響，纔能擺脱地主、買辦、資産階級的文人學者所布的煙幕，纔能表出大衆的苦痛與鬥争，纔能教育大衆，提高大衆文化水準，使大衆中産生出自己的作家來。

2. 大衆語和白話文。建設筆頭用的大衆語，應該不是和白話分開的也不就是白話，而是基於各地大衆的實際需要，各各把口頭話變成筆頭語。白話文固然有和買辦資産階級乃至封建殘餘相通的一面，但也有和大衆相通的一面。在形式上白話文的基本的語彙語法，也是大衆口頭的基本的部分；在内容上，白話文現在創造了不少的進步的作品，是理論翻譯文的惟一工具。應該提高白話文裏頭合乎大衆需要的部分，消滅不合乎大衆的需要的部分，在實踐中揚棄白話文。大衆的生活需要是統一的，大衆語一定會一方面提高或加多和白話文相通的成分，一方面獲得更多的瞭解者，部分地部分地在白話裏頭争得地位，部分地部分地把白話變成自己的東西。隨着大衆的反帝反封建的，國民經濟改造的發展和勝利，白話一方面部分部分地被大衆語征服，成爲大衆語的源泉之一，一方面逐漸被大衆語所充實所揚棄，成爲高級的大衆語的前身。

3. 大衆語和方言土話。如果要從各地大衆的口頭話建設筆頭用的大衆語，要建設帶有大衆的土的氣息，汗的氣息，能够充分傳達大衆的生活需要，表現大衆的生活色彩的大衆語，一定不是一元的國語式的東西，而是各各以當地的大衆爲對象的多元的發展。實際的文化鬥争工作，會産生以各地大衆爲主要對象的大衆語作品。這些作品，一方面各各適應了大衆的需要，一方面包含了向更高的大衆語發展的成分。大衆在文化水準逐漸提高的過程中，理解力會逐漸加强，不但看得懂那用自己的土話寫的文章，自己用土話寫文章，還會采用那存在於别處的土話中間的特殊的東西。土話作品正適應着這一需要。并且土話通過了作者的表現，會使不懂的人容易懂，可以收到整理土話，使土話逐漸消失偏僻性，逐漸打破土話和土話之間的隔膜的統一土話的效果。

大衆語討論到這裏，和以前文藝大衆化問題一樣，碰着了一個紀録問題。這問題這一回算是被具體地提出了。紀録問題一提出，大衆語就成了下列的兩種趨勢：

1. 别字和手頭字的提倡；

2. 新文字的研究和推行。

九、别字　手頭字

大衆語討論到九月間，上海出版了一個專登小品文并且很注重語言問題的刊物，就是陳望道編的《太白》半月刊。這刊物的創刊號有一篇胡芓之（胡愈之）的《怎様打倒方塊字》。提出了兩個辦法：1. 提倡寫别字；2. 實行詞兒連寫。善於詞兒連寫，本是各種拼音文字的共同主張，這裏也祇作寫别字的一種必須附帶的條件，不必多説。至於故意地提倡寫别字，故意地給方塊字搗亂，却是很有意味的。最有意味的還在於作者不但這様主張，并且立刻實行。這篇文章就是用許多别字寫成功的。例如題目的怎様寫成怎羊，打倒寫成打到，作者的名字也寫成“胡芓之”。爲什麽要主張寫别字呢？作者的理由：

> “别字”是和本來的方塊字聲音相近而形太不同的字。……凡是聲韻相同的字，都可以通用，連四聲是不是相同，也可以不官……這羊就可以打破望文生義的習貫。——别字寫成習貫以後，一個方塊，祇代表一個聲音，并不能代表一個意義，到那時，取肖方塊字，改用拉丁化，自然不成問提了。

這提議馬上得到了不小的反應，像魯迅、喬木等作家或語音學家都發表過很精彩的文章。

其實别字是每天不知有多少人在寫，如果方塊字和大衆有多少關係，那關係是全靠别字（還有省筆字）維持着的，更不用談古人所説的假借字（也就是寫别字）了。現在特别來提倡，無非教我們僥天之幸已經能够不寫或少寫别字的知識分子，第一，承認大衆日常寫的别字是正當的；第二，要使大衆比較容易看懂我們寫的文章，不妨有心寫些大衆所常寫常見的别字。它不是終極目的，不過使大衆比較容易看懂方塊字文章，同時把方塊字的精神所在的六書搗成粉碎，還原爲一種音符的手段。大衆能够自由運用的文字，根本不能是方塊字，提倡寫别字不過在過渡期間可以發生相當作用，像胡愈之所説，是拉丁化的一個準備工作。

和提倡寫别字的用意相同，一九三五年三月發生了一種“手頭字運動”，是由兩百個作家十五個文化團體所發起的。《推行手頭字緣起》是這樣：

> 我們日常有許多便當的字，手頭上大家都這麽寫，可是書本上并不這樣印。識一個字須得認兩種以上的形體，何等不便。現在我們主張把“手頭字”用到印刷上去，省掉讀書人記憶幾種字體的麻煩，使得文字比較容易認容易寫，更能够普及到大衆。

同時提出了三百個手頭字作爲第一期的字彙。

這《緣起》在上海各種報章和進步的刊物上發表了，《太白》和别的幾種刊物都實行用手頭字排印文章，一時引起了相當的注意。由於它本身所包含的改良色彩，容易爲當局采納，使教育部也接着來了一個推行簡筆字的命令。雖説這命令後來又收回了。

手頭字和别字一樣，是從方塊字到新文字的過渡中一個擾亂方塊字的陣容，暴露方塊字的缺點，打倒方塊字的尊嚴的一種手段。

如果我們應該用一切的手段去打倒方塊字，去争取大衆語的實現，争取新文字的實現，提倡寫别字和推行手頭字都是有不可抹煞的意義的。

在别字和手頭字正在和方塊字搗亂的時候，打倒方塊字的主力部隊——新文字運動——也正開始出發了。

十、新文字

在大衆語被我們熱烈地討論着的時候，蘇聯遠東的華僑正在用一種拉丁化的新文字（以下稱新文字）做掃除文盲的運動。據一九三四年十一月十三日伯力通訊：

1. 遠東邊疆的中國工人和農民經過了夜課的補習班畢業，能够看書寫信的有五千一百人。

2. 經過兩個月到六個月的短期學校畢業的新文字幹部人員有三百二十一人。

3. 經過一個月補習班畢業的中國工人有二百四十人。

4. 完全用新文字編的報紙《擁護新文字》已出到四十三期。

5. 出版了新文字書籍四十七種：裏面有二十四種教科書，三種文學書。

這時候，新文字的北方話方案的産生已經三年了。在國内，除了一九三三年的《國際每日文選》上刊載了一篇由焦風翻譯，蕭三原著的介紹文章外，没有旁的什麽。那文章也没有引起怎樣的注意。到了大衆語討論到紀録問題的時候，大家纔感覺到新文字的需要。

一九三五年，上海出現了一個研究新文字的團體，叫做：上海拉丁化研究會。由這個研究會出了好幾種關於新文字的書：《中國話寫法拉丁化理論原則方案》、《拉丁化概論》、《拉丁化檢字》和兩種課本，一種是識字的人用的，一種是文盲用的，這幾種書一出版馬上發生了很大的效果，全國各地都發生了新文字運動，專門研究新文字的刊物也有了，經常刊載關於新文字的文章或闢有專欄刊載用新文字寫的文章的也很多，并且很多地方都有了研究或推行新文字的組織。不過那些組織都是自發的，單獨的，誰也不統率誰的，至多不過彼此有些聯絡罷了。

這一年的冬天，上海拉丁化研究會爲了在上海擴大新文字的影響，召集了一個新文字座談會，參加者都是各種刊物的編輯和文化界知名的人。由這個座談會決定組織一個中國新文字研究會。中國新文字研究會正式成立之後，上海拉丁化研究會就自動解散了。

一九三六年，新文字的刊物和書籍更多了。由於各地方言方案的出現（現在已有的方案除北方話的以外，還有上海話、寧波話、汕頭話、廣州話……），由於許多刊物和書籍的出現，完全證明中國的文字有改寫拼音文字的可能；完全證明要肅清文言文的餘毒，要建設大衆語，要把大衆從没有文化没有文字的黑暗生活中解救出來，衹有采用新文字。這裏，我們可以聽一聽蔡元培們五百多人的意見，這意見是一九三六年五月間發表的。

中國已經到了生死關頭，我們必須教育大衆組織起來解決國難，但是這教育大衆的工作，一開始就遇着一個絶大的難關。這個難關就是方塊漢字。方塊漢字難認難寫難學。每一個人必得化費幾年工夫幾十幾百塊錢纔能學得一點皮毛。一個每天做十二三點鐘苦工的大衆是没有這些空閑時間，也化不起這許多錢來玩這套把戲。簡單地説，中國大衆所需要的新文字是拼音的新文字，是没有四聲符號麻煩的新文字，是解脱一個地方方言的獨裁的新文字，這種新文字，現在是已經出現了。

根據上海話新文字方案實驗結果，平常人每天費一小時衹須半個月工夫，即可寫新文字的信，看新文字的報，讀新文字的書。每人所化的，衹要三分錢。義務教育培養一個小孩每年平均要化八塊九毛錢。民衆教育培養成一個成人要一塊八毛錢。上海一帶運用小先生教漢字每人也要化三毛錢；三萬萬人的普及最粗淺的初步漢字教育至少就得九千萬元。去年教育部籌辦義務教育，努盡了力衹籌得三百多萬，相差是太大了。倘若推行新文字，每人三分錢，連黄包車伕也出得起。所以就時間金錢兩方面來看，新文字是普及大衆教育的最經濟的文字工具。

這意見書專從教育方面着眼，是許多教育家們的經驗之談；其實新文字本身的功用，决不僅僅在教育方面。從整個的中國語文運動史看來，尤其是從文藝大衆化和大衆語論戰的成果看來，新文字必然會完全代替方塊字，成爲一切高深學理，文藝創作的最好的工具。

説到這裏，一定會有人問：新文字和國語羅馬字有什麽不同呢？我們的答案是：國語羅馬字難學，新文字容易學。

國語羅馬字，前面説過，是統一全國語言的工具，它指定一個地方的語言爲標準，强迫全國各地不説那種方言的人都去學它，使各地大衆不但要學一種文字，還要學一種和自己的日常生活無關，和自己的鄉土語言不完全相同或完全不相同的所謂國語，所以難學。新文字是教大衆先獲得紀録自己的鄉土語言的文字，由那種文字提高自己的文化水準，發展自己的鄉土語言，使鄉土語言因爲生活需要，和别處的語言逐漸滲透、融合，形成一種統一的民族語，所以容易學。在這一點上，新文字和大衆語論戰的成果完全是一致的。國語羅馬字要帶標四聲，四聲那東西本是方塊字的附屬物，在口頭的語言上并没有那麽嚴格的劃分；各地四聲又互相衝突；并且分法煩難，不但大衆不容易瞭解，就是由近代學校出身，没有讀過《聲律啓蒙》之類的知識分子也不很瞭解，所以難學。新文字完全不要四聲，僅僅在有些容易混同的詞兒之間，加以區别——不一定因爲四聲，有時也因詞性；它是必要的，可是并不麻煩，所以容易學。

關於新文字和國語羅馬字的比較，現在正成爲一個争端，要知道詳細，可參看將在新文字書店出版的《新文字和國語羅馬字》（黄鬱編）。

不過一個難一個容易，却是毫無問題的。

爲什麽國語羅馬字要弄得那麽難呢？魯迅有過答復：

易舉和難行是改革者的兩大派……這兩者有鬥爭。難行者的好法子，一定是完全和精密，借此來阻礙易舉者的進行。然而它本身却因爲是虚懸的計劃，結果總并無成就，就是不行。

這不行，可又正是難行的改革者的慰藉，因爲它雖無改革之實，却有改革之名。有些改革者是極愛説改革的，但真的改革到了身邊，却使他恐懼。惟有大談難行的改革，這纔可以阻止易舉的改革的到來……

——見《新文字》月刊第七期

接着還有幾句關於新文字的話也很中肯，借來作這一節的結論吧：

新文字却没有這空談的弊病，説得出就寫得來。它和民衆是有聯繫的；不是研究室或書齋裏的清玩，是街頭巷尾的東西；它和舊文字的關係輕，但和人民的聯繫密，倘要大家都能發表自己的意見，收穫切要的知識，除它以外，確没有更簡易的文字了。

而且由祇識新文字的人們寫起創作來，纔是中國文學的新生，纔是現代中國的新文學，因爲他們是没有中一點什麽《莊子》和《文選》之類的毒的。

十一、收　尾

《從白話文到新文字》，如果祇要和這題目相適應就算完事的話，這本小册子現在就可以交卷了。我自己知道，這小册子裏頭也許説了一些别人没有説過的話，可是也有好些無可辯護的缺點。主要的是没有把每一階段的運動，從它的發展上，從它和反對勢力的鬥争上去把握；對每一階段的反對勢力方面的理論和社會基礎也没有加以分析；尤其是對五卅以後，九一八以後的運動，避免了社會基礎的强調。這種種缺點，有的是因爲自己的學力不够，有的是因爲篇幅和時間的限制，也有的是因爲出版上的顧慮，都是應該請讀者原諒的。不過這是一本初步的書，如果讀者能够由這本書引起研究的興趣，作者的我就很榮幸了。

從以上十節的叙述看來，這本小册子的結論應該是這樣的：

從語言文字本身上看，語文問題是個階級的問題，因爲語言文字是人類社會的産物；人類社會到現在爲止，是個階級的社會，它的一切産物都含有階級性，哲學、科學、藝術、文學都是這樣，語言文字也没有例外。并且語言文字越是困難，它的階級性就越大，成爲少數特權者的私有物，和人民大衆没有關係。從語文運動發生的社會的動因上看，語文問題，仍舊是個階級的問題。它一定要在一個新起的階級，要求發展，要求解放的時候，纔被當做問題而提出，同時也作爲階級解放運動的一翼而展開。

可是中國是個半殖民地的國家，束縛着社會發展的，不僅是没落的舊社會，同時也是國際帝國主義；也衹有國際帝國主義纔是貫串着一切束縛的總束縛。因此，中國的情形，固然不是像有些無稽之談：没有階級的對立；可是每一次的階級解放運動都和民族解放運動糾結着，統一着。戊戌變法是這樣，辛亥革命也是這樣，五四運動更是這樣，五卅、九一八以來的各種反帝反漢奸賣國賊的運動都無一不是這樣。我們可以説中國的階級解放運動，從來没有和民族解放運動分開過。由此不言而喻，作爲階級解放運動的一翼的語文運動，同時也是民族解放運動的一翼。這，衹要回頭去看那語文問題的提起，盧戇章們幾個先驅者的意見，五四運動的情形，文藝大衆化，大衆語問題的發生等前文的叙述是可以瞭然的。

中國語文運動已經發展到了用新文字代替方塊字的階段。新文字會解决從來一切語言文字的問題；會使非用文言文不可的人束手無策，也會使殘存在白話文裏頭的餘毒澈底肅清；它把語言和文字的各各的問題統一起來了。今後的語文問題，衹是新文字本身的缺點的剋服和把它送到每一人民大衆手裏的奮鬥。

既然歷來的語文運動都是民族解放運動的一翼；中國現在又除了聯合一切不願做亡國奴漢奸的人民大衆，用民族革命戰爭去答復某一個帝國主義的進攻以外，没有另外的路走；那麽，新文字運動必然會成爲替民族革命戰爭服務的東西，而且得到一切不願做亡國奴漢奸的人民大衆的擁護。

積極參加新文字運動，是亡國奴漢奸以外的每一個中國人的當前任務。

文章·語言·文字

一

（文見本卷《從白話文到新文字》第一節《起頭》）

二

（文見本卷《從白話文到新文字》第二節《文言文》）

三

文言文還有一個最大的存在的理由，就是它是用方塊字寫的。前面説過，寫文章是尊貴的人們的事；可是方塊字尤其是尊貴的人們的文字。卑賤的人們就是勞力的人們，全部時間耗費在勞苦的生活之中，没有工夫來學習這難寫難認難記的方塊字；作算忙裏偷閑，學會了有數的幾個，也必然會變成别字、手頭字那樣的東西，不能自由運用，拿它來寫出自己的語言是不消説得的。能够學習運用方塊字的衹有過着閑適生活的尊貴的人們，也衹有他們的語言纔被它簡略地寫出來過。方塊字既然没有寫出過卑賤的人們的語言，對尊貴的人們的語言又寫得很簡略，那麽，説它從來就和語言的關係很少，尤其是和現在的語言的關係很少，似乎不算過火。

方塊字是象形文字，單音文字，無頭無尾，不能依照語言的變化而變化；同時，字形繁多，複雜，呆板，新字的創造極感困難，這都是使它離開語言的原因。人類的語言不斷地隨着生活的變换、豐富，而變换、豐富，不斷地産生新的東西，也不斷地淘汰舊的東西。方塊字也有它自己的進步吧；可是它最初就没有和語言一致，又因爲本身有上述的那些缺點，進步的速度一定比語言遲緩得多，彼此的距離越隔越遠，不能不脱離口頭語言成爲衹能寫紙書面的文言文的東西。五四以來的白話文，説對方塊字和口頭語言的拉攏工作賣了很大的力氣，結果白話文仍舊衹看得懂聽不懂，就是方塊字缺乏和語言合作的精神的明證。

方塊字固然不容易寫出口頭語言，可是也有些地方，因爲方塊字是靠字形來表示意義的（固然形聲字也有表音的成分，可終究不是拼音字），不必照口頭話寫也可以懂——“目”就是眼睛，“髮”就是頭髮，凡認識的人一看就懂，何必多寫幾個呢？“二桃殺三士”，“此生或彼生”，曖昧固然曖昧，簡潔也實在簡潔，文言文的擁護論，也并不是毫無理由。文言文的存在，是方塊字給與了最大的可能，是毫無疑義的。方塊字不用説，是因爲文章而存在；可是從以上的分析看來，在它成爲定型之後，却又反轉去影響文章，使文章不容易接近口頭語言。然而方塊字的罪惡還不止如此，它還要去阻礙語言的發展，助長語言的分歧。不錯，前面説過，方塊字和語言的關係很少，可是和文章的關係却很深。那文章雖説是從語言（尊貴的人的語言）中出來的，正和方塊字影響文章一樣，也必然會反轉去影響語言。於是，方塊字不但直接影響文章，同時又間接影響語言。

第一，因爲方塊字的無法變化，使口頭上本有變化的語言不能儘量地按照容易變化的路綫發展，甚至使原來複雜多變的語言變成簡單不變的東西。A. 複音詞兒寫成一個方塊字就變成單音，例如眼睛就成爲“目”，再由“目”造成了種種熟語“十目所視”、“遠人無目”之類。這些詞兒和熟語，如果都混進語言裏去，就會增加語言的艱澀，如果不混進去，又削弱了語言的内容。B. 有語尾的詞兒寫成一個方塊字，就變得没有語尾，例如盤兒、碗兒之類，也可以衹説盤、碗。C. 本有變化的詞兒寫成方塊字就變成没有變化或使變化不容易顯出，例如，所有的動詞，都是如此，以致不但在文章上，就是在語言上都弄得混淆不清，使語言和文章的文法成爲一個苦惱的問題。

第二，因爲方塊字靠字形分别，口頭上的同音詞兒，無需弄得不同；更不能藉助文章來弄得不同。例如，張和章，武和伍，本來都是不同的姓，但連姓着這些姓的人們，也不怎麽感到混淆；如果不是方塊字幫忙，難道他們能不另想辦法麽？因此我想，如果没有方塊字，有了功績這個詞兒，一定不會有供給或攻擊那些發音完全相同，含義完全不同的詞兒的吧；爲了弄出種種區别的標記，中國語言中的每一個詞兒的音段，不會這樣短簡的吧；分别不同的意義，不會靠那野蠻的平上去入的吧。那麽，我們的語言就不會有這麽多的同音字，縱然以前有過，從今以後，該會逐漸地減少，至少不會加多的吧。

第三，因爲方塊字無法科學地標出音來，一個字的念法就可以因地而不同。一個茶字，有的地方念查，有的地方念德；一個吃字，有的念七，有的念恰，有的念加。雖然我不知道在語言的分歧上，方塊字盡過怎樣的任務；却可以斷言，在語言的統一上，方塊字一定是個大的阻礙——既然不能標音，各人除了照自己習慣了的音讀，没有另外的辦法(國語統一運動不能不藉助於注音符號之類就是明證)。以外，不標出音來，新字出現時就無法念出，例如鈉，究竟念内呢，還是納呢，還是芮呢？無法斷定。

以上是就方塊字和文章，語言的直接關係説的；在别的方面，方塊字又是阻礙文化進展的魔王。不用説，方塊字本身的難學難記以及它和文章、語言的關係，處處都表示它阻礙着文化進展的，這裏不過指出幾點特殊的事實罷了。例如，A. 方塊字在文言文中造出了許多特殊的文體和玩意兒——八股，駢文，試帖，排律，詞，賦，銘，對聯，匾額，詩鐘，字謎以及官廳的公文布告，廟宇裏的籤譜，舊戲，歌詞，開篇唱本等等。這些東西都是因方塊字而存在的，裏頭有許多把戲需要很長的時期的學習；縱然學會了，也毫無實際的用途，於文化思想没有任何補益。B. 方塊字的寫法很難，寫好更難，寫字這件事裏頭，又有許許多多的玩意兒。要瞭解寫字，要把字寫好，也需要很長時期的學習。最無理的是簡直把寫字當作一種藝術，常常有人化很大的代價去尋求或保藏它。有正書局，榮寶齋，商務印書館那些地方，掛滿了所謂“名人書法”，有許多是用珂羅版影印出來的，多少可寶貴的精力耗費在這無用的廢物身上了哇！至於在印刷上，鑄字排字的麻煩，在記録上，打字速記的困難，都足以阻礙文化思想的發展，似乎已經有人説過，這裏不必重複了。

方塊字這麽壞，不是早就應該消滅了麽？不，一件東西的存在與否，往往不以它本身的完美與否爲斷，倒是看社會上没有人需要它。方塊字和卑賤的人們本來没有發生過關係，它的煩難以及種種壞處又是卑賤的人們接近文化生活的大阻礙，當然被卑賤的人們所唾棄的吧。可是這種情形却是尊貴的人們的利益，一定會爲他們所需要，所擁護；那麽，方塊字的廢除與否，就不能是它本身的問題，要靠尊貴的人們和卑賤的人們這兩種力量的搏鬥的結果來决定。

開快車時候的一個備忘録

一、引　言

“文言文，白話文，大衆語”這問題發展得真快，簡直不容許我從從容容地寫出我對於這問題的好些意見。假如我還慢條斯理地寫，不知什麽時候，纔能跟現在所提出的論點聯結起來。加以天熱，事多，人懶，筆笨，不但一天寫不出兩篇，甚至兩天寫一篇還很吃力。我們進行太慢了。我應當開快車，撇去許多暫時可以擱下或留幾天的文章。但是一方面怕自己忘了，一方面又怕跳得太遠，讀者摸不清綫索，先來一個備忘録。

二、文言文

文言文是跟封建制度相終始的。起於封建制度的繁榮，衰於封建制度的衰落，壽終正寢於封建殘餘的肅清。這裏有幾點解釋：第一，封建勢力雖也用話寫了文章來麻醉人；封建制度裏面，也會孕育“白話文”的萌芽，但是主要的還是文言文。第二，封建殘餘一天不死，總要掙扎一天，因此，就會給“文言文”辯護一天。第三，現在的封建勢力，像某先生所説，已經學會住洋樓，坐汽車，吃大菜，跳探戈舞。滿口“yes”、“no”的了。他們攻擊“白話文”，已經不像林紓那種老實地説它是“引車買漿者流”的話了。

三、白話文

“白話文”生長於封建社會，發揚於民主政治抬頭時代。在歷史上“第三等人”（不是第三種人）的五四新文化運動時期，它盡過不小的反封建的任務。但是因爲“第三等人”反封建的虎頭蛇尾，有始無終，一轉眼，反跟封建勢力結合了，所以“白話文”正跟它“爸爸”一樣，搬了許多文言的東西進去，成爲一種“新文言”。但，雖然這樣，它究竟已經不是純粹的文言文了。

四、文白争執的本質

“文言文”跟“白話文”的争執的本質，用我杜撰的話説，是個讀者群衆的問題。例如：“此生或彼生”，不用説是章士釗律師的“兩個桃子殺死三個讀書人”的重複，雖省事，却曖昧，非看上下文不能懂得意思。既需看上下文，其實一個“他或他”就可代替，比起來更省事。大衆有了複雜準確的話，硬要大衆説簡單迷糊的話；甚至大衆有了簡單準確的話，硬要大衆説複雜迷糊的話。可見“省事”衹是一隻羊頭，賣的却是“迷糊”的狗肉。

五、文白争執的意義

現在提出文言文跟白話文來討論，是很有意義的；因爲在文化領域現在還需要反封建的民權運動。不過新的反文言文運動，不是單獨反對文言文就可了事。現在提倡文言文，是和其他許多復古開倒車的事聯合一氣，計劃地向新勢力的人進攻。反對文言文，必須同時反對整個讀經尊孔，逃禪佞佛的整個復古運動。

六、大衆語的建立問題的提出

大衆語這名詞，是在文章應該用話寫這前提下提出來的，是因爲白話文，并不澈底是話，夾雜着許多中國跟外國的文言，爲大衆看不懂聽不懂，寫不出，纔提出來的。是在“白話文”不能表出大衆的意識、生活，或不是表達大衆的意識、生活的最好的工具的這情形之下提出來的。

七、大衆語跟文章内容

因爲，大衆語的提出，同時就是提出了用大衆話寫的文章的内容。如果不是要大衆自己寫，不是爲大衆寫，不是寫大衆，換句話説，不是代表大衆的意識，大衆語這名詞不必提出。封建主義或帝國主義的傳教士們已經在用大衆容易懂的話寫文章去欺騙大衆，但是那不是大衆話。理由：它不是代表大衆的意識的。至少，不是大衆的大衆語，衹是尊貴者群的所謂大衆語。

八、大衆語跟白話文

大衆語不是在白話文之外另外建立一種完全新的寫文章的話。因此，大衆語不能完全抛棄，或反對白話文。大衆語是白話文中的“話”的一部分的發展，使它更明確，豐富，充實，活潑；同時也是白話文中的“文”的部分的澈底肅清。

九、大衆語跟土話

現在并非已經有一種大衆在説着的大衆語存在。雖然長江黄河流域，有比較普通的話，也不過是比較有作大衆語的基礎的資格，并非已經就是大衆語了。這普通話的語彙很少，表現力非常不充分。它需要大衆來充實，但是廣大的大衆說的還是土話，懂得最深的也還是土話。如果把土話否定了，就是斷絶了充實普通話，使普通話成爲大衆語的一種根源。祇有提倡土話，掘發土話中的寶藏，纔容易提高大衆的文化水準，纔容易養成大衆的寫作，纔容易使普通話更豐富，也就容易建立起大衆語來。對於土話的態度，應該跟對文學遺産的態度一樣；批判地接受，合理地揚棄，更應該向蘇聯提倡各民族的話跟文學的史實學習。

十、建立大衆語是個實踐問題

大衆語不存在於文人們的腦子裏，不存在於書房、亭子間或前樓。因此，建立大衆語，是個實踐問題。要向大衆學習，要提高大衆的文化水準；可是，并不是要辦一個或一個以上的“大衆語傳習所”，叫大衆來受訓練。建立大衆語，應該嚴厲地糾正一部分文人學者的波格達諾甫傾嚮。

十一、建立大衆語應該避除樂觀的放任主義色彩

有些人以爲文言文的没落是必然的，頂多，也祇發生一點點“輕微的阻力”。同樣，大衆語的形成，也是必然的吧，這説法，自然是對歷史的發展法則，看得清楚極了；不過，很容易被誤解爲可以忽視或放任。要知道文言文雖必然會没落，但要是没有人給它送葬，它不會自己爬到墳坑裏去。大衆語雖然會形成，但要是没有人推動，也不會憑空掉下來，即使來，也不知什麽時候。樂觀的放任主義會取消了當前的工作。

大衆語跟土話

我是主張提倡用土話寫文章的。但是因爲我的“備忘録”字句寫得太疏忽，把這意思寫成“提倡土話”了。有些人反對土話，也許是因爲這個原故。譬如霓璐先生，主張“批判地接受土語中的語彙及其地方色彩”，跟我的主張的一部分，差不得好遠，可是他却寫了很長的文章來反對我。不過，給一個機會讓我重説一遍我的意見也好。

我説：大衆語這名詞，是在文章應該用話寫這個前提之下提出來的。但是話，不止一種，有尊貴者群的話，有卑賤者群的話，究竟應該用哪一種話寫呢？如果不是要大衆自己寫，不是爲大衆寫，不是寫大衆，大衆語這名詞不必提出。所以，在汪懋祖、胡懷琛先生們看來，用什麽話寫文章是不成問題的。最好當然是文言，開明一點，也可以用“本色語”。他們不是有人老實地招供過麽：“我不瞭解大衆，不瞭解大衆語，更不瞭解大衆語文學。”（晨曦、莫衰先生作：《所謂大衆語文學》）

我們呢？我們是要大衆寫，寫大衆，爲大衆寫的。因此，就應該用大衆語寫，就是説用卑賤者群的話寫。

但是現在并非已經有一種大衆在説着的全國通行的大衆語存在。雖然有比較普通的話，也不過是比較有作大衆語的基礎的資格，并非已經就是我們所要建設的大衆語了。這普通話的語彙很少，表現力、表現方法都非常不充分，它需要大衆來充實。但是廣大的大衆説的還是土話，懂得最深的也還是土話。要大家充實普通話，使普通話豐富起來，成爲最普通有力的大衆語，還需要大衆的努力。自然，辦法是不止一種的。但辦法之一，應該是提倡用土話寫文章，掘發土話中的寶藏。如果把土話否定了，就是斷絶了充實普通話，使普通話成爲大衆語一種動力。對土話的態度，應該跟對文學遺産的態度一樣：批判地接受，合理地揚棄。

更應該向蘇聯提倡各民族的話跟文章的史實學習。

以上是説過了的話的重複，衹遺漏了用土話寫文章，容易提高大衆文化水準，容易養成大衆的寫作能力兩句。

這意見，雖然經過幾位先生的指摘，我還是認爲對的。如果有錯誤，應該是在我太看重了普通話這一點。不過我的備忘録也未免太簡單了。

第一，没有强調道地的大衆語，存在於土話之中。雖然已經有大衆在説普通話。更多的大衆，説的却還是土話。土話是不能跟大衆的日常生活分開的。不是有人特爲到楊樹浦工廠區域去采訪大衆語麽？結果是得來了幾段土話（見《申報·談言》）。這位先生的態度，也許是不該恭維的，但他却展露了一部分的真實。中國最大的都市上海尚且這樣，别處就不消説了。如果我們不把“大衆”這名詞跟蓮岳先生所説的“小衆”對立起來，認爲是指人數或地域的面積；又不像寫“隨意小酌”的莫衰先生認爲可以指“一國民族”或“全世界人群”，也不把建設大衆語運動，當作國語統一運動去理解的話，那麽，大衆這名詞，應該是指他們在這社會上所占的經濟的政治的某種地位，“大衆語”應該是跟封建餘孽、買辦資産階級所用的文言文、語録體、白而文而歐化的騾子話對立的東西。因此，“大衆語”這名詞本身，本來就該含有土話在内。用大衆語寫文章這句話，本來就該含有用土話寫文章的意思在内。建設大衆語運動，本來就該含有以土話爲基本要素的意思在内。

第二，没有指明所謂普通話，是由各地的土話形成的。它的前身是土話，現在也衹是地方色彩較少、通行地域較大的土話。把幾個地方的土話拌合起來，去掉那偏僻性最大的部分，選擇那幾個地方共同的部分，這樣就成了普通話。這種普通話，其實比用以造成它的任何一種土話的語彙還要少，表現力還要不充分；因爲它衹是任何一種土話的一部分而不是各種土話的總和，用它來表達大衆的生活、意識、思想、情感，是很不够的。如果説普通話已經够用了，那就是説現在已經有了一種大衆語，我們衹要用好了，大衆語建設問題，根本用不着提出。大衆語建設問題的提出，正是因爲它不够用。它必需大衆來充實，使它成爲豐富的够用的話，纔能算跟大衆的日常生活分不開的最爲廣大的大衆所常用的大衆語。用什麽東西來充實呢？照有些先生們的意見，是不用土話。除了土話，現成的可以拿來充實普通話成爲大衆語的東西是什麽呢？可惜又没給指出來。

第三，我没有指明五四時代的白話文運動之所以失敗，不肯采用土話是一個重要的原因。五四運動的階級基礎是誰都曉得的。由那階級基礎所決定，那時的新貴們，不能也不敢采用土話。他們所能做的，衹是拿北京的“官話”當作標準去做國語統一運動。這北京的“官話”，不但跟任何地方的土話不同，連跟北京的土話也不同。它没有一點兒土的氣息，汗的氣息，有的衹官氣息——封建氣息。因之它不但不能表達大衆的生活、意識、思想、情感；甚至表達那班新貴們的生活、意識、思想、情感也不够用。作爲悲慘的結果，必然是大批大批地向文言借兵，被文言所同化。大衆語的建設，不能那樣隨便向文言借兵，是説也不用説的；不隨便向文言借兵，必然會大膽地大量地采用土話。反對土話的先生們的過慮，大衆自己的作家跟前進的作家，會在實踐上給以答復。

第四，我没有指明大衆語的建設，是一個文化鬥争的實踐問題。雖然我説過“容易提高大衆的文化水準，養成大衆的寫作能力”，也是很空洞的。作爲一個鬥争的實踐，我們不應該同意猛克先生的“一般的大衆”的説法。大衆就是大衆，没有什麽一般的跟特殊的。“一般的大衆”衹是一個想象的抽象名詞；抽掉了各各説着土話的大衆。“一般的大衆”究竟是什麽呢？就算能够説普通話的大衆是“一般的大衆”吧，我們有什麽權利撇開那不能説普通話的“特殊的大衆”，簡直不爲他們計算呢？在這裏，我覺得高荒先生的提示是對的。他説：一方面被以大衆的生活需要爲基礎的文化鬥争任務所規定，一方面被中國言語的分歧條件所規定。所謂“大衆語”，一定不是一元的“國語”式的東西，就是各各以當地的大衆爲對象的多元的發展……所以，實際的文化鬥争工作，會産生以上海的大衆爲主要對象的大衆語作品，以廣東的大衆爲主要對象的大衆語作品，以長江中部的大衆爲主要對象的大衆語作品……這樣的大衆語作品，一方面各各地適應了大衆的需要，一方面包含了向更高的大衆語發展的最好的成分。

以上是我對備忘録上關於土話的問題的補充。

但是非難土話的先生們，提出了很多意見。我應該怎樣解答呢？我以爲那些意見，很少“言之成理”的。

例如，有人説，土話是封建的，要不得；爲了打倒封建勢力，必須反對土話。但是爲什麽土話是封建的呢？爲什麽衹要是封建社會遺留下來的東西，就簡直要不得呢？更爲什麽打倒封建勢力必須反對土話呢？這理由，没有提，真有點叫人摸不着頭腦。這些先生們，有的甚至是在藝術上主張采用舊形式的主將；又都没有反對過批判地接受文學遺産。但在土話問題面前，却改變了態度。不錯，我們的社會是從封建制度來的。我們説的話——當然不止話，帶有多或少的封建色彩，土話也不能例外，是事實；現在，過去的封建意識，許多是靠着土話在傳達，也是事實。但這豈不明明可以像對於藝術的内容跟形式的問題那樣去理解的麽？如果衹要是封建時代留下來的東西，就全盤要不得，爲什麽我們又常常説批判地接受包含封建時代的文學在内的文學遺産呢？

又有人説，各人用各自的土話寫文章，結果會增加各地大衆相互間的語言上的隔閡。要免除大衆相互間的隔閡，這盛意是可感的。可惜不是個根本的説法。大衆相互間由交通而至於結合，并不光靠語言，主要的是他們的生活内容。他們因爲生活相同，要求相同，使他們彼此容易互相瞭解，而結合起來。無論什麽語言上的隔閡，都不能阻止他們。世界上有着兩三種乃至幾十種話的國度，那些國度裏的大衆，并没有因語言上的隔閡而互不瞭解。就算語言上的隔閡有多少影響吧，但提倡土話文章的實際情形，會剛剛同這班先生們所推測的相反。語言上的相互間的隔閡，通過了作者的表現跟解釋，會使本來不懂這種土話的人看起來，都比較容易懂。土話是大衆最能聽能看能説能寫的話。因之，就是提高大衆文化水準，養成大衆寫作能力的最好的工具。在大衆文化水準逐漸提高的過程中，大衆的理解力會加强起來；他們不但説自己的土話，用自己的土話寫文章，還要借那自己的土話中間所没有而存在於别處的土話中間的特别的話來説話，來寫文章。這樣彼此借來借去，他們會把那原來的語言上的隔閡打成粉碎。像煞有介事、壓根兒、丢那媽，這些話，是幾個地方的土話。因爲有人用這些土話寫，現在懂這些土話，寫這些土話的人，已經不止是説這些土話的本地人了。瞧，寫《丢那媽答章芸生》的胡秋原，跟廣東人有什麽關係呢？這就説明用土話寫文章，不但不增加相互間的隔閡，倒打破了相互間的隔閡。

還有人以爲土話中間有“奶奶雄”、“丢那媽”等等駡人的話，不雅，太骯髒。如果用土話寫文章，就會有寫成奶奶雄文學的危險。這種話提出給大家笑笑是可以的，不應該成爲一個正式的意見。土話中間并非衹有奶奶雄什麽的，是不消説的，用土話寫文章，并非盡寫奶奶雄什麽的，也是不消説的。必須指出的是這種雅俗觀念，是尊貴者群的觀念，汪懋祖先生的“敢問如何表出”，就是這樣。紳士淑女們，雖然他們常常是色情的玩弄者，但是在表面上，在談話中，總以爲性器官乃至性器官周圍的東西，性行爲乃至性行爲的類似或影射都是不雅的、骯髒的。這觀念是根據他們的生活的必需而來的。我勸你看看萬迪鶴先生的小説《王家》（《文學》三卷一號）。下等娼婦王家有過這樣的念頭：“做太太就了不得？一樣麻皮换錢！都一樣！夾得緊！脹不破……”如果大衆能明明顯顯地看見，感得紳士淑女們跟自己的“都一樣”，於尊貴者群的尊嚴乃至支配，是有莫大的危險的。於是紳士淑女們不得不把生理的一部分掩飾、隱秘起來。同時，也許正因爲他們是色情的玩弄者，性器官乃至性行爲，在他們的良心（?）上，真正成爲骯髒的，猥褻的，羞辱的東西。（性器官一名生殖器，有人又叫做淫具，我以爲是有分别的。紳士淑女們的東西叫淫具。大衆的叫生殖器）所以他們在口頭上，人面前避免它，隱諱它。衹有他們纔需要這種虚僞的粉飾。大衆的每一句話也都是從生活的需要産生出來的。不需要，就不會有。主要的是表示憤怒，有時甚至是表示親密或愛撫，就用了這種駡人的話。駡人的話，很多場合，雖然還是那樣的字句却連半點駡人的氣息都没有了。大衆不是紳士淑女，不該用紳士淑女的眼光看大衆，不該希望大衆做紳士淑女，不該在大衆面前裝紳士淑女的樣子。一句話，不該給大衆以虛僞的粉飾。無論什麽話，如果必要，都該寫；不要怕紳士淑女看見了皺眉頭，吐口水，我們没有使無論哪一個紳士淑女舒服的任務。用嚴肅的眼光看，奶奶雄也好，丢那媽也好，都有它嚴肅的意義。衹有用骯髒的眼光看，它纔會成爲不雅或骯髒的東西。這意見好像没有人提出過，爲了減少誤會，還要申説幾句：同是一句駡人的話，會因爲説出的人不同而有本質上的差别。芸生的《漢奸的供狀》跟胡秋原的《丢那媽答章芸生》，是兩首著名的最油滑的詩。但是"漢奸的供狀"，代表的是大衆的憤怒；"丢那媽章"不過是紳士淑女們的説客掛上流氓式的油嘴而已。

還有一個重要的非難，就是有人説，土話中間有許多衹有音没有字的。用土話寫，必須造出許多新字，太麻煩。這又是不能成爲理由的。怕麻煩，壓根兒就用不着建設大衆語：建設大衆語，壓根兒就會有許多麻煩。不用説，新字，應該造，必需造。問題是在造出怎樣的新字：是方塊字呢？還是拼音字呢？方塊字，雖然本身已經發展得很高，比起拼音字來，仍舊是落後的東西。它的没落是必然的。中文拉丁化，已經成了大衆的呼聲，并且已經有地方在實驗。如果方塊字經過這樣一個大革命，那些有音無字的土話的問題，壓根兒就不能成立。造新字，簡直連麻煩都没有。我們應該進一步討論怎樣展開這中文拉丁化運動。自然，中文拉丁化，并不是一樁容易的事，在現狀之下，紳士淑女的代表們，必然會用無論什麽方法來反對，打擊；因爲中文拉丁化一實現，把他們的什麽廟堂文章，什麽公文布告，乃至那載着支配中國大衆幾千年了的任何昏亂思想的高文典册，都一古腦兒從根本上不知扔到什麽地方去了。中文拉丁化，必然跟大衆語建設運動不能分開地成爲大衆文化上的一個主要的鬥争。在完全用拉丁字代替方塊字以前，寫文章的人，碰到有音無字的土話，怎麽辦呢？用拉丁字母拼。我相信，中文拉丁化，至少對於已經認識許多方塊字的人們，决不會是"從某年某月某日起"，完全廢除方塊字，用拉丁字母代替。一定有一個過渡時期，有一種拉丁字跟方塊字夾雜着的文字出現，像現在的日文。現在寫文章的人，在全部方塊字的文章裏，夾幾個拼音字是無妨的。自然，這種文章，大衆不會第一次看見了就懂的。但這是説，建設大衆語，不是一個孤立運動，必須跟整個文化運動，例如大衆教育之類一同進行，而建設大衆話本身，也是大衆教育之一。那些討論“是先建設大衆話了纔教育大衆呢，還要先教育大衆了再建設大衆話呢”的問題的文章，是多餘的。

我對於用土話寫文章的見解，大致是這樣。但是這篇文章也寫得不很清楚，讀者會從文章裏看出我有兩個互不一致的意見：一個是簡直用土話寫，一個是用比較普通的話寫，批判地采用土話中間的特殊的語彙或表現法。不錯，我的意見是這樣。以下，把這兩種意見交代清楚一下。

一篇作品，如果是以知識分子層爲主要的對象——附帶着一些撞過州，過過縣，知識較高，理解力較强的都市的大衆，不應該拿那偏僻性太濃厚的某一個地方的土話去麻煩他們。用比較普通的話寫，批判地采用土話中間的特殊的語彙或表現法。運用這種比較普通的話，形成事實上够用的，流行最廣的大衆語。這是指一般的所謂作家的作品説的，也就是指什麼“一般的大衆”的場合。要使自己最容易得到“作家”的尊號，要使自己的作品在較大的範圍裏傳播，自然這樣就够了；但作爲一個文化鬥争的實踐，作爲一個教育大衆的工作，這是决不够的。我們必須有一種以某一個地方的大衆爲主要對象的，完全用某一個地方的土話寫的作品。運用一切的形式，運用最土的土話，就是大衆最容易瞭解的土話也就是現有的不折不扣的大衆語寫文章。并且我們不能衹把土話寫出來了就完事，還要逐漸選擇某些土話告訴讀者大衆：這種話在别處的土話怎樣説，普通話怎樣説。於是，土話作品，除了完成那作品本來所要完成的任務以外，除了提高大衆文化水準，養成大衆寫作能力以外，附帶地還會收到整理土話，使土話逐漸消失其偏僻性，逐漸打破土話跟土話之間的隔閡的統一土話的效果。土話文學，不用説，不是國語統一運動；然而它却自然而然地有更切實，更容易地達到國語統一運動所要達而達不到的目的的可能。它會完全跟反對土話的先生們所想像的相反。

末了，我愼重地申明：爲了大衆語的建設，爲了使這一次的論戰不致白費，用土話寫文章跟文章中間采用土話，是必要的。必須采用土語，必須提倡土話文學，大衆語纔能得到本質的勝利。

爲白話文敬告林語堂先生

一連幾天，看見《自由談》上徐懋庸、曹聚仁、陳子展幾位先生提到“文言文”跟“白話文”的問題。真是倒霉透啦，想不到到了今天，還要讀這種五四時代剩下來的文章！

五四時代，是個反封建的時代。文化上最重要的封建鬼魂之一的“文言文”，在那時受到了猛烈的打擊。因爲五四時代反封建的不澈底，許多封建的鬼魂，并未連根鏟除。到了現在，那壓根兒没有被打倒過的不必説，許多已被打倒的鬼魂，又在洋大人的炮火之下，實業領袖們的大洋鈔票之中，洋場大亨中鴉片毒品之内以及將軍大員們的槍杆或别的什麽之上復活起來了。打開每天的新聞，各種各樣的封建鬼魂的耀武揚威，簡直若“汗牛充棟”，叫人從脚跟冷到頭頂！文言文又要起來取得它“沙龍的天下”，也就是封建勢力抬頭的一個現象，或者説一個鐵證。

有一件事是值得提出的。現在已經很少像林琴南先生之流的傻子，在爲文言辯護。理論什麽的，已經成爲累贅，乾脆地用實力來代替了它。多幹，少説，或者衹幹不説，這纔是聰明、厲害的辦法。瞧，大亨辦的中學，在教學生讀《幼學》、《聲律啓蒙》，《動向》上不見有過記載麽？誰敢去質問他的理由？不過，想不到的是：作爲反對白話文，提倡文言文的實行家，身體力行了幾年的，倒是我們新文壇的幽默大師林語堂先生！

平心説，林語堂先生是個很潔身自好的人。至少他還没有像浮士德一樣，把靈魂賣給魔鬼。他的私生活，據他自己説，比有些人還嚴肅(見《説罵》)。他的《我的話》中，也的確可以發現不少的反封建的氣氛。他看不得許多醜惡的東西，他要加以討伐。但是他是一個無拳無勇的學者，不得已，衹好托之於幽默。這些，都是相當地值得尊敬的。但是，不幸得很，林先生有一件事我們却不能容忍——跟對他那以悠閑的態度提倡小品文的不能容忍一樣，誰要容忍，誰就不是林先生的忠實的朋友——儘管林先生的思想中有多少反封建的成分，但他用來表達他的思想的工具，却是一個最厲害的封建的鬼魂：文言文！在林先生的許多文章中，幾乎找不出一篇是用純粹的話寫的；反過來，却可以找出很多篇，是用純粹的文言文寫的。甚至他駡人都是傖父俗子、方巾氣等等文言的名詞。

林先生不但自己用文言文寫文章，還公開地提倡語録體。語録體在那班宋朝的道學先生們當時，也許有一些改革的氣氛，但到了現在，已同任何體裁的文言文一樣成了封建的鬼魂！不僅這樣，他還把他所編的刊物，叫做《論語》，叫做《人間世》，都是死了幾千年的古人的書名或篇名。也不僅這樣，他還把孔孟程朱老莊們的在當時也許有的是用口説的話，但現在早已成爲文言文了的東西，印在刊物的封面上。還不僅這樣，他又把古人的詩文什麽的印在他編的刊物中，當作幽默材料。至於采用許多關於已死或還活着的死人們的詩話對聯之類，還不算。

《論語》有時候，簡直用篇幅翻印《笑林廣記》。這種無意義的事，也許不會是林先生自己幹的；但是，斷乎是在林先生的影響之下幹的。《論語》一出世，什麽《大學》、《中庸》……跟着也出來了，不用説，也是受了林先生的影響。我們怎能説《人間世》出世之後，一定没有《逍遥游》、《齊物論》、《秋水》、《馬蹄》等等刊物出來呢？

因此，我們可以説：林先生的這種舉動，無論他主觀上有没有提倡文言文，反對白話文的企圖；客觀上，他確乎發生了提倡文言文，反對白話文的效果！林先生，也許是不自覺地做了提倡文言文反對白話文的身體力行的實行家！至少至少！林先生不自覺地幫助了那真正在提倡文言文，反對白話文的人們。换句話説，幫助了封建勢力。雖然林先生對於逃禪佞佛的醜態深惡痛絶；但在用文言文寫文章這一點上，他却是跟逃禪佞佛一鼻孔出氣的——因爲逃禪佞佛是封建勢力的另一種表現！封建勢力，現在用“重金”到處“禮聘”像林先生這樣有思想有學問有聲望的學者，替他們去提倡文言文，反對白話文而不可得；林先生却不收聘禮地替他們“客串”了那最重要的角色！

假如這樣下去，林先生的前途，實在太危險了！我們對林先生還存着不少的希望的人們，必須向林先生指出他的這種迷途。必須向林先生説：來吧，扔掉你書架上的古書，擺脱封建鬼魂的迷惑，來同我們一道兒，乾乾脆脆，痛痛快快地用話寫文章。不用什麼“官話”，就用普通話吧；不會用普通話，就用你福建或無論什麼地方的土話也行。自然，不是説這樣就够了，到現在爲止在研究着的古書，不知還要迷惑林先生到什麼時候；但作爲第一步，他必須先用話寫文章。

不過，我得聲明：以上，完全是我對林先生的忠告，并没有絲毫惡意；假如林先生又認爲“是駡”，是無名小卒想“登龍”，或者甚至於是“政治的”；不但不聽，反而走起極端來，甚至發宣言，著專書，提倡文言文，反對白話文，我當然没有辦法。我不能站在黄浦江邊，把每個投水的人都拉回來。

末了，避免這篇文章的空洞，作爲實例，姑且從林先生的許多文章中引幾句他最近發表的文章在下面：

1.《論語》第四十三期：《夢影》

於是仰天而嘯，攬天而問，欲卜休咎，天祇不應。俯視平土，内爲中原，外爲胡虜，長城蜿蜒，如一長身白蛇……想是彼輩所謂太平景象，而鄭孝胥、羅振玉亦在焉。

2.《人間世》第五期：《母豬渡河》

中國有名言曰：“眼不見爲净。”夫“眼不見爲净”者，孟子《齊人一妻一妾》章之注脚也。夫良人者，所仰望於終身也。故“宜饜酒肉而後返”，“所與飲食者”，“盡富貴也”，亦理之宜。齊人之妻若肯不見，豈不净乎？然彼婦偏欲“瞷良人之所之”，於是發見東郭墦祭乞餘事實，卒至“相泣中庭”，家庭破裂，皆一“瞷”之罪也。

吾人讀人文章，不應根問人之行徑。此爲上策。其次，爲齊人妻者，既發現東郭乞祭事實，當良人“施施從外來”時，不必“訕”，亦不必“泣”，祇須迎笑上前摸其大腹曰：“今日又是那裏吃得貴人一腹酒肉?”良人必喜甚。如此家庭亦可不致破裂。

3.《社會》月報創刊號:《説罵》

夫逃禪何事也，而舉國若狂，尊班禪若父母，敬喇嘛若神明，若謂王何清談足以亡晋，則逃禪佞佛足以滅中華而有餘。……俗語曰：“眼不見爲凈”，吾欲裝作不見，則滿天下皆比我關心國事之人也。

爲大衆語敬告林語堂先生

林語堂先生最近又用文言寫了一篇文章：《怎樣洗煉白話入文》。重要的任務是對大衆語提出了種種非難。

這篇文章的論點，跟林先生近來的文章一樣，大部分是昏亂的。在檢討以前，我們必須注意下面的幾樁事：

第一，避免一切咬文嚼字的小節上的吹毛求疵。像“大衆語并非方言，便是普通話”，“純係膚淺之見”，以及“若胡適之所引‘你是給奴才做奴才的奴才’白話達意傳情句子”等文字上的不通，白字，或欠缺，如果一一指摘出來，也未嘗不可以引起讀者一笑；但，我們知道，林先生最大的努力，是獻給英文了的；他編的開明《英文讀本》，據説，是我們現有的最好的一種。那麽，即使他簡直寫不來這用方塊字一塊一塊地堆起來的文章，已經够我們對他表示很大的敬意。何况他起初因《語絲》同人的潤色，後來以公安諸子尺牘爲範本，居然能寫出洋洋數千言的中文文章來，簡直應該把他當作天才文人看待。

第二，避免搬弄任何社會科學上的名詞術語。林先生不是説麽：他跟黎錦熙先生一樣，也不懂大衆語跟國語白話有什麽分别。我們不能因爲他老實地招供了就看不起他。因爲在一個没有歷史或社會科學的知識的人面前，大衆語跟國語白話的分别，本來就不像《袁中郎全集》那麽容易懂——雖然有人證明他跟劉大杰先生他們標點的《袁中郎全集》，并不比許嘯天、陶樂勤他們的標點書高明。林先生既然完全同意黎先生的卓見，我們還像寫社會科學論文那樣寫文章給他看，他定哈哈大笑：你不説我還明白，你越説我越糊涂了。

第三，原諒林先生的許多性靈的幽默。例如他説：“若曰，文字欲其美……是小資産階級意識，非大衆所需要”，你不能真以爲誰在什麽地方這樣“曰”過。又如他說：“蘇俄新成立時，以爲婦女皆應不搽粉……今則并由蘇俄政府分送胭脂與女工矣。”你更不必對他解釋：“新成立時”，連吃的也成問題，自然“應不搽粉”；“最近蘇聯建設，已經達到了希望以外的成功。大衆在日常的生活中，不僅可以受到充分的文化教育，而且……”（十月十二日《大晚報剪影》）爲什麽呢？因爲他有時性靈來了，偶然幽默一下子，原没有叫你當做經典看的。誰要認真，就是誰不懂幽默，誰的方巾氣太濃厚。

以上三點，一筆表過不題。下面且把一個名詞的問題弄清楚了再入正文。

林先生自己說是愛白話，擁護白話的，究竟他擁護了什麽白話呢？

他說：“白話作文是天經地義，今人做得不好耳。”“胡適之下白話之定義曰‘明白之白’，二十年來結果，文人作白話，仍是不明不白”，又說，“須知今日白話之病，不在白話自身，而在文人之白話不白而已。”并且重複說，“須知流行白話之可憎，乃白話作家之罪，尤其是海派作家之罪，非白話之罪。”

從這些話看來，他所擁護的白話，并不是“今人”寫的“流行白話”，倒是這之外的，古人寫的現在不流行的白話。這種白話，從他的全文看來，大約是《野叟曝言》、《紅樓夢》之類。

他又說：“白話範圍寬大。有何不容？……大衆語并非方言，便是普通話，普通話非白話乎？……由大衆提高之白話非白話乎？大衆語主張攙入歐化新名詞，攙入歐化新名詞之白話非白話乎？”把這幾句話連同上一段所引的話跟“高爾基教人洗練白話入文”，“大凡《野叟》、《紅樓》白話之佳”等句一齊看來，他所說的白話，其實就是一切非文言文的文章，一切用口頭話寫成的文章。難怪說“白話範圍寬大，有何不容”了。

照他那樣解釋，在我們的討論上衹有使問題格外分歧，我們不應該同意。

第一，雖說白話這名詞在五四以前就有了，但是最多量地被使用，却是指從五四到現在的這種白話文；在歷史上衹有從五四到現在，白話文這東西纔占文學上的主要勢力。作算白話這名詞可以泛指一切非文言乃至非純文言的東西，但主要的却是指從五四到現在的“今人”們所寫的“流行白話”。

第二，作算白話是泛指一切，但非“今人”所寫的白話，因爲過去已久，影響較小，又没有“流行”的原故，用不着加以大的注意。我們所不滿的，要它揚棄不好的成分的，望它百尺竿頭進一步的，雖不能説簡直没有那些東西，主要的却是現在正在“流行”的，“今人”所寫的白話。

因此可以説，林先生所指的白話跟我們所指的，并不是一個東西。

然而我們重要的不是研究林先生怎樣爲“範圍寬大”的白話洗刷，倒是要明白他對從五四到現在流行白話，表示了怎樣的態度。

對五四以來的白話，林先生不但没有擁護，并且痛恨。把它挖苦透了。以下舉例：

夫文人惡習好填塞，爲文曰，“一顆受了重創而殘破的心靈，是永遠蘊藏在他的懷抱。”曰，“女人最可畏的物質貪慾和虚榮心她漸漸的都被培養成。”既不明又不白，嚕裏嚕蘇，則非糾正不可。

吾所恨者白話文人老習氣不改，不敢作“大君不要出頭”之句耳。

白話提倡至今十餘載，而白話語法之妙，文人尚未儘量移入文中，若胡適之所引“你是給奴才做奴才的奴才”白話達意傳情句子，在今人作品中極少見之。

新文人白話之劣，正在不敢傳入俗語口吻。

白話文不敢用引車賣漿之流之語？好用濫調。

不能知人之心則曰“我豈汝肚中之應聲蟲？”此是如何活潑一種説法。若今日文人必曰“我何以能够瞭解你的意志呢？”再進一步必又曰“我何以能推知你思維之程序呢？”

今人白話，不如清人小説，明人尺牘，且并不如元人之戲曲。

好極了，這些話如果不嫌過火，不嫌太抹煞了白話文在歷史上所演的任務，簡直可説跟大衆語論者的意見接近得很。再看吧，林先生還有一個理想哩。他説：

> 吾理想中之文字，乃英國之文字。英國文字，所謂最正派者，乃極多土語成語之文，非書本氣味之文……英文其所以靈健，乃因其尊土語成語爲正統也。
>
> 吾理想中之白話文，乃是多加入最好京語的色彩之普通話也。

多麽可寶貴的理想喲，我簡直要疑心他也是大衆語論者了。但是不幸得很，衹有到此爲止，林先生纔是跟大衆語論者接近的。這以後，他完全走了相反的路。路一走錯，他的論點混亂了，他并且反對大衆語了。

他那理想，那要"糾正"白話的志嚮，用什麽方法去達到，貫徹呢？主要的方法是："取文言而洗盡一切俗態！"他主張"借之乎者也以穿插之亦不礙事"，"放進一二矣焉亦可"。他極力推崇公安諸子尺牘，甚至説"古文詩詞佳句"的"字面""萬古常新"，"白話文中，此種句子儘管放進去無妨"。他奉李笠翁《曲話》爲"絶好不過之文章作法指導"，叫人"用心磨煉"。一句話，他的辦法是拿文言做主體，是叫人鑽舊紙堆。是還原了他的"文言之白"的老調。他還説："此那真正的解放，名之曰白話亦可，名之曰文言亦可，名之曰語録亦可"——謝謝他，他没有説：名之曰大衆語亦可咧！有這樣的妙論麽？因爲白話太文了，不寫土語，不敢引用引車賣漿的話，所以要"糾正"，"糾正"的辦法是：有文言寫，向文言的書本子去學，不過，當然，用點土話跟引車賣漿的話進去！"西子蒙不潔，人皆掩鼻而過之"，林先生却爽興叫西子蹲在糞缸裏，不過灑幾點花露水。這樣就可人皆不掩鼻了。也許是的吧，不是説，"海外有逐臭之夫"麽？

我們大衆語論者，一本正經地告訴林先生：要糾正"白話"，要達到他的理想，這方法是完全錯誤的。惟一正確的方法是照口頭話寫。不過這口頭話，不是指官僚買辦文人學者的口頭話。官僚買辦文人學者少數人的口頭話，受封建傳統的影響太深——中文言文的毒太深，不能使筆頭語從文言的束縛解放出來；仍舊衹有少數人能理解，能寫作，仍舊衹能表達少數人的生活、思想、感情、意識。這是不需要的。必需的是，照絶對大多數的大衆（這名詞雖然含有大多數的意義，主要的是指社會地位）的口頭話寫。洗煉大衆的口頭話，使它成爲筆頭語。用這種筆頭語寫的文章，纔是大衆所需要，所瞭解的；纔是可以寫大衆，大衆也寫得出的。這就叫做大衆語，大衆語文。（林先生説無人能説明大衆語是何物，完全是他自己做夢!）我們一面要向大衆學習，一面要用洗煉了的大衆語去教育大衆。在必要的場合，還要批判地采納（一）土話中的特殊語彙跟表現法，（二）學術上的名詞術語，（三）外來語跟外來的表現法，（四）文言留下來的有用的東西，使大衆語在口頭在筆下，都成爲最豐富的語言，使大衆的文化水準逐漸提高。

現在我們要問：林先生的辦法跟我們的，爲什麽這樣不同呢？這不是偶然的。林先生雖然表示了若干跟我們的主張近似的意見，根本原則，却没有共同之點。我説過："如果不是要大衆自己寫，不是爲大衆寫，不是寫大衆，大衆語這名詞不必提出。"林先生的文章裏找得出這樣意見麽？是的，他要"糾正"白話，引用土語成語？但爲什麽要這樣呢？找不出答案！再告訴林先生：撇開了大衆，不是要使大衆能懂能寫，用什麽話寫文章，是應該不成問題的。無論用什麽話寫。難道少數人還會不懂麽？況且林先生愛自由，反對一道同風，那麽，各人自由好了，白話，文言，語録體，隨便用，何必你糾正我我糾正你，鬧得大家不自由呢？

要對林先生講的話盡於此了。最後，看看他這篇文章，盡了什麽任務。

幾個月來，語文論戰發展的結果，不但大衆語在新的知識分子層中樹立了理論基礎，就是封建勢力，提倡文言攻擊白話的，也改變了態度，寬容白話，反對大衆語。林先生呢，如果我從前説他用文言寫文章，是身體力行地提倡文言文，爲封建勢力“客串”了復古的要角（見六月尾《動嚮》）的話不算很錯，那麼他現在也進了步，戴着擁護白話的面具，來實際提倡文言文，反對大衆語。換句話説，已經不是客串，倒是乾脆地“下了海”。他那始終用文言寫文章的態度，那存心非難大衆語的論調，無論他自己以爲站在怎樣高超的地位，都不難一看就明白他客觀上究竟幫助了誰！

擁護吴老將軍的“大衆語萬歲”

話説大衆語論戰，在烈日炎天之下，擺成了三個陣勢，一個是文言文，一個是白話文，一個是大衆語。三個陣勢之中，各有猛將如雲，勇士如雨。你跟我鏖戰，我同他交鋒，槍來劍往，刀壓斧迎。衹殺得天昏地慘，鬼哭神愁。正在難解難分之際，不知從什麽地方跳出一員大將，大喝一聲：

“大衆語萬歲!”

衆將聞聲，停槍勒馬，舉目看時，衹見此人銅盔鐵甲，皓首蒼髯，豹頭環眼，虎臂狼腰，手挽兩把大斧，殺奔前來。

提起此人，真是誰個不知，哪個不曉，當年玄科之役，立下汗馬功勞，其後身經大小數百戰，無不旗開得勝，赤髮鬼劉唐，豹子頭林冲，尚且不是他的對手，遑論其他？舊話休提，此人姓吴名敬恒，表字稚暉，乃“放屁放屁，真正豈有此理”之一員老將也。一向在快活嶺閑居無事，好不快活；今日想是閑得心慌，“口裏淡出鳥來”，聞得厮殺之聲，便偷了板斧，跑下山嶺，“大衆語萬歲”，衹此一句，便當得别人的千軍萬馬，好一個一語破敵的吴老將軍，真乃非同小可!

但是吴老將軍此次出馬的功勞，還不止此。他把那主張統一國語，或有這種傾嚮的大將們，殺得落花流水，人仰馬翻。我們且看他的殺法：

四百兆大衆一齊懂得的，是叫統一語，不是現在第一步急需的大衆語。

反對土話的大將們一齊向他進攻：這不是把大衆隔離了麼？這不是把中國大衆在言語上分成幾個國了麼？吴老將軍哈哈大笑：

> 傺伲也有大衆，阿拉也有大衆。傺伲的大衆，把傺伲的語文合一起來。阿拉的大衆把阿拉的語文合一起來。傺伲的大衆與阿拉的大衆，有了合一的語文，又互相合一起來。一種的統一語，還讓大衆來造成，是第二步。

對於像馮執中教授那種國語統一主義者，他更是手起斧落，毫不容情：

> 一道同風，就是欽定的反面。我國一道同風的觀念，不但入了政界，咬牢了鷄巴，鷄腿都挽不動，就在文學界，也是移動一毫，就要若喪考妣的傷感的。破壞統一之罪，在政界是頂大的罪名，在學界何嘗不是呢？

大衆語論戰到現在，没有過這樣大膽的痛快的喊聲，没有過這樣高妙的痛快的殺法。没有，也没有人敢。衹有我們的吴老將軍！吴老將軍畢竟是非凡的。好漢們，上，擁護我們的吴老將軍！正是：

> 沙場百戰，大將生來膽氣豪；
> 板橋一聲，小鬼死去屁尿滾。

欲知後事如何，且聽下回分解。

擁護了吴老將軍之後

擁護了一陣吴老將軍（此處及前文作吴老將軍，借胡適博士語；後作吴老丈，用劉復博士遺語）之後，我們對於《大衆語萬歲》那篇文章中間的不正確的意見，也有指出的必要。

第一，用某先生在《人間世》論戰中所用過的話説，這篇文章，首先就在爲“惡劣的環境洗刷”。文言復興運動，是跟全中國乃至全世界的整個復古運動一齊，作爲整個運動的一翼而起來的，斷乎不是什麽“汪柳諸先生他們”少數個人的一種“忽然”的主張。固然，像柳某之流，如吴老丈所説，“是進過畜牲道的”，中毒太深，個人筆調（借林大師的話），或者真是無藥可醫。但是他們的中毒，既然不是從現在起的，何以好久以來（柳某在五四前後，曾寫過一些反對白話的文章，跟提倡“本色語”的胡懷琛在五四時代以改胡適的詩著名一樣，都是老守舊派，準確地説，就是封建餘孽的代表），都銷聲匿迹。要到了現在，纔“忽然”又大吹大擂地提倡起文言文來了呢？豈不明明是説，好久以來，衹有此刻現在的環境，最適宜，最容許，最唆使他們發表這種“主張”麽？吴老丈把“汪柳諸先生他們”説成一種理想的人物，什麽“救人之意七分，衛道之意或亦有三分”，好像他們真是悲天憫人，一片婆心似的。無論以怎樣的動機來提倡文言文，本都是非常毛細的事；問題在於怎樣的環境，養成、容許、支持了他們的主張。吴老丈的胸中是雪亮的，他自己也説，“文言文太蹩脚，不適於有司之程式”，“兼習點合於有司程式的文言……也足够考試院取中，機關登庸”。左一個有司程式，右一個有司程式，豈不明明是説，文言文復興運動，是不能跟“有司”所提倡的讀經尊孔逃禪佞佛以及其他種種的整個復古運動分開來想的麽？然而吴老丈一點也不問“有司”何以有這種“程式”，却衹叫“小世兄”們去適合這種程式！“小世兄”們從前聽信了吴老丈的話，把綫裝書都扔到毛坑裹去了；現在吴老丈又叫“小世兄”們去“適合”什麽“程式”，不得不到毛坑裹去撈綫裝書。爲無論什麽環境辯護固無不可，但是不要叫我們“小世兄”太爲難了呀！

第二，吴老丈不但爲環境辯護，還爲文言文辯護。他説：

> 然而文體與衛道有關，我是不大相信。説文言中有道，何以總理的《三民主義》，竟能把白話寫成的呢？説白話完全是道，何以白話家又常聽見擯斥某某派某某小説呢？可見得文言白話大衆語，止是工具。有容易普遍或不容易普遍之分罷了。

這就是説，文章全在内容，無論用文言、白話或大衆語表出都一樣。文言可以載道，白話也可以載道，將來的大衆語又何嘗不一樣地載道呢？倒過來説，大衆語，白話所能辦到的，文言也一樣辦得到。好在有一句“有容易普遍或不容易普遍之分”，不然，不但大衆語的前途給輕輕一下打成粉碎，就是吴老丈從前盡許多力提倡白話，也簡直是多此一舉。這意見斷乎是不對的。雖然同是“工具”，但“工具”跟“工具”之間，因爲各各所受的社會制約不同，彼此就有非常之遠的差别。石器時代的工具，决不是鐵器時代的工具；以手工業爲主要生産的社會的工具，在近代使用機器的工廠裹，會像廢物一樣無用。文言，固然可以“載”某一時期的“道”，盡過“工具”的任務；但它已經不能“載”我們現在所要“載”的“道”，它已經不是最好的工具了。所以文言、白話、大衆語之“分”决不是容不容易普遍這麽簡單。

第三，吴老丈否定文學，他説：

> 然而一到文學，便烏煙瘴氣，文言的好文學，如袁中郎的小品文，止供象牙塔里人消悶，而白話文學的好的，亦不過供亭子間裹朋友排悶而已。其多數的怪物，簡直在大衆都莫明其妙，與《古文

觀止》一樣。所以到了這樣，兄弟願意貢獻的：不要建設了大衆語，跟着便是大衆語文學。建得起大衆語文學，當然亦像胡適之先生把白話文學建成了白話。可是後頭還來一個打倒，是一定不免的。

又說：

我是崇拜文學的，文言白話的文學，都崇拜的。可惜看人没有力量，止莫裝小脚，是實可臭惡的。而且因而害於爾國，兇於爾家，所以敢下斷語，以答先生明問曰：文學不死，大禍不止。

瞧，“文學不死，大禍不止”，把引起無論什麽“大禍”的罪都推到文學的頭上，顯然又是在那裏“洗刷”。不錯，那些“烏煙瘴氣”，“裝小脚”，“供象牙塔”或“亭子間”的人“排悶”的文學，那些“大衆都莫明其妙，與《古文觀止》一樣”的文學，是應該堅决地反對的。但是表現真實，暴露黑暗，可以啓迪大衆，教化大衆，又爲大衆深明其妙的文學，却又絶對地需要。吴老丈把這種文學也不要叫我們衹“寫點粗淺的工藝文”，顯然是要繳我們幹文學的“小世兄”們的械；“小世兄”們，并不都是傻子，不會一聽見念念有詞，就把械都繳出去的。“工藝文”縱然要，也是另一班人的任務，與文學者無涉。如果叫大家都寫工藝文，不寫文學，那就成了“一道同風，是欽定的反面”，吴老丈不是很反對“欽定”的麽？并且，“工藝文”，也看做什麽用，“惠及大衆的飯碗”，固然也説得冠冕堂皇；又安知没有無耻之徒，專門用以給廠主或“事業家”們“幫忙”或“幫閑”呢？

第四，吴老丈還有個釜底抽薪的辦法，叫知識分子不要幫助大衆建立大衆語文學。他説：

就是大衆語將來需要文學，讓大衆自己創造起來，不要好像白話文學，還是幾個文言文學家改頭换面的代辦。

又説：

> 所以大衆語要鼓吹文學，是很要當心的。最好遵從陶先生的意思，讓大衆自己來創造，不要代辦。

話真漂亮。完全“代辦”，自然要不得；但簡直叫知識分子滚開，完全“讓大衆自己來創造”的辦法，無非就是從大衆的隊伍裹趕走他們的軍師。被奴役，蒙混了幾千年的無智的大衆，叫他們憑什麽來“創造”文學呢？吴老丈開口“總理”，閉口“總理”，難道忘了“總理遺囑”上也説過“必須唤起民衆”麽？既曰“唤起民衆”，可見自己不一定是“民衆”，而且“唤起”之後，“唤”的人并非就可溜之大吉，逍遥事外，還必須同他們“共同奮鬥”的呀。依吴老丈説來，“讓大衆自己來”，壓根兒用不着“唤起”，就算紓尊降貴地“唤起”一下，也趁早離開是非場，“讓大衆自己來”，什麽“共同奮鬥”管他娘！不用説，這是完全不對的。“知識值幾文錢一斤”也好，“飢不能食，寒不能衣”也好，衹要不是“灌輸大家抱頭痛哭的知識”，知識是要的，知識分子也是要的，無論誰想挑撥離間，想把知識分子從大衆的隊伍趕開，我相信，在進步的知識分子跟進步的大衆之前，一定是不能奏效的。

以上幾點，是“大衆語萬歲”上最不能令人同意的地方。其他如科工問題，衖堂消遣品問題，階級縱横問題，埋没劉半農問題，自稱大衆問題，都算跟正文無大關係，姑且存而不論。好在説來説去，仍然是“二十年前舊板橋”，雖然一向“大隱在朝”，跟學術界隔離已久；這回重來，也并没有玩出什麽新把戲；大家馬虎一點也就算了。閑話休提。爲了大衆語“萬歲”，本文指出的這幾點，我們必須堅决地反對，嚴防這種思想混進我們的陣營裹來。雖然吴老丈是贊同大衆語的建立的，雖然他的文章裹也有很可寶貴的卓見。一句話：

擁護了吴老將軍之後，不要忘記了反對吴老丈。

大衆語“决不是含有階級性的”

黎錦熙先生説:“這(大衆語)决不是含有階級性的。”(大衆語文學短論之一)又説,“建設的‘大衆語’是没有階級性的;建設的‘大衆語文學’也是一樣,也是没有階級性的。”(大衆語文學短論之十五)

你看見過黎先生的“大衆語真詮”麽?他用好多中國跟外國的古典來解釋過“大衆”這名詞。不過,要是再讀讀樂嗣炳先生的《“大衆真詮”在日本》(《社會月報》十月號),我們怎知道黎先生所説的“大衆”是什麽東西呢?并且黎先生説“新詞的分量增加,語言的程度自然提高,階級性就打破了”。又説,“……纔把通俗教育家‘你們啃窩窩頭,我吃肉’的‘階級意識’打破。”那麽,我們又怎知道他説的“階級性”是什麽東西呢?既不知道他所説的“大衆”跟階級性是什麽東西,更怎知道他所説的“大衆語”跟“大衆語文學”是没有階級性的這話是什麽意思呢?

如果這樣想,那是我們太老實了。黎先生是聰明人,手腕比我們高妙得多;他明知大衆語是有階級性的,但是不明説。一明説,你想,他還能把他的一二十篇文章油印了寄到全國的刊物雜志上發表麽?這年頭兒,説話困難,發表文章更困難,他知道得比我們還多,所以他使了一點小手術,再三説大衆語跟大衆語文學是没有階級性的;實際呢,却處處在證明它有。

我們知道,大衆語跟大衆語文學有没有階級性的問題,就是話跟文章有没有階級性的問題。如果别的話跟文章都没有階級性,大衆語跟大衆語文學不能獨有;如果别的話跟文章都有階級性,大衆語跟大衆語文學不能獨無。林語堂先生説得好:

> 天下没有一種語言不可拼音的，袛有中國語言不可拼音，奇不奇？别種語言的拼音讀起來都可懂，中國的拼音字讀起來倒必不可懂，此亦是奇聞。

現在讓我來套他的文章：

天下没有一種話跟文章是没有階級性的，袛有大衆語跟大衆語文學没有，奇不奇？别種話跟文章，都有階級，大衆語跟大衆語文學，一定没有，這真是奇聞。

閑話少説，像前面引過的一樣，黎先生有這樣的話："新詞的分量增加，語言的程度自然提高，階級就打破了。"要是這不是説語言的程度提高，一般地，社會的階級就打破了（黎先生當然不至於這樣認爲）的話，這裏的階級，應該是指語言的階級，就是我所説的，話跟文章的階級了。爲什麽語言的程度提高，階級就打破了呢？這道理，黎先生没有講，我們也不必深究；照黎先生談話看來，在語言的程度遠未提高的現在，以及到現在爲止的過去，話跟文章中，階級這東西，豈不是還未"打破"的？是有的麽？這就是在暗示話跟文章有階級性。

黎先生還怕我們不懂，特爲在十九篇短論中，寫了一篇：《中國三千年大衆語文學小史》。這篇短論，雖然表面説是證明"一部三千年的中國文學史，凡遇一種文體的黄金時代，全是受了大衆語文學的影響"這一命題；其實倒是在説明：階級在中國的話跟文章中，已經存在了三千年。不信，請看下文：

> 口頭的大衆語文學，到《詩經》纔算寫出來了一些，但既寫出來，便和大衆話分歧，供貴族之用，遠於語言（按：遠於大衆的語言）了。晚周南方民間的大衆語歌謡，也被屈大夫們寫出來……漸衍爲貴族的"賦"體；而中古史中的"誥"、"誓"文和"諸子著述文"中的用詞造句，多少也直接受了些"大衆語"的影響。

多麽清楚呀，一邊是大衆，是口頭的大衆語文學，是大衆語歌謡；另一邊是貴族，是士大夫（“諸子”、“屈大夫”們），是和大衆語分歧了的，供貴族之用的《詩經》、《楚辭》、賦、誥、誓文、諸子著述文等等。像這樣的分析，這篇短論通篇都是，這裏不能全引，且看他對五四時代的“文學革命”，又下了怎樣的斷案：

> 對於大衆的自身總没有什麽影響，一切都還是知識階級，即所謂小衆的勾當。

你想，黎先生有絲毫否認文章跟話中的階級性的意思麽？

或者你要説，黎先生雖用巧妙的手腕證明話跟文章是有階級性的；但是他没有説大衆語跟大衆語文學也是有階級性的。剛剛相反，他還再三説没有呀！

這又是你太老實了。黎先生的十九篇短論中，有一個跟“大衆”對立的名詞：“小衆”。你以爲是他在望文生義地玩方塊字的把戲麽？不是！他一開始就告訴我們，“用詞不副名實，就不能討論一切問題”，所以你不能衹看那“名”，還要“副”那“實”呀。短論十九：

> 以上十八篇短論所有“大衆”字樣都可一律改爲“民衆”；對稱的“小衆”呢，改爲“士大夫”。

懂了麽？大衆——民衆，小衆——士大夫，這階級的輪廓多清楚！

我們前面説的：話跟文章，是有階級性的。我們曉得由那推論：大衆的話——大衆語，跟大衆的話的文章——大衆語文學，也是有階級性的。現在黎先生告訴我們“大衆”跟“小衆”對立的，就是説，有階級性的；那麽，當然也可以一推論：大衆的話——大衆語，也是有階級性的；再推論，用大衆的話寫的文章——大衆語文學，一樣是有階級性的。難道你還以爲黎先生把大衆（民衆）跟小衆（士大夫）當作同一個階級的人物看待了麽？自然，黎先生用的名詞，什麽"民衆"呀，"士大夫"呀，是略略嫌籠統一點。但是不是告訴過你麽，他正因爲這樣，纔能把許多文章在到處發表；假如寫得像科學論文一樣，説不定會受到妨害的。"用科學的眼光看"，這是我們讀者的事。

不對，不對！黎先生明明説："一國全民族大多數的人同時彼此聽得懂説得出的語言，就叫'大衆語'。"不用説，"一國全民族大多數"，就是大衆。他的大衆跟小衆，是依人數多少來分的，不是以地位來分的。因爲，大衆語跟小衆語，也是以"聽得懂，説得出"的人數多少來分的，"决不是含有階級性的"。跟我們現在所説的簡直不同。

我説我的先生，像你這樣老實，簡直不消活得了。依人數分也好，依地位分也好，實際是一句話的兩種説法。瞧，"一國全民族大多數的人"，難道不是大衆，不是民衆，倒是小衆，是士大夫麽？"一國全民族大多數的人同時彼此聽得懂説得出"的話，不是大衆的話，民衆的話，難道還是小衆的話，士大夫的話麽？固然黎先生使了一點掩眼法，那内面，階級性還是活靈活現的呀！

不對吧，也許黎先生所説的大多數，是連小衆也包括在内的，大多數的民衆能懂的話，也就是少數士大夫能懂的話。衹有士大夫的話，大衆不懂；没有大衆的話，士大夫不懂的。所以小衆的話纔是有階級性的；大衆的話，没有！

不過我們要説，"彼此聽得懂説得出"這句話中的"彼此"一定衹能指大衆自己之間；如果包括小衆在内，那情形就大不相同了。

首先第一，就"彼此"不能聽得懂。先從拙著《話跟話的分家》抄一段話：

> 所謂"勞心者群"（此處應改爲小衆）跟"勞力者群"（此處應改爲大衆）的分别，無非就是參加生産過程跟離開生産過程的分别。因爲有的參加生産過程，有的離開生産過程，兩者之間的生活習慣，就慢慢不同起來；不但行爲，就是觀念也慢慢不同起來；不消説，

兩者之間的生活習慣行爲思想所需要的話，自然也跟着不同起來。時代的進化，就是説生産工具跟生産關係的逐漸改變，兩方面的生活習慣行爲思想也以不同的發展路綫逐漸改變；兩方面的話的不同程度，就逐漸增大。

具體點説，“沙龍”裏面，紳士淑女們的清談或情話，大衆固然不容易聽得懂；從大衆自己的生活習慣，行爲思想産生出來的特殊的話，紳士淑女們不但聽不懂，甚至簡直不聽。因此，如果要大多數的人“聽得懂”纔算“大衆語”，“大衆語”一定有階級性。

其次，“彼此聽得懂説得出”，未必就没有階級性。這裏又抄我在《大衆語跟土話》一文中説過的話：

同是一句駡人的話，會因爲説出的人不同而有本質上的差别。芸生的《漢奸的供狀》跟胡秋原的《丢那媽答章芸生》，是兩首著名的最油滑的詩。但是《漢奸的供狀》，代表的是大衆的憤怒；《丢那媽答章芸生》，不過是紳士淑女們的説客掛上流氓式的油嘴而已。

可見即使聽得懂，説得出，也仍然有階級性。

好了，以上對黎先生的短論中的階級性問題，總算交代清楚了。這一回檢討得來的教訓是，我們讀别人的文章，不能光看他表面上説了什麽話，還要分析他實際上説了什麽話。哪怕黎先生滿口是這没有階級性，那没有階級性，他的文章，除了“没有階級性”這幾個字面以外，却到處都在表明是有階級性的。這是一個矛盾。這矛盾，我們特别善意地解釋，是黎先生在故意使用遮眼法。如果這解釋不對，恐怕就是由於他認識不够的原故了。

一九三四年大衆語論戰回顧

用什麽話寫文章這一問題，在中國的文化界，已經提出了幾十年。到十幾年前，纔得到部分的解決。這問題的提出，并不是像有些時下的論客所説，僅僅是什麽工具或技巧方面的事；剛剛相反，一開始就是連同内容問題一齊提出來的。不，是内容發生了問題，内容進步了，發展了，舊有的工具，技巧，不能適應新的内容了，這寫文章用的語言纔發生問題。如果不是中國封建制度的根本動摇，不是西洋資本主義文化的侵入，不是土著資産階級的興起，就不會有五四時代的所謂新文化運動，文學革命運動；用什麽話寫文章，也就不會成爲問題，不會得到像五四時代那樣的部分的解决。同時，如果不是整個資本主義文化的糜爛，不是中國大衆不能忍耐帝國主義封建勢力的幾重的壓榨而進行着血的鬥争，不是這殘酷的現實對中國文化給予了新的魄力，新的内容，也就不會有現階段的新興文化運動；大衆語運動，當然無法産生。因此，用什麽話寫文章這一問題，雖然看起來像是屬於工具或技巧方面的問題，實質上却是一開始就是社會鬥争明確的反映，作爲社會鬥争的一翼而展開的。

“文言文”這種筆頭語是幾千年以前的特殊階級的話的省文，極爲簡單、貧乏，開始就跟口頭話相差很遠。并且中國字是一種最難學習的象形字，是一個方塊字表一個音的單音字，它的伸縮變化，非常困難，就限制着文言文的發展。時代越進步，口頭話越變得豐富複雜，文言文就遥遠地落在後頭了。字既不容易學，文章又跟口頭話隔得很遠，必然會跟大多數勞苦着的大衆無關，而完全落在極少數的特殊階級手裏，在封建社會的特殊階級手裏把持了幾千年，更必然在形式上、内容上都成爲跟封建思想分不開的一個整體了。五四運動的結果，“白話文”奪取了文言文不少的地盤，在文章上占了相當的優勢，是應該在中國文化史上大書特書的。所謂白話文，就是寫得淺白易懂、“明白如話”的文章。比起文言文來，的確是邁進了一大步。如果得到正當的發展，不斷地克服本身的缺點，儘量地跟口頭話接近，到現在也許能成爲大衆的東西。但是歷史决定五四運動不能徹底肅清封建文化；封建餘孽在五四以後，重新以各種姿態逐漸抬起頭來；不但不斷地企圖恢復文言文原有的天下，并且侵入白話文中玩着“借尸還魂”的把戲。白話文在這樣情勢之下，既因爲當時提倡的人們本來保持着多少封建影響，自己的文章裏面，也殘留着不少的文言文的成分。又因爲封建文化的侵入跟唆示，使這些成分，通過了後起的人的模仿，不但没有削減，反擴張起來，成爲一種藉以炫學的風氣。同時又因西洋文化的影響，白話文固然變得較爲豐富準確，但也加入了許多陌生的必要以上的生吞活剥的歐化句法，於是許多人寫的白話文，就成爲文不文、話不話、中不中、西不西的東西。連知識分子中也衹限於由近代學校出身的纔能看得懂，當然更難吸引大衆。再加上方塊字的根本難學，大衆中識字的人太少，於是他們雖迫切地需要精神的糧食，可是没有方法取得。

近年來的文藝大衆化的口號正是針對着這一事實而來的，雖然没有展開廣泛的討論，却已有了不少比較正當的提示，成爲現在大衆語運動的遠景。至於直接使大衆語運動爆發的導火綫，則是去年（一九三四年）的復古運動。一九三四年封建殘餘，在各方面開始了五四以來的空前的活躍，有公然主張恢復舊道德（封建道德）的運動，有班禪大師的時輪金剛法會，有張天師的打醮求雨，有各小學讀經及禁止男女同學同行的明令，同時在教育界也就有官僚們的中小學應教文言文及白話文不能算治學的工具的主張。

一九三四年六月，上海文化界爲了回答在南京發表的提倡文言文的言論，在幾個日報副刊上提出了建設大衆語這一口號。不久，許多定期刊物，都有了響應，漸漸就擴大到全國。到現在爲止還没有停止討論。參加討論的有教育家、科學家、文學家、戲劇家、美術家、電影導演及批評家、新聞記者，也有職業婦女以及工廠的職工、農村的農民等等。

發表文章有幾百篇，字數在一百萬以上，涉及到文化運動許多問題。實是近年以來一個最熱烈最普通最有影響的論爭。雖然内中有文言派的反對和中傷，白話派的曲解或譏笑，以及大衆語論者當中各種不正確的傾嚮，大衆語却在進步的大衆之中確立了理論的基楚。以下是半年來討論結果的概述。

第一，大衆語是什麽呢？大衆語是大衆能懂（聽得懂，看得懂，説得出）、能寫的一種筆頭語，是能表現大衆的意識、生活的一種筆頭語。大衆是不懂得文言文也不很懂那一般的白話文的，大衆没有文字，衹有話。文章要使大衆懂，首先必須照口頭話寫。但照什麽人的口頭話寫呢？軍閥官僚地主買辦資本家以及文人學者們的口頭話，都受了很深的文言文的毒，或者還含有許多必要以上的歐化成分，因爲他們的生活習慣跟大衆的生活習慣相差太遠，生活習慣上所需要的話，也跟大衆的生活有着很遠的距離。用他們的話表現他們自己的意識、生活，或者够用，自己能懂，但拿來表現跟他們的生活習慣完全不同的大衆的時候，就成爲極其貧乏同時也是大衆不懂的東西。因此，這裏的照口頭話寫的意思，就是：照大衆的口頭話寫。衹有用這種大衆能懂能寫的大衆自己的話寫文章，洗練大衆自己的口頭話成爲筆頭語，纔能肅清在文章中殘存着的封建影響，纔能驅除現在地主買辦資産階級的文人學者們在文章中所布的煙幕，纔能表出大衆的苦痛與鬥争；纔能教育大衆，提高大衆的文化水準，使大衆中産出自己的作家來。自然，在必要的時候，還要批判地采取大衆口頭話中所没有白話文、歐化文甚至文言文中所特有的語彙或表現法；但那是在大衆文化水準逐漸提高的過程中，大衆的能力對那些特有的語彙或表現法，已經能够消化，能够收爲自己的東西的時候的事。

第二，大衆語跟文言文。大衆語跟文言文是勢不兩立的對頭是不消説得的。文言文復活運動，是封建復古潮流中當然有的現象，反對文言文，就是反封建復古運動的一翼，現在需要的是從實際工作着手，痛快地向大衆宣布文言文在五四以後的罪狀，要向文言文的堡壘進攻，用具體的戰術，一步一步地占據文言文的地盤。要在教育家、著作家、大中學生裏面發動各種反對文言文的運動。當然，就是完全占領了文言文的地盤，也不能斷定反封建復古的鬥争已經完全勝利，然而反對掉了文言文，就是毁掉了封建精神所寄托的最毒的僵尸，削弱了封建勢力的傳播力量，使反封建的工作容易開展，也就是反封建工作的部分勝利。反對文言文在討論中最爲一致的一點，衹有很少的人，對它作了過低的估價，忽視了使它復興的基礎，以爲它對大衆的解放運動，衹是一點輕微的阻力，縱然有人硬裝進青年腦子裏，也一定會吐棄出來；以爲提倡讀經的時代已不會再來，要青年學文言文，不能收多少效果等等，在論争中已經得到正當的克服。

第三，大衆語跟白話文。在這次論争當中争得最劇烈的是白話文的估價。有人以爲大衆語跟白話没有什麽分别，另外的人則以爲白話是買辦資産階級用的筆頭語。因爲估計的不同，對於白話的態度也就相差很遠。建設筆頭用的大衆語，應該不是跟白話分開的，也不就是白話，而是基於各地大衆的實際需要，各各把口頭語變成筆頭語的多元的東西。白話文固然有和買辦資産階級乃至封建殘餘相通的一面，但也有和大衆相通的一面。在形式上，白話文的基本的語彙語法，也是大衆口頭語的基本的部分。在内容上，白話文現創造了不少的進步的作品，是理論翻譯文的惟一工具，應該提高白話文裏面合乎大衆需要的部分，消滅不合乎大衆的需要的部分，在實際中揚棄白話文。大衆的生活需要是統一的，大衆語一定會一方面提高或加多和白話相通的成分，一方面獲得更多的瞭解者，部分地部分地在白話裏面争得地位，部分地部分地把白話變成自己的東西。總之，説白話就是大衆語固然錯誤，籠統地反對白話也是不對的。隨着大衆的反帝反封建的，國民經濟改造的發展和勝利，白話，一方面部分地部分地被大衆語征服，成爲大衆語的源泉之一，一方面漸漸被大衆語所充實所揚棄，成爲高級的大衆語的前身。

第四，大衆語跟土話。關於土話的問題，在這次論争中，也有許多不同的意見。反對提倡土話的人，最大的擔心是恐怕引起鄉土觀念，助長落後意識，妨礙吸收外來文化，阻礙統一的大衆語的發展，甚至説它使中國變成幾個國。這些意見，都是不正確的。建設大衆語并不是建立一種全國大衆通用的口語，而是把各地大衆的口頭語變成筆頭語。如果要從各地大衆的口頭語建設筆頭用的大衆語，要建設帶有大衆的土的氣息，汗的氣息，能够充分傳達大衆的生活需要，表現大衆的生活色彩的大衆語，一定不是一元的國語式的東西，而是各各以當地的大衆爲對象的多元的發展。實際的文化鬥争工作，會産生以各地的大衆爲主要對象的大衆語作品。這些大衆語作品，一方面各各適應了大衆的需要，一方面包含了向更高的大衆語發展的成分。將來會有一種由各種土話融合或匯合而成的統一的大衆語，那也不能從天上掉下來，也應該儘量使各地的土話發展，使它們更能够成爲統一的大衆語的構成要素。大衆在文化水準逐漸提高的過程中，理解力一定會加强起來：他們不但説自己的土話，用自己的土話寫文章，還要借那自己的土話中間所没有而存在於别處的土話中間的特别的話來説話寫文章。土話作品，正適應了大衆的這一需要。并且土話通過了作者的表現，會使原來不懂得的人都容易懂而收到整理土話，使土話逐漸消失其偏僻性，逐漸打破土話跟土話之間的隔閡的統一土話的效果。

第五，大衆語的記録問題。建設大衆語，既然是把口頭語變成筆頭語，那麽，應該用什麽符號來寫呢？中國的方塊字，前面已經説過，是最難學的象形字，單音字，是整個封建精神寄托的所在，同時跟大衆的關係又非常少，要大衆來學習這種難學而有害的東西，是不可能的。因此廢除方塊字改用拼音字就成爲大衆語建設的必要的條件。關於中國話的拼音化，過去已經有國語統一籌備會的注音符號跟國語羅馬字。注音符號因爲不能忘情於方塊字，結果成了非驢非馬的怪物而又不便書寫，國語羅馬字，又因爲要嚴格區别四聲，拼法非常煩雜，據説知識分子也須兩三年纔能學會。現在最容易學的拼音字，有蘇聯遠東邊疆拉丁化委員會創制的“拉丁化中文”衹要二百八十點鐘到四百點鐘就可學會看書寫信，伯力海參崴的華僑正在用這種新文字做着廣大的文盲掃除運動。這一事實的教訓，大衆語建設，國内文盲掃除也衹有改用拉丁化的寫法，擴大拉丁化運動，按照全國幾個土語中心區制定拉丁字母，發展下去，大衆語建設問題，纔得到正當的解决。至於大衆中已經認識多少方塊字的人，固然要他們學習拉丁字母，同時寫簡筆字跟别字，也是一個過渡時期中的辦法。當然，目前拉丁化運動，一定會有許多的非難和打擊，應該用最大的努力去推行。

以上五點，是這次論戰中最主要最具體的問題。其他涉及到的，似乎没有詳述的必要。今後的實踐，必然是跟大衆争取生存與自由的鬥争取着密切的聯係。因爲這種鬥争是團結大衆，充實大衆的生活——即是創造將來成功的大衆語的前提和條件。真正的大衆語的完全勝利必然要在大衆的鬥争完全勝利以後，但是現在多努力一分就是增加一分它的成功的條件，我們必需廣泛地創設和擴大大衆語教育的工作，多方面來提高大衆文化水準，切實地到大衆中去學習，這是直接間接團結大衆，幫助大衆鬥争，同時又是促進大衆語運動的工作。大衆語運動，有着光輝的偉大的前途。

方塊字·别字·手頭字

林語堂先生把“有時過客題詩，山門擊馬；竟日高人看竹，方丈留鸞”，點成“有時過客題詩山門，擊馬竟日；高人看竹，方丈留鸞”（見《新語林創刊號》）。劉大杰教授標點的《袁中郎全集》，單就最初出版的一册，經曹聚仁先生指出來的錯誤，爲數已很可觀。最有趣的是，有幾句話，劉先生不懂，還叫曹先生用白話翻出來，曹先生也就翻出來，刊在某報副刊上。反對文言文的人們常常説，文言文的壞處，在於一般人看不懂。但這理由，還不足以説服擁護文言文的人們；因爲擁護文言文的人，根本就没有要一般人懂。現在我們進一步地説：文言文，不但一般人看不懂，就是鼎鼎大名的學者、文學家、有名刊物的編輯主任、大學教授像林語堂、劉大杰兩位先生也看不懂。如果林、劉兩先生是反對文言文的，平常不看文言文的，那麽，不懂還不足奇；現在林、劉兩先生是擁護文言文的陣營中最新的角色，他倆用最巧妙的方法在擁護文言文。以這樣的角色，却公然把文言文點得一塌糊涂，并且公開地表示不懂文言文，叫人用白話翻譯，即解釋給他看！就林、劉兩先生個人説，自然，這是一樁不很體面的事；但就全體説，却是個很好的現象。難道連擁護文言文的學者教授都不懂或不很懂文言文，還不足以説明文言文真正到了末日，簡直無法挽回了麽？

不過現在的問題，不是要證明文言文到了末日没有，重要的是，怎樣纔能澈底肅清文言文的餘毒。没有方法辦到這一層，那就任你白話也好，大衆語也好，文言文那老太婆，總會喬裝打扮，混進你們旗袍高跟鞋的少女歌舞團的。五四以來的白話，如今受到了許多非難，就是個很好的例子。要澈底肅清文言文的影響，固然應該有種種辦法；但首先第一，應該是廢除方塊字，用拼音字來代替。

原來方塊字是不能跟文言文分開來説的。第一，中國幾千年來的文言文都是用方塊字寫的；第二，方塊字最適宜於寫的文章祇是文言文；祇要方塊字存在，文言文是斷不會絶迹的。第三，方塊字雖然可以巴巴結結地寫一點書面的白話文，却斷不適宜於寫口頭語。反對大衆語的人們一致地喊“拿貨色來看”；我要回答他們，方塊字一天不廢除，真正的大衆語貨色不會有的。方塊字早把那些貨色在娘肚子裏就殺死了！

第一、第二兩項，淺而易見，不必多説；現在我想以一個作者的資格來説説第三項。

我寫過幾篇小説。在小説中我一貫地儘量用口頭話寫。但是每一個忠於口頭話的作者，都應該有同樣的經驗：百分之百，不，百分之五十的口頭話作品是不會有的。爲什麽呢？因爲許多口頭話的詞彙，不能用方塊字寫出來，方塊字不够用。起初我也想，大膽地創造新字。但是朋友，一個作者并不是萬能博士，能寫小説，不一定同時能够創字或編字典。即算勉强可以，活的口頭話，也决不是死笨的方塊字所能表得出來的。舉兩個淺近的例：

1. 亞歷山大、朶思妥耶夫思基、煙士披里純（或因斯筆力順），試把這説給一個外國人聽，誰能懂？費了這麽多的力量寫出這些字，還表不出原來的音，豈非戴起碓窠唱戲——吃虧不討好？

2. 甲：您上哪兒去？乙：玩兒去。“哪兒”跟“玩兒”，究竟是應寫一個字還是寫兩個字呢？寫一個字，表不出那一點點兒“兒”的音，已經不是口頭話；寫兩個字，那一點兒“兒”的音，又表出得太多了，仍舊不是口頭話；并且安知天下後世没有人把“玩兒”當作玩兒子解呢？

此外還有：我們現在一塊塊地記字，記了幾千，已經够麻煩的了；再要添字，不怕增加讀者腦筋的負擔麽？要知道，越要記得方塊字多纔能看書，能看書的人祇有越發減少的。這就説明：爲什麽五四以來的白話文中保存着那麽多的文言文成分；爲什麽真正大衆語貨色一時拿不出！

不過，方塊字既然是跟文言文分不開的；現在文言文已經到了末日，方塊字的情形又怎樣呢？有人説，它跟大衆的生活密接着；但另外的人却説，中國等於没有文字。從有百分之八十以上的文盲這件事看起來，説方塊字跟大衆密接，實在是有意無意地造謡。撇開文盲大衆，單就能够進學校的學生説，方塊字的命運也悲慘得很！

去年十二月十二日，《民報》副刊，有一篇煙橋先生的《中學生的私生活與寫别字問題》；同月十四日，《晨報》副刊，有一篇陳友琴先生的《中學以上的學生應該寫别字嗎?》這兩位先生都不主張寫别字。不過理由可找不出。祇有陳先生有一句“中學以上的學生，還不免於寫别字。這實是國家的奇耻大辱”，意思很不容易明白。兩位先生都把寫别字歸咎於學生無出息，一點兒也不提到方塊字本身有没有缺點，立論是很巧妙的。我不願意批評兩位先生的文章，祇想借他們的話來證明方塊字在學生中間是怎樣的情形。

陳先生説：

> 今日的中學生，對於文字的觀念很浮淺，字體的正確與否，尤易模糊，翻開課卷，胡亂凑成的離奇字兒，真是改不勝改。偶將某校高中學生的課卷，抄其常寫的誤字，先分兩類，列表於下……
>
> (1) 以音同而訛誤者（例二十六條，略）
>
> (2) 以形似而訛誤者（例二十條，略）

煙橋先生説：

> 從前科舉時代，字體是很講究的，因爲寫了别字，於功名有關……學校裏就馬虎，所以别字連篇，連大學生也不能免……學生們的觀念很浮淺的，對於字的辨認，最容易模糊，我記得一個“犧”字的寫法，曾經向學生們説過六七遍，但是還有好幾個要寫錯……還有現在的學生喜歡用鋼筆——并且以自來水筆爲更多——因此字體的間架結構，更不能語於中學生了。

明白了吧：方塊字不但跟大衆没有關係，就是“中等以上的學生”，對於它的“觀念”也“很浮淺”，“胡亂凑成的離奇字兒，改不勝改”，一個字的寫法，“説過六七遍，還有好幾個要寫錯”，它的“間架結構”，已經“更不能語於中學生了”！記住，方塊字是不能語於中學生的！就是説，更更不能語於小學生，更更更不能語於大衆！

就現在的學制説，小學畢業要六年。讀了六年書，當然，寫字問題，談也不要談起！中學畢業，是再加上六年。從七年到十二年的長期間，我們的國文老師，還不能跟學生談字的間架結構，或者學生從第七年到十二年中還聽不懂字的間架結構；如果不把中國學生，想爲老天爺特别打發下來的一批蠢材，就衹好怪方塊字那東西太高不可攀了！有這種讀十二年書還不能談的方塊字，這樣的方塊字還未廢除，“這實是國家的奇恥大辱”！

煙橋先生説得好：“從前科舉時代……因爲寫了别字，於功名有關”，寫别字就會影響一個讀書人的生活。現在呢，已經不是“從前科舉時代”了，縱然再有科舉的鐵鏈，也未必能鎖住現在的學生，學生們寫不寫别字，已經不“於功名有關”，生活不發生影響，任你國文老師講一百遍，教育家寫一百篇文章，教育行政機關下一百道訓令，新時代的學生們，還是要自由地“胡亂凑成”些“離奇字兒”出來，一直到他們學會了方塊字的代替物的時候。讀十二年書的中學生是這樣，讀六年書的小學生衹有這樣，讀三兩年書的工人農人小商人們，更天公地道地不能不這樣。如果方塊字跟一部分的大衆有多少關係，那關係是全靠别字（還有省筆字）維持着的！寫别字已經成爲方塊字的不可挽回的命運。

但是現在有人提倡寫别字，他們的主張怎樣呢？據我看，别字是每天都不知有多少人在寫的，特别説來提倡，無非教我們直接間接多少受過“科舉時代”的“恩惠”，僥天之幸，已經能够不寫别字或少寫别字的知識分子：第一，寬容大衆無心寫出來的别字；第二，爲了要大衆比較容易看懂我們寫的文章，不妨有心寫些大衆所常寫常見的别字。它并不是終極目的，不過是使高不可攀的方塊字比較接近大衆的手段之一種。

大衆能自由運用以發表意見的文字，根本不能是方塊字，寫别字不過在過渡期間，可以發生相當作用罷了。

和提倡寫别字的用意同樣，最近手頭字推行會提出的手頭字推行辦法，是值得推許的。所謂手頭字，就是不但大衆手頭，就是我們知識分子手頭也常寫的省筆字。但是手頭雖説這樣寫，書本上却不這樣印。讀書的人對於許多方塊字就要同時記住兩種以上的形態——手頭的跟書面的。方塊字本來就多，一個字又有幾種形態，雖然不能就説是全體方塊字用幾來乘，但增加記住方塊字的困難是不成問題。大衆語有一個最基本的原則，就是照口頭話寫。照口頭話寫有很多好處，内中有一個是，不照口頭話寫的文言文（或白話文），雖然簡單，却難懂難學難記；照口頭話寫，雖然複雜，却容易懂容易學容易記。但是照口頭説的話寫出來了，如果不照手頭寫的字印出來，在我們已經成爲知識分子了的人也許不成問題，記得方塊字很少的大衆，却不能説不感困難。所以手頭字的原則，就是照手頭寫的字印。手頭字推行開了，受實惠的不僅是大衆，就是對於知識分子也有許多幫助。因爲我們現在不但要記住那些一筆不苟的方塊字的印刷體，還要研究簡省的方塊字的手頭寫法。我們應該承認，我們用過許多工夫“臨”那楷書行書甚至草書的字帖。那些工夫是冤枉花的。如果手頭字跟印刷體統一起來，就不會有什麽楷行草的分别，而免掉許多學習的麻煩。現在推行着的手頭字，就可以盡那逐漸打倒楷行草的分别的任務的。對於知識分子尚且有這樣大的幫助，對於大衆，不用説，更是會解除許多讀書的困難了。不過手頭字也衹是方塊字還存在的時期中的一種使它比較接近大衆的辦法，到了方塊字的代替物風行起來的時候，就會成爲完全無用的東西。

從大衆語到提倡寫别字跟推行手頭字，表面上看來，好像是退縮了若干步；其實不然，大衆語跟方塊字的代替物，都不能從天上掉下來，我們就不能不運用一切的手段去争取它的實現，同時大衆語運動，必須大衆自己來參加；要大衆來參加，必須使文化跟文化工具比較容易爲大衆所接受，使大衆文化水準比較地容易提高，如果方塊字不是跟全體大衆全然絶緣，如果方塊字的代替物不是今天就可以普遍，提倡寫別字跟推行手頭字，使方塊字變得容易一些，對於一部分的大衆是很有用處的。別字跟手頭字都將成爲葬送方塊字的有力的工具。

一九三五年的中國語文運動

中國的語文運動，一開始就是連同文章的内容一齊提出的，决不是像黎錦熙之流所説，衹是個形式的問題。文章的内容，一開始就帶着充分的功利色彩，被規定作爲工具或武器而提出的，决不是像周作人之流所説，文學有什麽“載道”、“言志”兩派。新文學是屬於“言志派”的。

五四時代的白話文，是和那時的新文學運動分不開的東西；那時的新文學却以反封建意識爲主要内容。以後屢次的文言和白話的鬥争乃至大衆語和文言及文言式的白話的鬥争，無非新文化和舊文化的鬥争，封建勢力和民主勢力，特權者和大衆的鬥争的反映。

一九三五年的語文運動也和從前一樣，不過已經發展到更高的階段了。

我們不會忘記：作爲一九三四年的大衆語論戰所引起的反動，作爲整個復古運動的理論基礎的，是“存文會”的出現和十教授建設中國本位文化的宣言的發表。存文會擁護漢字，主張恢復文言文；十教授的中國本位文化，無非以中國固有文化即封建文化爲本位而排斥（雖然他們説的是“采取”）其他。存文會的意見説明了十教授的主張所需要的形式，十教授宣言規定了存文會的主張的内容，它們原是二而一，一而二的東西。

存文會和十教授以前，有禁止男女同行，提倡良妻賢母之類的事實，并且愚夫愚婦的迎神賽會，天師活佛的羅天大醮和金剛法會都成了救國良圖；同時盛大的祀孔大典又在皇皇明令之下舉行了。由於這些事實所唆示或由於以前更多的同類事實所唆示，在書業商方面，有大規模的舊書的翻印。四庫什麽之類不用談，凡是用方塊字寫的，已經被忘記或没有被注意過的書，無論是什麽性質，無論是什麽體裁，差不多都被翻印出來了，以極便宜的價錢推銷到全國無論怎樣偏僻的地方。這就是説，無論怎樣封建的讀物、下流的讀物都送到全國讀者的面前了。這是一架山，一座萬里長城，是用幾千幾百年以前的死人的尸骨堆積起來的，它要堵住全國大衆走嚮新的文化生活的路。這一可悲的事實，是被當局所允許或獎勵的。

然而這一事實，在存文會和十教授以前，衹限於吸血獸一樣的書業商，他們没有通過文人學者，没有任何理論根據，不過眼明手快在濃厚的復古空氣中趁機發財罷了。到了存文會和十教授出現，他們的事業纔隨同整個復古運動一齊得到合理的解釋。因爲他們翻印的那些東西正是中國固有的，正是用漢字寫的，而且大多數正是文言文。不過這時候，存文會和十教授衹是翻印舊書的書業商的代言人，并没有自己變成書業商，也没有發宣言擬計劃打出種種漂亮的招牌、運用種種巧妙的辦法來直接翻印舊書，更没有彰明較著地一口咬定那些下品的封建文學、色情文學、世界名著或偉大的創作。這存文會和十教授所不做或不能做的事情，新文學的健將鄭振鐸先生一個人在“世界文庫”上完全做了。鄭振鐸使翻印舊書的事由書業商手裏轉移到文人學者手裏，使文人用舊書騙錢成爲風氣，連施蟄存之流都找到了“新”的出路，使什麽“珍本叢書”充斥書肆，要看極淫穢的“足本《金瓶梅》”，衹消向某書店訂閱叢書若干種或索取某雜志公司另印的贈品就行了。

我們知道鄭振鐸在新文學運動上有着悠久的歷史，在十教授宣言發表之後，又表示過相當進步的態度；在幾次反復古運動的宣言中也都有過他的簽名。我們似乎不能輕易把他的世界文庫和普通書業商的翻印舊書乃至存文會、十教授的高論相提並論。但是這些事實，最多不過説他或者不是有意識地爲書業商和存文會、十教授服務，却不能因此減少客觀上任何可能的效果，反而正因爲他有着光榮的歷史，有過進步的言論，正因他把那些舊書和真正的世界名著弄在一起，借世界名著的聲譽，借那些譯者在讀者中間的信用，沉默地説明了《金瓶梅》之類的封建文學色情文學是和《吉阿德先生》、《死魂靈》一樣的是偉大作品。使一般守舊的人，使存文會和十教授都振振有詞地説：“瞧，連你們所謂新文學或新文化運動的健將鄭振鐸都説中國的舊文學是世界名著、偉大作品。足見中國固有的文化或文學的可貴是鐵一樣的事實。中國有這樣多的世界名著、偉大作品，足見中國固有文化是世界最優勝的文化，不但中國應該建設中國本位文化，就是世界文化也應以中國文化爲本位。同時那些中國固有的世界名著、偉大作品，都是用漢字寫的，絶大多數是用文言文寫的。漢字和文言文既能產生這許多的世界名著、偉大作品，足見漢字應該擁護，文言文應該恢復。”這樣由鄭振鐸提供了無比的實證，存文會和十教授的理論便十分圓滿，那般年來翻印舊書，在文化運動上犯了彌天大罪的吸血獸都轉而成了最熱心的文化倡導者了。讀者方面不用説也正因爲信仰他的歷史和言論，可以毫不戒備地接受他的任何給予。這樣，如果有人説他是十教授以外的“第十一教授”，我們也很難爲他辯解。

不用説從吸血獸似的書業商到存文會十教授乃至“第十一教授”，這一系列的倒行列車，他們的企圖無異是使中華民族自絶於高度文化。必然爲廣大的覺醒了的大衆所唾棄，可是也必然會爲被中國傳統文化所麻痹蒙混了幾千年的無智的大衆所接受。它所能發生的影響，那影響裏頭所潛伏的危機，是每個進步的中國人所不能忽視的。一九三五年的語文運動，正是瞄準了這一系列的倒行列車而發出的狙擊。

首先應該提出的是由十幾個文化團體一百幾十個作家在七月間發表的《我們對於文化運動的意見》：

> 我們相信救國不必讀經，讀經和救國没有關係……十三經祇是古代一部分著作的結集。抱着二千多年前古人的著作以爲熟讀了便可以救國，若不是相信那經書有通天的魔術的作用，便無法解釋這可笑的舉動。
>
> 同時我們相信民族自救的責任不是少數人所能擔負的，必須大衆來通力合作。怎樣普及知識於大衆是今日最重要的問題。所以我們對於改革漢字的運動覺得是必要的。
>
> 我們相信文字和文化運動有極密切的關係，文言文或古文早已

> 走上了末路，那些僵硬了的文章組織實在不足以表現現代的生活。依照口頭語寫成的“國語文”在修辭學上看來，其精密詳審的程度比較文言文進步得多，决不是淺陋苟簡的東西。

這意見書正針對着存文會和十教授的主張。

可是這些意見是很不够的。第一，它衹是消極的反抗，完全没有指出中國新文化的前途應該或必然是什麽。雖然全文上有“向維新的路上走去”一句話，可是因爲“維新”這名詞本身的曖昧，意見書又没有加以一個字的解釋，不但和没有這句話没有分别，并且可以容許各種不同的曲解。第二，對經書的估價太低，僅僅説“讀經與救國無關”，經書没有“通天的魔術的作用”；却没有指出經書裏頭所包含的思想如何不適用於現代生活，如何足以妨害現代生活。它雖然“與救國無關”，却斷乎與害國有關；雖然没有“通天的魔術的作用”，却斷乎是有組織、麻痹大衆的作用的。如果以爲經書與救國或害國都無關，又没有任何作用，就是承認讀經也無甚妨害。讀經無妨論和讀經救國論的距離是有限的。第三，對於漢字也衹籠統地主張“改革”，而不敢説“廢除”它，用新文字來代替；作爲和文言文對抗的東西，又止提出了抽象的所謂“國語文”。這意見比先一年大衆語論戰顯然表示了不少的退步。第四，是自己的陣容不整飭。發表意見的人中間甚至有“第十一教授”鄭振鐸的名字。因之這意見書完全忽視了翻印舊書和存文會十教授的聯係，忽視了鄭振鐸和他的“世界文庫”爲存文會十教授所盡的任務。以致雖然反對讀經，却默認了廣大的讀者在那讀經以外的，由吸血獸到鄭振鐸所翻印出來的無數的封建讀物色情讀物的事實。總之這意見書没有把歷來語文論戰的成果尤其是大衆語論戰的成果，弄成自己的東西，是它主要的缺點，它衹作爲十幾個文化團體和一百幾十個個人的集體意見，作爲在發表意見把意見弄成印刷品都極端困難的時機中的呼聲，纔顯出它積極的意義。

給存文會、十教授乃至“第十一教授”以事實的答復的是這一年的手頭字運動，通俗文運動和新文字運動。

手頭字運動是由兩百個作家十五個文化團體所發起的。他們的《推行手頭字緣起》發表於三月間的各種報章雜志上：

> 我們日常有許多便當的字，手頭上大家都這麼寫，可是書本上并不這麼印。識一個字須得認兩種以上的形體，何等不便。現在我們主張把"手頭字"用到印刷上去，省掉讀書人記憶幾種字體的麻煩，使得文字比較容易識容易寫更能够普及到大衆。

同時提出了三百個手頭字作爲第一期的字彙。

這運動曾引起相當的注意。由於它本身所包含的改良色彩容易爲當局采納，使教育部也在手頭字運動興起之後來了個推行簡筆字的命令。

手頭字運動如果作爲大衆語運動樹立了理論基礎之後的一個比較注重實際的問題而提出，作爲暴露漢字的缺點打破漢字尊嚴的運動，它是有不可抹煞的意義的。它的缺點在於没有拋棄漢字，很容易使人誤會它雖然要"改革"漢字，同時却擁護"改革"了的漢字的存在。其實手頭字運動本身并不是終極目的，衹是從漢字到新文字（拉丁化）的過渡中的一個擾亂漢字陣容的手段。這任務就决定它没有遥遠的前途。所以"手頭字推行會"不久就變成"中國語言學會"，并且現在連中國語言學會也不知所終了。

和手頭字運動同樣是注重實際問題的通俗文運動，是由《讀書生活》、《生活知識》、《通俗文化》、《生活教育》、《婦女生活》、《漫畫和生活》、《客觀》、《中國農村》等幾個刊物發起的，是從辦刊物的實際經驗中産生出來的。這運動從它的名字所表示的，是比較注重文章技巧，通俗、容易懂的技巧的。可是不能忘記：内容的大衆化，適合讀者大衆的需要，是這運動的前提。不是這樣，這運動就不能産生，就算能産生也没有什麽意義。通俗文運動衹有把大衆語論戰的成果收歸己有，并且和新文字運動合流纔有遠大的前途。現在這運動還衹剛剛開始，我們會看見它的發展的。

或者說，既然有了新文字運動，通俗文運動豈不是可以不要了麼？新文字一普遍，用新文字寫出來的文章，没有不通俗的可能，還有什麼通俗不通俗的問題呢？這話自然有相當理由；可是在新文字還未普遍的現在，在文章和口頭話還有遥遠的距離的現在，作爲新文字運動的别動隊，縮短文章和口頭話的距離，使新文字普遍的可能性加大，漢字在文章中的效用减少，通俗文運動是不可少的。就是新文字普遍了的時候，相當時期以内，寫文章這件事恐怕還是少數知識分子的職業；這些文章職業家一定有不少的人是從漢字時代培養出來的，是寫慣了漢字文章的，在那時候縱然不能不盡力地寫得通俗，却難保不保留着多少漢字時代的惡影響，讓那些惡影響擴大到新文字的文章裏頭去。現在新文字刊物上用新文字寫的文章，常常有不很容易懂的地方就是最好的證據。通俗文運動不但在漢字時代給那些寫文章的人以適當的訓練，就在新文字時代也可以訓練他們。通俗文運動并不是有了新文字運動就可取消的東西。

不過通俗文運動和手頭字運動，一眼看來，所注意的都是形式問題，雖然裏面隱藏着内容問題，却并不十分明顯。對於存文會的主張（擁護漢字，恢復文言文）固然給予了相當的回擊，在對於十教授宣言和“第十一教授”的實驗（以中國固有文化爲本位，翻印舊書宣揚固有文化）的場合却不容易看出直接的、正面的衝突。它們在整個語文陣綫上都衹算擔負了一部分較小的任務。尤其是手頭字的不澈底性，規定了那運動不能有長期的支持和遠大的發展。

新文字運動和手頭字或通俗文運動都不同，它不是個臨時的手段，也不是局部改良，更不僅是一個技術問題；它是中國文字的根本革命。不僅是形式問題，而是從形式到内容一系列的各種糾紛的總解决。有了新文字誰還把漢字當作什麼呢？誰還寫文言文，寫了誰又懂得呢？誰還去讀經或經以外的《王右丞詩集》和蘇軾的文章（世界文庫）呢？同時新文字的普遍，一定增加中國文化向國際文化水準發展的速度，那時候縱然封建文化的支持者們把經書翻成口頭話了用新文字印出來或把《金瓶梅》拼成新文字，那經書或《金瓶梅》在生活在高度文化中的人看來，不是仍舊不懂就是什麽也没有的。一個將來的中國人，誰要看從“關關雎鳩，在河之洲”翻出來的詩句，從“粤若稽古帝堯曰放勛”翻出來的記述，以及從“毋不敬，儼若思”翻出來的教訓呢？更有誰看那“玉莖”、“陰户”、“一泄如注”、“連呼達達不止”的描寫呢？新文字在語文陣綫上是個堅强無比的坦克車，它的輪齒會把它的敵人和敵人的一切嚼得粉碎。

新文字運動就是主張廢除十惡不赦的漢字，用拉丁字母記録中國話的運動。因爲漢字是少數特權者的工具，世界上所有的文字中間最難學的一種，它須要十幾年的學習和修養纔能自由運用，因之和絶對大多數的勤勞大衆是絶緣的。在中國文化必須向國際水準發展，必需廣大的大衆來參加、支持的現在，廢除漢字有絶對的必要，問題是用什麽東西來代替。拼音文字是老早的呼聲，注音字母和國語羅馬字的出現也有很久。可是注音字母仍舊未脱漢字的形態，不適合於拼音連寫，并且是與各國文字孤立的，不便吸收必需的外來語言。國語羅馬字因爲注重四聲，雖然比漢字容易，却也保持了不少的學習上的困難。又因爲和注音字母一樣是統一國語的工具，和大衆的實際生活没關係，也和注音字母一樣不能爲大衆所接受。新文字没有注音字母、國語羅馬字所有的任何缺點，它是拼音字中最容易學會的一種，又是從和大衆實際生活有密切關係的土話的拼音化出發的，所以容易爲大衆所接受。在蘇聯的華僑中早已有了幾千工人學會了新文字，早已有了許多新文字的報紙雜志和書籍。可是在國内，到了大衆語論戰發生的時候，它纔被正確地認識；這運動的具體化到一九三五年纔剛剛開始。

現在，新文字已經有了北方話、上海話、寧波話三種方案。關於新文字的已有“上海拉丁化研究會”出版的《拉丁化的理論原則方案》、《文盲課本》，天馬書局出版的《拉丁化概論》、《拉丁化課本》（以上爲葉籟士編著）、《拉丁化檢字》（應人編）、《門外文談》（魯迅著）等。專門研究新文字的刊物有上海的《新文字月刊》，北平的《新文字半月刊》，太原的《拉丁化半月刊》。經常刊載關於新文字的文章或闢有專欄刊載用新文字寫的文章的刊物更多，上海的《生活知識》、《讀書生活》、《客觀》、《婦女生活》、《通俗文化》、《漫畫和生活》，天津的《北調》，太原的《文藝舞臺》等都是。組織方面，上海已經有了新文字座談會和研究會及學習班，幾百個文化工作者在爲新文字活動着，不少的勤勞大衆在學習它。這些組織，不久就要向全國各地擴大開去，最近的將來一定有大規模的發展。至於各地單獨的自發的運動，雖然無法統計，實際却比我們現在所知道的還要熱烈，還要普遍。因爲新文字是從大衆生活需要産生出來的，是大衆的文化工具，它能够把幾萬萬一向住在文化國土以外的大衆從無智的深淵中解救出來，所以必然會爲廣大的大衆所擁護，必然會成爲大衆自己的運動，而且必然會將得到預期的勝利。

總結以上所説，一九三五年的語文戰綫，一方面是以“第十一教授”鄭振鐸爲出色代表，利用他過去在新文化運動上的歷史，利用他現在在出版界的地位，利用他相當的書業經驗，并且利用西萬提斯、戈果爾等作者和魯迅、傅東華等譯者在讀者中的信仰，巧妙地做出了最大的宣揚封建文化色情文學的工作。另一方面是以新文字運動爲最高表現，而新文字運動因爲承繼了歷來語文論戰的成果，澈底地解决了一切糾紛，因爲是從大衆生活需要中産生出來的，是大衆自己的最好的文化工具，爲無數的大衆所擁護，它必然會粉碎任何封建文化支持者的任何陰謀。這鬥争無疑地已到了空前尖鋭的程度。當然我們不能説新文字運動在最近期間就一定通行無阻地得到飛躍的進展；因爲文化運動不能是孤立的存在，倒是和整個社會運動相連接相配合的東西。如果主導的社會運動没有得到完全的勝利，文化運動也是不能得到完全的勝利的。新文字運動現在還衹是一個苦難的開始。前面説過，語文論戰無非是新文化和舊文化的鬥争，是封建勢力和民主勢力，特權者和大衆的鬥争的反映；這新舊兩方面的鬥争，如果不是舊勢力完全倒臺，是不會終止的。在一九三六年會看到更精彩的武劇。

《國語運動史綱》

我讀完了國語統一運動的老將黎錦熙先生的《國語運動史綱》。

這是一部并不算很小的書。序文就有一百幾十頁，正文四百幾十頁。正文共分四卷，國語運動也分爲四個時期。第一卷爲“緒言”和（一）“切音運動時期”，（二）“簡字運動時期”；第二卷爲（三）“注音字母與新文學聯合運動時期”；第三、第四兩卷，爲“國語羅馬字與註音符號推進運動時期”。全書從一八九二年盧戇章的“切音新字”起，到寫這部書的時候一九三四年止，共叙述了四十二年的史實，列舉了“教育法令”二十五件；“重要論文函牘”七十四件，牽涉到古今中外的有名人也連作者自己共六百二十幾人，有六十二頁上有作者自己的名字，占登場次數的第一位（詳索引）。從這部書上，我們可以知道四十年來的國語運動的情勢，可以看見這一運動的參加者的各種各樣的見解，并且還可以得到別的地方不很容易得到的重要的文獻等等。

雖説這樣，這本書却不能使人讀了之後感到滿足，它有着作爲一本歷史書的最重要的缺點。

作者黎先生説：“四十年來的國語運動，是把‘工具’的改進問題作中心的……國語運動乃是根據着專科學理而發生的一種實際運動……其本身衹是些實際問題，實際以外，用不着那些很廣泛的理論，它的理論就包括在實際的過程中。”（序，頁一一五——一六）最近又在一篇《論拉丁化的中國字母》（見二月二十五日《世界日報》副刊）上説：“我衹能站在技術的立場來説話，完全離開政治的立場。”這些話，都表白着黎先生對於國語運動的根本理解。這一理解是很難得到讀者的同意的。因爲所謂國語運動，絶對不僅是“工具改進”或“技術”之類的“實際問題”，絶對不是“離開政治的立場”，或“不需要那些廣泛的理論”所能講得通的。

從盧戇章的“切音新字”制成的那年（一八九二）起，倒數上去恰恰半個世紀，正是《南京條約》訂立的那年（一七四二）。《南京條約》是“鴉片戰爭”的結束；爲了鴉片戰爭“最初的歐羅巴之旗”纔飄揚到中國境内來。從此以後，不但接二連三地有許多辱國喪權的不平等條約，并且還有“髮匪”、“捻匪”，乃至以後的“拳匪”等“一波未平一波又起”的變亂。這樣，一方面是中國的封建經濟已經到了日暮途窮的時期，本來不能保持着原有的安寧秩序；另一方面是帝國主義的炮艦政策衝破了中國的海禁，基督教，鴉片煙，携帶着工業品，長驅直入地涌進中國内地，加速了農村手工業的崩潰。於是由一部分進步的封建地主蜕化而來的，在封建社會已經有了相當成長的市民階級纔恍然大悟：中國原有的腐敗的封建的政治，决不足以圖存，纔高叫出種種改革的口號，發動種種改革運動。廢科舉，興學堂，派留洋學生，練水師，開兵工廠，興實業，講洋務……而根本大計則是普及教育。這時候，中國古老的教訓尤其是“民可使由之，不可使知之”之類的教訓以及整個文化思想，都動摇起來了。“中學爲體，西學爲用”，雖然現在看起來，“十教授宣言”高明不了多少，在當時却不失爲一種代表的思想。因爲既説“中學”不能爲“用”，也就無異宣布了“中學”的死刑，或者説“中學”本來不過是一種死東西罷了。可是普及教育以及種種改革，都不是一天兩天可以完成的，有許多東西，還須臨時到外國去學，學會了纔能回國來教；不用説也必須有比較充分的時間。這一時間問題，却是那時迫不及待的改革運動所最苦惱的東西。由於這種苦惱，新起的市民階級纔不得不想出一切的補救方法。於是中國文字，纔在外國文字的相形之下，被認爲改革運動上的莫大的障礙，改革中國文字本身的種種方案就也不斷地産生了。

竊謂國之富强，基於格致；格致之興，基於老幼皆好學識理。其所以能好學識理者，基於切音爲字，則字母與切法習完，凡字無師能自讀……亦即易於著筆。省費十餘載之光陰，將此光陰專攻於算學、格致、化學以及種種之實學，何患國不富强也哉！

——盧戇章《切音新字·序》見《史綱》頁一一

今全國共二十萬秀才、舉人、進士，比日本五千萬受過普通教育的人民少過二百五十倍。以一敵二百五，還有什麽策略可説？中國政府非注重下層教育不可；欲去下層教育的障礙，非制出一種溝通語文的文字，使言文合一不可。

——王照的話，見《史綱》頁三四—三五

伏惟方今時局，誠可謂危急存亡之秋矣；有識之士，咸思所以救之。以言乎弱，則宜尚武事，然無兵學，無以練兵也；以言乎貧，則宜講實業，然無農工商學，無以興利也；以言乎人心媮薄，則宜重道德，然無義理之學，無以興民行也；是則興學尚矣。……是故今日欲救中國，非教育普及不可；欲教育普及，非有易識之字不可；欲爲易識之字，非用拼音之法不可。

——勞乃宜《進呈簡字譜録摺》，見《文字的歷史觀與革命論》頁三三五—三三六

從上面這些話看來，文字改革，并不是什麽“根據專科學理而發生的”，“它的理論”，決不能完全“包括在實際的過程中”，雖説表面上好像衹是“工具”或“技術”的問題，實際上從來没有和内容或意識的問題離開過。因此我們研究它的“發生”，絶對不能“完全離開政治的立場”。

以上衹説明了文字改革的來源，還要加上語言統一問題，纔算整個的國語運動。“國語統一”也正是市民階級的要求。爲什麽呢？市民階級的成長，必須工商業發達，更必須在交通和運輸的條件上有充分的便利，因此不但需要輪船火車，同時也需要打破那“老死不相往來”的封建社會的風俗習慣，也就是需要全國人民的語言的統一。國語統一運動，就是這一需要的産兒。“垂爲定程，通行全國，不得遷就方音，稍有出入”，

從那時學部的意見（《史綱》頁一六）中，可以看出一點消息來，不用說，這也不是什麽“根據專科學理而發生”的，也絶對不能“完全離開政治的立場”!

國語運動雖然由於社會上某一階級層的需要而産生，在歷史上也有它不可忽視的意義，可是它的發展過程却處處表露着失敗的痕迹。關於這，《史綱》上寫得很清楚：

> 自民國以來爲政府所采用而推行的，就是漢字改换的注音符號運動……但現在并没有達到它預期的效果，尤其是民國十九年國民政府那一道總動員令是白下了的。
>
> ——序頁四〇

> 當時（一九二二年）小學課程標準，還是遵照着民國九年的部令，國語科也有“首宜教授注音字母正其發音”的規定，但頗遭一部分小學教育家的反對……於是七月間在濟南中華教育改進社第一次大會提出一個“國民學校初年級應以注音字母代替漢字案”。十月，又在北京小學教育研究會提出一個“改良注音字母教育法案”……結果是没有影響。到了次年，學制改革，社會方面新擬的小學國語課程標準竟把初一首宜教授字母的規定取消，反對先教注音符號的小學教育家居然大告成功，而我的運動終於失敗了。
>
> ——序頁四七〇

> 到了民國十九年……注音符號遂由中央黨部通過，知照國民政府下“總動員令，推行全國……然而教育界終竟低能，不喻其意；以致書業界胡説八道，大違其意”。
>
> ——序頁四八〇

> 民國廿一年部頒小學國語課程標準，仍不恢復民國九年“首宜

教授注音符號”的規定，我那方案，前四項最重要、最有效的主張，還是根本没落；影響所及，推行辦法廿五條都成了具文。

——序頁五〇

自民十五到現在，對於此事，竟成反動時期，把這些（有注音符號的）讀本首册都一掃而空了。

——序頁五二

南方各省，因爲語文不如北方之爲本地風光，所以有些學生的家庭，極端主張仍讀文言文。

——頁一四三

但就國語研究會説起，這一舉（全國國語運動大會）可算是最後的“回光返照”了。

——頁一一五

自此以後，雖有《國語羅馬字周刊》辦了一年，南京的《民衆周刊》也有好幾篇宣傳文章，但影響并不大。

——頁一八六

試看王照官話字母時代出版的民衆讀物何其多，而現在何其少也！營業化了，或者苟簡化了，而最重要的障礙還是官僚化，故國民政府的命令，遞轉遞飭，終歸是一紙空文。

——頁二五〇

最近三年間的國語運動，表面上沉寂得很，骨子裏的準備也不見得充分。

——頁一二五七

> 國語羅馬字在國際的宣傳上却没有好成績。
>
> ——頁二九七

國語運動爲什麼失敗了的呢？這是個很複雜問題，這裏還不能給予詳細的解答。不過我們可以説，中國市民階級没有得到充分的發展，却是它的主要原因。中國市民階級興起的時候，西方的資本主義已經發達到了帝國主義階段，在中國境内已經取得了種種優越的權利。這就給予中國市民階級一個致命的威脅，同時原有的封建勢力，雖然已經病入膏肓，可是它的存在，却是帝國主義的利益，所以帝國主義就扶植它，利用它，和它結成“不願同年同月同日生，但願同年同月同日死”的生死朋友，無異使封建勢力吃了一服起死回生的仙丹。近代中國的政治舞臺，演的盡是帝國主義和封建軍閥的“雙簧戲”；羽毛未豐的市民階級，在裏外夾攻的形勢之下，祇能乖乖地投在它們的懷抱，充充“插科打諢”的角色。歐洲大戰（五四運動）那樣千載難逢的機會，還没有爬得起來，市民階級的遭際也就可想了。遭際既然如此，怎能不喪失那初期的活氣，那想大肆改革的雄心呢？縱然還想改革，又有什麼方法實現呢？於是國語運動就成了“先天不足，後天失調”的畸形兒。

據《史綱》所説，國語運動幾乎完全是歷來教育部的德政。這表示着什麼呢？第一，這是説雖然在北洋軍閥時代，教育部究竟還比較開明，也可説是最能代表市民階級的要求的機關，所以對國語運動盡了不少的力量；第二，這是説，市民階級因爲投到了帝國主義和封建勢力的懷抱，離開了廣大的群衆，它的要求，就看不見社會的同情和支持，所以終於失敗。并且，就是教育部本身，在那時的整個政府機關中，也祇是最不被重視，最窮，也最無力量的一部分，常常因爲整個政局的牽制影響，對任何改革都不能爲所欲爲，有時候主持者還是完全反對國語運動的章士釗之流，自然更不能對國語運動有什麼幫助。近幾年來，《史綱》説是“竟成反動時期”，其實應該有兩種説法。一九三六前後是個大動亂時代，當然没有人注意到國語運動。最後三五年又正是封建勢力抬頭，復古空氣濃厚的時候，教育部連“推行簡筆字”的成命都要收回，還談什麽國語運動!

以上是我對國語運動的“實際的過程”的一點簡單粗淺的考察，不過想説明這“實際的過程”也决不能“離開政治的立場”，并且和什麽“專科學理”很少關係。至於精詳的研究，還需要“廣泛的理論”，且留給别的機會吧。這裏且説幾句另外的話。

國語運動已經失敗了，可是《史綱》的作者好像還以爲將來的中國會是國語羅馬字的天下似的，這真是個美麗的夢。市民階級現在正帶着它的國語運動隨帝國主義和封建勢力一同到它們應該去的地方去，代之而起的另外的勢力，自然也有另外的語文運動，并且現在已經有了。

提起另外的語文運動，我們不能忘記《史綱》的作者在大衆語論戰的時候所表示的“并吞”的態度，他那十九篇短論現在已收進《史綱》裏作了序言。近來他對新文字運動又説了許多毫無理性的話，現在祇舉《史綱》頁三〇的話爲例：

> 謹站在民族的立場説句話：“難道我們就伫立以待人家的‘文字侵略麽’?”……末了站在語文學專科的立場問句話：“國語羅馬字應該是本國人自己作的好呢？還是外國人代我們作的好呢?”

最有趣的是他在序頁一〇三上説：“當中國的國家主義者他們對於文字問題還没有澈底覺悟以前……”好像很看不起“國家主義者”似的，想不到在同一本書上，他自己就變成“國家主義者”了！至於那態度，似乎比五四時代的林琴南先生，還要不客氣一點兒。

末了，“謹站在”讀者的“立場問句話”：“一個不知道歷史從哪兒來，又不知道它會到哪兒去的人，爲什麽偏要寫歷史書呢?”

新文字和大衆文學

中國的語文運動差不多有了半世紀的歷史，但到了白話文運動纔開始了實際的改革，發生了巨大的影響。不過白話文還衹是文章用語的某種程度的口頭話化，衹對於語文問題的一部分給予了相當的解决；其餘的問題和白話文本身的更高度的發展，則不能不等候新文字的出現。

五四時代大家都覺得文言文不能表現現代生活，不能滿足現代文化的要求，所以有改用白話文的必要。可是忽略了方塊字是和文言文分不開的東西。第一，方塊字不但難學難記，許多口頭話所常用的詞兒和新的生活所需要的詞兒，那裏頭根本没有；同時創造新字又非常困難。因此無論文章怎樣和口頭話接近，高不可攀的方塊字却先把絶對大多數的人民大衆和文章隔絶了。第二，方塊字存在一天，文章受着方塊字的束縛，就没有真正和口頭話接近的可能。

專門從文學運動方面來看，五四以來，尤其是五卅以來的新文學的主潮是大衆文學，新文學中間的最好的作品也就是最能够表現大衆的生活、情感和意識的作品，最爲大衆所瞭解的作品。雖説這樣，到今天爲止的大衆文學實際上還没有得到廣大的大衆的擁護，并不是每一個有大衆存在的地方，同時也是大衆文學存在的地方。許許多多的大衆還居住在文化的國土以外，還在《啼笑姻緣》、《江湖奇俠傳》以及許多更卑俗更陳腐的讀物的影響之下過日子。爲什麽大衆會和大衆文學隔絶得這麽厲害的呢？原因不會止有一個，但一個主要的原因就是方塊字的難學，大衆没有這麽多的時間去對付它。

此外，我們應該説真正爲大衆瞭解的、形式和内容一致的大衆文學，到現在爲止，還不曾有過。在討論“文藝大衆化”的時候，有人提出土話文學的需要；但是提出者自己就説：“最大的困難是没有記録土話的符號……這一難關未打通以前，土話文學衹好不論。”（止敬：《問題中的大衆文藝》）討論“大衆語”的時候，有人要求：“拿貨色來看。”記得我對於這要求説過這樣的話：“每一個忠實於口頭話的作家，都應該有同樣的經驗：百分之百，不，百分之五十的口頭話作品是不會有的。爲什麼呢？因爲許多口頭話的詞彙不能用方塊字寫出來。”（《方塊字·别字·手頭字》）

一天有方塊字存在，大衆就無法接近文學，文學也無法大衆化。

新文字是一切語文問題的總解决，它把文章和口頭話之間的障隔，衹要可以撤消的都撤消了——最大的障隔當然是苦惱，蒙蔽中國人民大衆幾千年了的方塊字。

不過我們不能忘記：白話文之所以能够取得相當勝利，主要的是在實踐上：第一，和當時的社會運動，比如説，學生救國運動打成一片；第二，各部門的文化工作者尤其是文藝工作者都一齊用白話文寫文章。新文字運動必需而且必然會和目前的救亡運動打成一片的，關於這，我想留給别的機會再説。至於用新文字寫文章，無疑地現在還没有得到文化工作者的大規模的動員；尤其是在文藝工作者之間，似乎還没有引起應有的注意。我們堅决地相信，新文字一天没有被每個作家經常的應用，就不算得到完全的勝利；作家如果不馬上運用新文字寫文章，就隨時有和大衆隔離，落在大衆後頭的危險——新文字現在正受着大衆的熱烈的歡迎。

白話文運動開始不久，就有了《狂人日記》、《阿Q正傳》之類的小説，《女神》、《冬夜》之類的詩歌；劇本方面雖然成績欠佳，總算還有《終身大事》之類的東西；其他理論文章翻譯文章更是層出不窮。由於那些文章，白話文的勝利纔得以確實地保证。新文字運動也和這一樣，必須有用新文字寫的種種作品。不錯，白話文中的優秀作品，現在已經或正在用新文字翻譯出來，使它成爲新文字的東西；可是我們主要的工作，應該是直接用新文字寫。那些用白話文寫的文章，無不或多或少地受着方塊字的束縛，仍舊和口頭話保持着不小的距離，文法、語彙、表現法一定有許多是衹有在方塊字的文章中纔有聲有色，一改成新文字就變得索然無味的東西；一定有許多口頭上的活生生的語言没有被寫出來。這都不是翻譯者或原作者現在來加以怎樣的修改所能補救的。新文字决不是方塊字文章的拼音化，而是口頭的活的語言的記録，衹有直接用新文字寫的作品多起來，新文字運動纔能得到正當的發展。一個極粗淺的例子：《阿Q正傳》之類的作品，都是直接用白話文寫的，并不是文言文的翻譯；雖説我們現在從白話文翻譯出來的東西，要比五四前後的什麼《白話聊齋》、《白話秋水軒尺牘》之類要適合於大衆的需要得多。

然而現在的作家對於用新文字寫文章這件事的躊躇不是没有理由的。第一，白話文雖然和文言不同，可仍舊是用方塊字寫的；凡認識方塊字的人，不問對白話文的態度怎樣，都可以一看就懂。用新文字寫文章却没有這種方便，它首先就會拒絶衹認識方塊字的讀者。第二，現在的作家都受了很久的方塊字文章的訓練，習慣了和口頭話隔絶着的文章，習慣了衹有方塊字文章裏頭纔有的文法、語彙、表現法等等；一旦叫他們拋棄那些東西，運用新文字來照口頭話寫，反而使他們像被繳了械的武士一樣了。但這情形應該是説新文字運動需要作者的更大的努力和更大的决心，説作者的創作活動同時就是新領土的開拓活動——那開拓的意義比初期的白話文要大得多。不用説，努力的結果，作家會在不久的將來獲得更多的讀者，更大的寫作能力，比起他暫時的損失要超過十倍百倍。

每一個作家都應該運用這新的武器，每一個作家都應該同時是一個新文字運動者。

國語羅馬字呢？中國新文字呢？

——答黎錦熙：論拉丁化的中國字母

一、技術呢？政治呢？

國語羅馬字運動的先生們在中國文字革命史上，的確有着不朽的功勞，像宣布漢字的罪狀之類。現在雖然有存文會的論客江亢虎博士出來大談什麽《文字平議》（四月七日《大公報》），想替方塊字保鏢。我們也用不着多説廢話，衹消把錢玄同、趙元任幾位先生的文章抄幾段出來，就可打得他"一佛出世，二佛升天"。可是在中國文字革命運動向前發展，超過了他們的那一階級的時候，他們中間却有人出來對新的運動大肆攻擊，像黎錦熙先生的《國語運動史綱》裏頭的許多意見和最近在《國語周刊》和《教育與文化》上發表的那篇《論拉丁化的中國字母》也就是"蘇俄的拉丁字母和國定的國語羅馬字"的比較論，可説是一個最好的例子。這一點兒也不希奇，錢玄同先生對於這種舉動早就有過最好意的解釋，叫做"衹此一家，并無分出"。歷史上的文字改革家像盧戇章、王照那些老前輩就都是這麽一副面孔。不過黎先生比盧、王兩先生都聰明，爲了遮掩他的這副真正的尊容，先向讀者們使了一點兒掩眼法，説是他"衹能站在技術的立場來説話，完全離開政治的立場"，"因爲是衹在技術的範圍中説話，離開技術的立場就没有話可説的，對於任何方面站在政治的立場來反對或贊成乃至推動都是一律堅壁清野的"。這些話裏頭究竟包含着一些什麽意思，我暫時還不想分析；我要説的是：國語羅馬字運動者中間，有没有一個完全離開政治立場的人，我不知道，可是黎先生却絶對没有這麽老實。瞧，他的文章的題目就是什麽"蘇俄的"

呀，“國定的”呀，這些字眼，豈不明明是個“政治的”煽動麼？豈不明明是表示出他的“政治的立場”麽？不僅這一丁點兒。他在《國語運動史綱》三〇頁上對於中國新文字表示過這樣的意見：

> 謹站在民族的立場説句話：“難道我們就佇立以待學人家的‘文字侵略麽’”？……末了站在語文學專科的立場問句話：“國語羅馬字應該是本國人自己作的好呢，還是外國人代我們作的好呢？”

難道這就叫做“技術的立場”麽？技術的立場裏頭，談出“文字侵略”（!），談出“本國人”、“外國人”來了，真是奇聞！還不僅這一丁點兒；一九三四年九月發表的國語羅馬字促進第一次全國代表大會宣言上説：

> ……還用得着外國人來越俎代庖？……因此召開第一次全國代表大會來研究如何可以抵抗外來的破壞……

同時“大會專刊”裏有一篇會員通訊：

> 近來在上海……也常常吃着些 pudding……聽説那些所用的材料是用盧布買來送給上海的一位癲頭經理的……他們一面大吹法螺去推銷，一面又妒嫉人家的貨色上市……希圖一時打倒人家獨占的傾銷區域。跑街們本來連自己的貨色都没嘗過，可是傭金豐厚就給迷惑了。在誇大與詆毁之間露出馬脚也顧不到了。

這裏頭的“pudding”不用説是影射着中國新文字（拉丁化），“癩頭經理”是影射一個新文字運動者的名字，大概是葉籟士吧。瞧，簡直什麽“盧布”哇、“傭金”啦，公然地造謡，還有什麽“技術的立場”可説呢？他們要“研究如何可以抵抗外來的破壞”、造謡，大概就是“抵抗”

的一種，雖然僥幸他們還没有直接干涉的權力。這真像通訊上所説：怕人家打倒他們“獨占的傾銷區域”、“嫉妒人家的貨色上市”、“在誇大與詆毁之間，露出馬脚也顧不到了”。從“技術的立場”説：也簡直不“技術”得很。

説拉丁字母是“蘇俄的”，不但違反常識，同時也自相矛盾。拉丁字母現在并不是任何一國的，而是世界的東西，是周知的。并且拉丁字母也就是羅馬字母，黎先生自己也説：“實在就是 G. R.（國語羅馬字）的所謂基本形式。”如果拉丁字母是蘇俄的，G. R. 也當然是蘇俄的，還拿什麽“國定的”來自豪呢？新文字由於在蘇聯的華僑的需要下而産生是事實。制定方案的時候有外國專門學者參加意見，或外國人幫助推行，大概也是事實。可是起草和决定方案的人都是中國人。不過這般中國人没有在方案上印上商標，像“盧戇章切音新字”、“趙式”或“錢式”國語羅馬字，一望而知道它的創制者的姓名，所以我們現在不知道原起草人究竟是誰。想不到這倒給黎先生留下了一個中傷的口實。

就算完全是外國人制定的吧，外國人給我們制定字母是在幾百年以前就有了的事：意大利人利馬竇，法國人金尼閣，英國人威德，日本人伊澤修二、瀨上恕之助都曾“越俎代庖”過。許多地方還有官話或方言字母的《新約全書·路加福音》在那裏麻醉人民，現在郵電方面通用的羅馬字也是外國人幹出來的。這些史實，黎先生衹有比我們更清楚，可是誰曾聽見黎先生站在任何立場問過半句話麽？一到了和蘇聯有一丁點兒關係的時候，黎先生就大呼小叫，連忙搬出許多“立場”來了！

黎先生問：是本國人自己作的好呢，還是外國人代作的好呢？没有貨色爲憑，這是無法答復的。以爲本國作的一定好，我請他看吴稚暉先生的一段文章：

> 這好比從前李鴻章的幕友考察憲政大臣于晦若先生，他的糞，必要將油紙包起，掛到墻上。其故，因爲那些尊糞是出於他的尊肚，不容不尊重的。

不過我們要鄭重地告訴黎先生：他所非難說是外國人“越俎代庖”的東西，僅僅衹有北方話方案一種；那以外，我們還有好幾種别的方言區的方案，都是“本店自造”，百分之百的國貨，不知黎先生還可以站在什麽“立場”來打擊一下麽？

其實國語統一運動的先生們能够真正完全離開“政治的立場”專門和我們討論“技術的”問題，那倒是我們最歡迎的事情，國内的新文字運動，從開始到現在，不過一年工夫。由於學習者自己的努力，由於無權無勢的文化青年們的熱心，毫無任何政治的憑藉地，在貧窮和飢餓中，在干涉和非難中所挣得的成績，雖説太值不得談起了，可是也是國語統一運動以十年二十年的工夫還没有達到的。這現象的形成，當然有許多原因；其中之一，就是技術的優勝。國語羅馬字要和新文字比技術，那無異是把新文字安放在更有利的“立場”上，叫我們替新文字説話的人，比較地能够“暢所欲言”了。

所謂“技術”問題，在中國新文字和國語羅馬字的比較上，總共衹有兩點：第一，國語羅馬字主張用北平的官話統一全國，新文字注重各區的方言；第二，國語羅馬字要表四聲的符號，新文字不要。雖説兩點，其實也衹是一點。國語羅馬字既要用一個地方的話來統一全國的所謂國語，强迫各地方的大衆説一個地方的話，學一個地方的文字，就不能不定出許多無謂的規則來，使别處的人學起來不致茫無頭緒，四聲就是規則的一種。并且也衹有以一個地方話爲標準纔能講究四聲；否則這個地方的四聲和那個地方的四聲就會打起架來。這裏以爲是平的，那裏以爲是仄，這裏以爲是上的，别處以爲是去。三聲，五聲，八聲，九聲，都自以爲衹此一家，和别家勢不兩立，其實又都衹能在自己那狹小的地域範圍以内稱孤道寡，一到了别的地域，馬上毫無作用。那麽，四聲四聲，還有一點兒值得刮目相看的地方麽？相信四聲在中國話裏頭演着了不得的角色的先生們還能定出任何的四聲的標準麽？因此四聲這把戲就衹有國語統一運動者纔能玩，用杜子勁先生的話説，它天生的是國語羅馬字的“無用的長衫”，我們短衣幫的中國新文字，無福消受這高貴的寶物。

二、統一呢？不統一呢？

（文見本卷《怎樣統一中國的語言》）

三、帶四聲呢？不帶四聲呢？

有一位蕭迪忱先生在《國語周刊》一三六期發表了一篇文章，題目是《拉丁化能够不要聲調嗎》，文章我没有看見，照題目所發出的問題，却是很奇怪的。當然，無論怎樣的語言文字都不能不要聲調，我們從來也没有人説，任何的語言裏頭可以不要它。我們衹是主張用新文字寫出來的中國話，可以不要帶標四聲的符號。這和“聲調”并不是同一物。如果一個方塊字擁護者問：“你們能够不要文字麽？”大家一定覺得滑稽，可是蕭先生却發出了和這相同的疑問。不僅蕭先生一個人，黎錦熙先生以及别的國語統一論者都一樣，他們常常説什麽“國音京調”、“京音京調”之類的話，都是把聲調看成和四聲是一個東西，雖説他們似乎没有把《京調大觀》之類的書誤會到是講四聲問題的。

語言的發音上有高低輕重長短快慢的分别，這種分别因爲各地的習慣不同，各人説話的神情態度不同，話裏頭的重心不同，并不嚴守着呆板的四聲的標準和範圍，我們不能在書面上給他一個固定的符號。如果一定要給一種符號，就一定會顧此失彼顧彼失此，像現在的國語羅馬字，强迫没有入聲的北方人説入聲，强迫可以不分上去的江浙人分上去，强迫有八聲九聲的閩粤人犧牲自己的四聲或五聲，結果是彼此都顧不着。十幾年前，劉復著了一本《四聲實驗録》，用儀器來測驗四聲的差異。結果他怎樣説呢？

凡是本書所實驗的，都是逐字逐聲在儀器上咬嚼得很清楚的音，他没有隨便一點，正像從前我們的先生教我們辨别四聲一樣。至於我們實際談話時，決不是這樣咬嚼的。因此，我們現在所實驗的四聲，可以叫做標準四聲，談話時的四聲，可以叫做自然四聲。以標準四聲與自然四聲相比，真是差異太多，問題太難了。

——頁五五

最透徹的還是吴稚暉先生的話：

他（四聲）現在一個固定的金剛不壞身到底是什麼東西呢？便是一部殷時夫做的《沈約詩韻》罷了。這部《沈約詩韻》之外，前古後今，還有什麼配冒充四聲……説穿了衹是一部書而已！

——《四聲實驗録·序》

既然“自然四聲”和“標準四聲”相去這麼遠，既然“標準四聲”不過“衹是一部書而已”，我們就可知道黎錦熙先生的“G. R. 之所以要帶標準四聲者，正爲的通俗化”（《論字母》第五段）這話裏頭究竟有多少真實性。

所以我們主張廢除的是從周顒、沈約以來的書面上的四聲的分法和國語羅馬字的四聲符號，決不是口頭上發音的高低長短的聲調，這是討論這問題的人應該首先弄清楚的。

黎先生説：“批評的人有一個大誤會，以爲聲調（四聲，記住不是同一物）這種把戲完全出於漢字，廢除漢字就没有聲調（四聲）了。”（《論字母》第五段）好像四聲和方塊字没有關係似的。這真是“一個大誤會”！

第一，方塊字有四個角，四聲各占一個角，這是歷來的四聲的分法。連民國七年十一月二十三日教育部公布注音字母的命令上，也是這樣畫着的：

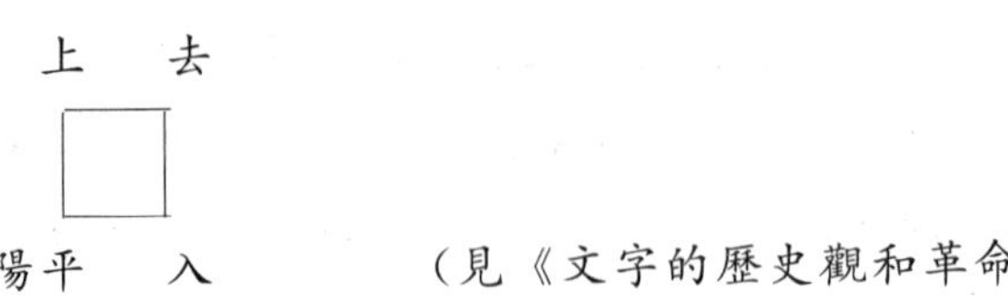

（見《文字的歷史觀和革命論》頁五六五）

第二，有些地方本來不止四聲，可是仍舊叫做四聲（平上去入），却在平上去入上加以另外的區别，像陰平、陽平、某上、某去之類，明明是不敢破壞方塊字的端端正正的四方形。

第三，方塊字成爲固定的形式是從隸書起的。小篆大篆以前都是各式各樣，像日字是圓形，月字是半圓形之類。四聲的把戲，雖不是和隸書同時産生的，却正是有了隸書以後纔有的，隸書以前，絶對没有。

第四，衹有方塊字纔有四聲。世界各國以及中國境内不用方塊字的民族的文字，像蒙文、回文之類都没有四聲（可不是都没有音調）。連同是用方塊字，但有非方塊形的東西攙雜在内，破壞了方塊字的統一性的日文也没有四聲。

第五，衹有方塊字纔需要四聲。方塊字是單音字，結構又複雜，麻煩，難認難記，妨害着新字的增加，衹好用“通假”的辦法來敷衍敷衍；於是同形而音義不同或同音而形義不同的字非常多，又衹好用四聲的辦法來敷衍敷衍。吴稚暉先生説：“四聲在歷史上的功用，約略是三端：一則同形的字藉他分别異義……二則異形同音的字藉他分别彼此……第三端者即詩歌上的平仄是也。”（《四聲實驗録·序》）關於第三端，下面再説；一二兩端都證明四聲和方塊字是分不開的。

第六，四聲最大的功用在舊詩或駢文上。差不多是因爲詩和駢文纔發生纔存在的。《南史·陸厥傳》：“汝南周顒善識音韻，爲文皆用宫商，以平上去入爲四聲，以此制韻，有平頭，上尾，蠭腰，鶴膝；五字之中，音韻悉異；兩句之内，角徵不同。”《庾肩吾傳》：“齊永明中，王融，謝眺，沈約，文章始用四聲，以爲新變。”劉復也説：“我爲什麽對於這（四聲）問題似乎癖好甚深呢？因爲我自己喜歡胡謅幾句詩，更喜歡的是胡謅幾句白話詩。”（《四聲實驗録·序》頁二三）這裏且不説四聲怎樣束縛了舊詩文的形式，單説那舊詩駢文的形式，豈不是和對聯、詩鐘、字謎、詩謎之類一樣衹是方塊字的把戲麽？豈不因爲是用方塊字寫的，纔能用得上“平平仄仄平平仄”，纔能“雲對雨，雪對風，酒緑對燈紅”麽？换句話説四聲這東西，豈不是仍舊和方塊字脱不了關係麽？

從上六點看來，四聲都是“出於漢字”的，絶對和方塊字有關係的，是方塊字的附屬物。我們既然要廢除方塊字，當然也要廢除它的附屬物——四聲。

主張帶標四聲的最大的理由不外“濟單音之窮”（《國語運動史綱》頁一〇三），求“混淆的减少”（傅斯年：《漢字改革初步談》）。可是我們也没有説廢除四聲，在書面上馬上就毫無問題。如果這樣，還有什麽討論的必要呢？方塊字在我們的國度裏存在了幾千年，許多的詞兒是由方塊字構成的，尤其是學術上的用語，方塊字的影響非常濃厚。就是方塊字今天就絶迹了，那影響還要在新文字裏頭作祟到相當長久的時期。這就是説，單音詞兒，同音詞兒，以及衹有用方塊字寫出來纔看得懂的文言式的詞兒，要成爲新文字推行上的苦惱，像常常被舉爲例子的“山西”和“陜西”，“買”和“賣”，“戒嚴”和“解嚴”以及“油”、“有”、“又”之類，實在很多很多。新文字現在把感覺到了的，必須分别的都分别了，對於“没有入聲就不能過日子”的（見《史綱》頁一〇四）江浙人，也有了使他們能够過日子的方法（見《上海話方案》）。雖然没有把所有的問題完全解决，也會在實踐上逐漸地解决。我們并不頑固地拒絶必需的符號，不過不把每一個音都標出“聲”來，并且把它叫做“平上去入”罷了。

其實把混淆問題看得過分嚴重，就是把詞兒看成一種孤立的存在。一個詞兒必定和别的詞兒連結在一起纔能成爲一句話，一句話必定和别的話連結在一起纔能成爲一篇文章，一篇文章必定有一個特定的範圍，能够把這篇文章讀下去的人又必定有相當的理解力。故意把同音字搜集起來自然可以有相當的數目；一到了個别地用進文章裏頭去的時候，混淆的機會就不像想象的那樣多。從前有一位黎維岳先生舉出了好多同音字的例子："我的媽媽種麻……他的媽媽騎馬……蝦蟆不會罵人。"（見《文字的歷史觀與革命論》頁四三四，原文還有幾句，因其餘都不算同音字，未録。）用新文字寫出來，有三個詞兒是同音的：麻、馬、罵。如果單獨看起來，的確不能看出是哪一個意思；可是有了一個整句子就容易了。"麻"有"種"的動詞，"馬"有"騎"的動詞，"罵"本身是個動詞，下面有"人"的實詞，很難誤會到是"種馬"、"騎麻"，"馬人"或"麻人"。不用説，它們又很少機會能够碰在一塊兒。

然而有些字音，即使單獨出現的時候，即使同别的詞兒連結在一塊兒的時候，也容易和别的同音字混淆，像除了當作姓用就没有别的用處了的"李"和"黎"這兩個方塊字（見《論字母》第五段）就是。可是我們要説，姓氏問題，壓根兒不在新文字的顧慮之列。姓這東西雖然在研究古代史的人看來，也許還有多少用處，譬如説，最早的姓多是女字旁，像嬀、姒、姚、姬、姜之類，以後纔有子字旁的子、孫、孔、孟，再以後纔有表示土地郡邑和草木鳥獸的字：未必不可以看出一點從女權社會向前推進的痕迹。可是在現代的實生活上，不但毫無用處，并且還可以引起些無謂的糾紛。就算是必需的吧，新文字完全代替了方塊字之後，自然會從單音字的姓改爲複音字的姓。日本有"廢姓外骨"，中國有"疑古玄同"，就顯示姓這東西，或是會廢掉，或是會改變的趨勢。一種改革，是在改造舊社會、舊生活，建立新社會、新生活，當然有許多舊社會殘存的東西，或是根本肅清，或是無法顧全。新文字的成功，是全國大衆的福利，像黎先生在書面上會和李鴻章通譜之類的事，還配當作一個問題提出來麽？如果連這小問題也非顧全不可，黎先生就該馬上抛G. R. 轉去擁護方塊字，因爲G. R. 雖然能够分别李和黎，方塊字却更能分别：張和章，楊和羊，江和姜，魏和衛，尤和游，喻和俞，婁和樓……許多同音的姓G. R. 祇有望着它白瞪眼的。

又有人説，新文字不標帶四聲，一定看不懂，如果看得懂，是因爲方塊字在背後發生作用。去年九月間，有一位培良先生在《北晨學園》

上發表過這樣的意見，這是個極頂巧妙的説法。我們現在能够提筆寫文章的人，不用説都學過方塊字，所以從自己本身上，很難直接證明能够看懂新文字，不是因爲方塊字的關係。可是老話説得好，“事實强過雄辯”。最近上海出了兩本用新文字翻譯的書：一本《不走正路的安得倫》，一本《政治經濟學 ABC》，這兩本書的出版，可給了這巧妙的説法一個事實的答復。原來第一本書有好些地方看不懂，第二本書却完全可以看懂，因爲第一本書裏頭，有些地方夾雜着衹有用方塊字寫出來纔看得懂的詞兒，第二本書却没有這種地方。這就是説，如果有方塊字在背後發生作用，衹有使新文字難懂，决不會反而容易懂，和那培良先生的高論剛剛相反。這兩本書，不但答復了培良先生，就是對黎先生説的不帶四聲就“把詞兒連寫得太過分，成爲一種‘新文言’”（《論字母》第七段）的話也給了很好的回答。第一本書不用説，就是第二本書，也還有些文法和寫法上的小問題，不過無論有多少問題，却没有一點兒和四聲有關。第一本書之所以難懂，是因爲用了文言詞兒，絶不是没有帶四聲的原故，更不是連寫得“太過分”的原故。説新文字會變成新文言甚至説“終於要跟漢字妥協”，説這種話的心理，我們很能瞭解。據説，像耶穌那種聖人都詛咒過無花果，不許它開花，何况是黎先生呢？

以上算把黎先生們攻擊四聲廢除論者的意見逐一地答復了；如果還有没有發現的材料，以後再來補充，遺憾的是對於有了四聲會是怎樣情形，未加强調。黎先生的《國語運動史綱》上有許多證據，可以藉用，恐怕抄謄太多，有侵版權，衹引用兩小段，意思是想説明這四聲的把戲，不但全世界的人都不懂，就是國語專家也仍舊没有辦法：

> 當民九臨時大會時，廖宇春主張以普通官話爲標準，而聲調（四聲）則陰平從天津音，陽平上去聲從北京音，入聲從江北音。那年王璞在上海發音之“中華國音留聲機片”，則陰陽上去，都全依北京，入聲把北京的去聲讀得短一點兒。可是短而不促，收而不藏……次年趙元任在美國發音之“國語留聲機片”，陰陽上去也一律准

照北京，全如王氏：而入聲則標準南京，略同廖氏。雖短促收藏，而不如江北之急……

——頁一〇二

國語羅馬字在國際的宣傳却没有好成績，因爲大多數的外國人不明白中國話裏頭的四聲的重要。

——頁二九七

四、國羅呢？中新呢？

總結起來，國語羅馬字和中國新文字在技術上的分别是：國羅强迫無論説着什麽方言的全國大衆學習一個地方的話；中新主張不加强迫，因勢利導，使各地方言都有同等發展的機會，以逐漸趨於統一。國羅主張帶標連國語專家也咬嚼不清的四聲；中新主張廢除這種麻煩的符號，由各人口頭上本來的聲調去分别同音或近似的音。其實祇是一件事：國羅煩難，中新簡易。對於煩難和簡易的問題，魯迅先生有段很好的解釋：

易舉和難行是改革者的兩大派。同是不滿於現狀，但打破現狀的手段却大不同：一是革新，一是復古。同是革新那手段也大不同：一是難行，一是易舉。這二者有鬥争。難行者的好法子，一定是完全和精密，借此來阻礙易舉者的進行，然而它本身，却因爲是虚懸的計劃，結果總并無成就，就是不行。

這不行，可又正是難行的改革者的慰藉，因爲它雖無改革之實，却有改革之名。有些改革者，是極愛談改革的，但真的改革到了身邊，却使他恐懼。惟有大談難行的改革，這纔可以阻止易舉的改革的到來，就是竭力維持着現狀，一面大談其改革，算是在做他那完全的改革的事業。這和主張在床上學會了浮水，然後再去游泳的方法，其實是一樣的。

拉丁化却没有這空談的弊病，説得出，就寫得來，它和民衆是有聯繫的，不是研究室或書齋裏的清玩，是街頭巷尾的東西；它和舊文字的關係輕，但和人民的聯繫密，倘要大家都能發表自己的意見，收穫切要的知識，除它以外，確没有更簡易的文字了。

而且由祇識拉丁化字的人們搞起創作來，纔是中國文學的新生，纔是現代中國的新文學，因爲他們是没有中一點什麼《莊子》和《文選》之類的毒的。

——《論新文字》

但是這裏還祇就技術來説，如果一觸到别的問題，國羅和中新更有明顯的差别。比如吧，本文開始的時候，曾經證明黎錦熙先生們的意見，處處未曾離開政治的立場；可是在主觀的認識上，黎先生却處處是把語文運動當做和“政治立場”不相干的東西。引用過的不談，在《史綱》序頁一一五一一一六上，黎先生也説：

四十年來的國語運動，是把“工具”的改進問題作中心的……國語運動乃是根據着專科學理而發生的一種實際運動……其本身祇是些實際問題；實際以外，用不着那些很廣泛的理論……

這理解没有絲毫和新文字運動者相像的地方，也没有絲毫和歷史上語文運動的先驅者相像的地方。不用説，語文運動一定需要“專科學理”，也一定會是一個“實際問題”；可是它不能這麼簡單，它同時必定和整個文化運動、社會運動即黎先生所説的“政治的立場”有着密切的關係，它的發生和發展都不能是和文化乃至社會的各種運動不相干的。關於這，我曾在另外的文章裏頭有過分析，這裏不再重復，祇引用幾個先驅者的幾句文章也可證明黎先生的認識和“實際問題”（借用）還隔得很遠：

竊謂國之富强，基於格致；格致之興，基於老幼皆好學識理。其所以能好學識理者，基於切音爲字，則字母與切法習完，凡字無師能自讀……亦即易於著筆。省費十餘載之光陰，將此光陰專攻於算學、格致、化學以及種種之實學，何患國不富强也哉！

——盧戇章《切音新字·序》見《史綱》頁一一

今全國共二十萬秀才、舉人、進士，比日本五千萬受過普通教育的人民少過二百五十倍。以一敵二百五，還有什麽策略可説？中國政府非注重下層教育不可；欲去下層教育的障礙，非制出一種溝通語文的文字，使言文合一不可。

——王照的話，見《史綱》頁三四一三五

伏惟方今時局，誠可謂危急存亡之秋矣；有識之士，咸思所以救之。以言乎弱，則宜尚武事，然無兵學，無以練兵也；以言乎貧，則宜講實業，然無農工商學，無以興利也；以言乎人心媮薄，則宜重道德，然無義理之學，無以興民行也；是則興學尚矣。……是故今日欲救中國，非教育普及不可；欲教育普及，非有易識之字不可；欲爲易識之字，非用拼音之法不可。

——勞乃宣《進呈簡字譜録摺》

新文字運動决不看輕“專科學理”，也决不放鬆“實際問題”，可是它自己是從社會的現實生活的要求而産生的；同時也不能存在於社會的環境以外；因此，它有它自己的社會的使命，也必定和種種社會運動，文化運動脈絡相通，并且和它們結成生死的同盟。這一點是黎先生們必須瞭解，可是到現在爲止還没有瞭解的。

前面説過，新文字是小百姓的文字，是從小百姓的要求出發，“實際運動”也是由小百姓自己動手的。一兩年來的事實證明我的話毫無虚謊。國語運動則在很早的時候就變成了一種政治機關的治術。且不説黎先生的《史綱》到處表露着他那聖君賢相的面孔和他所引用的歷史上的聖君賢相的偉績；專就這運動的推行上説，也幾乎完全是歷來的教育當局的德政——《史綱》上引用過的材料，光是“教育法令”一項，就有二十五件之多，重要函牘和教育當局以私人資格發表的意見還不在内。至於國語運動者始終是教育部聘任的專門委員之類，國語運動的機關又始終和教育部没有斷絶過血統關係；黎先生他們現在完全放棄了對於方塊字的攻擊，無視存文會江亢虎之流的方塊字擁護論，專門和新文字運動作必死的鬥争，則又完全迎合着當局的意旨！當然，我們不是説離開了“政治的大力量”（黎先生的話），新文字運動可以得到完全的勝利；不過在現階段上這運動還衹能靠小百姓自己，如果要仰仗“政治的大力量”，也必須先使那大力量真正成爲小百姓自己的力量。這也是中新和國羅截然不同之點。

其餘還有許多本質的問題，這裏不能一一分析；縱然分析出來，也是黎先生們所不瞭解或不願瞭解的，那麽，我的文章就在這裏結束了吧。有一位先生説“看誰行得通”，説這話的時候，好像有着十分的把握，雖然并未宣布用什麽方式去“行”。我們也希望他們“行得通”，無論如何，那是比方塊字好過百倍的。不過如果把語句改换一下：“看誰最受小百姓的歡迎”，那自信力説不定會减少一點吧。

關於《世界文庫》的翻印古書

魯迅先生十年前在一篇題目叫做《無聲的中國》的演講詞裏頭説過這樣的話：

> 發表自己的思想，感情，給大家知道的是要用文章的，然而拿文章來達意，現在一般的中國人還做不到。這也怪不得我們；因爲那文字先就是我們祖先留給我們可怕的遺産。人們費了多年的工夫，還是難於運用。
>
> 文明人和野蠻人的分别，其一就是文明人有文字，能够把他們的思想，感情，借此傳給大衆，傳給將來。中國雖然有文字，現在却已經和大家不相干，用的是難懂的古文字，講的是陳舊的古意思，所有的聲音，都是過去的，等於零的。……
>
> ……
>
> 要恢復多年無聲的中國是不容易的，正如命令一個死掉的人道："你活過來！"

爲了要恢復這多年"無聲的中國"，叫死人活過來的"奇迹"已經開演了一二十年。首先是白話文運動，後來又有什麽注音字母，國語羅馬字運動，文藝大衆化和大衆語運動，手頭字，通俗文和新文字運動等等。

我説過："文化運動不能是孤立的存在，倒是和整個社會運動相連接，相配合的東西。如果主導的社會運動没有得到完全的勝利，文化運動也是不能得到完全的勝利的。"（《一九三五年的中國語文運動》）前面説的那些運動，有的衹得到部分的勝利，像白話文；有的簡直慘敗，像注音字母，國語羅馬字；有的却正在苦難之中，像大衆語，新文字。那原因如果不是由於運動本身的錯誤（像注音字母，國語羅馬字），從我的話裏頭該可以得到相當的説明。

現在的中國正是一個新舊交替的時期，也就是新勢力和舊勢力搏鬥的時期，在文化領域也并没有兩樣。所以一方面有要使無聲的中國變成有聲的我們，有我們的從白話文到新文字的語文運動；另一方面也有讀經尊孔的明令，有在五四時代就反對白話文的汪懋祖先生，有以保存方塊字，保存由方塊字產生的種種特殊的文體（整個的文言文，尤其是駢文、律詩、詞、賦、箴、銘、對聯、詩鐘等等）爲惟一的偉業的存文會，有要以中國文化爲本位的十教授，有專印老牌漢奸曾國藩之流的著作，一折幾扣地推銷到全國去的書業商以及其他種種，一句話就是整個文化復古運動或整個復古運動。這文化復古運動，用魯迅先生的話説，就是要使“無聲的中國”永久無聲。我説過：“這一系列的倒行列車，他們的企圖，無異是使中華民族自絶於高度文化。必然爲廣大的覺悟的大衆所唾棄，可是也必然會爲被中國傳統文化所麻痹，蒙混了幾千年的無智的大衆所接受。它所能發生的影響，影響裏頭所潛伏的危機，是每個進步的中國人所不能忽視的。”（《一九三五年的中國語文運動》）

這時候，無論什麽人用正人心息邪説的名義也好，用保存國粹、整理國故的名義也好，用整理文學遺産的名義也好，什麽名義不用也好，衹要他是把中國的陳古董搬運到大衆面前，來擴大加强那些“難懂的古文字”、“陳舊的古思想”的影響，無論他自己是有意的還是無意的，他和他的“同道”們認爲是好的還是壞的，他自己或“同道”過去有過怎樣光榮的歷史，現在正幹着怎樣偉大的業績，一切不談，在搬運古董這一點上，在客觀的意義上，都是擾亂新的語文運動的陣容，直接間接爲文化復古運動乃至整個復古運動助威，爲存文會、十教授，一折幾扣的書業商服務的。并且越是他有過光榮的歷史之類的東西，他所搬運出來的古董在讀者大衆當中所能發生的欺騙麻醉的作用越大，對於文化復古運動乃至整個復古運動的幫助也就越大，我們參加新的語文運動的人越是不能不給予一種嚴厲的批判。這就是我在《一九三五年的中國語文運動》（載《改造》創刊號）那篇文章裏頭爲什麽要强調存文會、十教授乃至整個文化復古運動的企圖，并且“箭在弦上，不得不發”地傷到了我們的“同道”鄭振鐸先生和他主編的《世界文庫》的理由。

可是我的文章却引起了幾個人的反感。首先路見不平的是一位立波先生，他在二月間的《大晚報·火炬》上説我不該對“在政治上是很純正的文學者”鄭振鐸先生加以“謾駡意氣”，對於文學遺産的態度又太輕率；末了，爲了表示他的公正，還説《世界文庫》雖然也怎麽，可是“没有嚴正的批評態度”和“没有説服人的能力的”我，則不配開口云云。同時《大晚報》的星期文談和别的小報也有同樣的意見發表。并且《文學》三月號有一位“源”的《再談翻印古書》，似乎在竭力説明《世界文庫》的翻印古書和别人怎樣不同，曾爲那些名著耗費了多少“時與力”，“名著何不幸而以中國文字寫出之”呢？——爲那些古書呼冤，説我的意見“幼稚”、“扭曲”，是“絶對排斥古書者”等等。——對《世界文庫》耗費了“時與力”之類的事都知道得這麽清楚，我們可以知道這位“源”先生即使不是鄭振鐸先生自己，也一定是一位和鄭先生很接近的“同道”。

也許真像立波先生所説，我没有那樣高貴的“精神”和“能力”，所以鄭先生和他的《世界文庫》雖然不是“没有值得訾議的地方”，倒是“有值得商量的地方”（立波先生的話）。我的文章，也終於引起看起來像是浩浩蕩蕩，其實不過一兩個人在那裏虚張聲勢的反感。可是有“能力”和“精神”的“前進的文學者”立波先生之流，明知道鄭先生和他的《世界文庫》有值得“訾議”或“商量”的地方，而到現在爲止，却不肯稍稍地“訾議”或“商量”一下，那麽，我們不能不“慰情聊勝無”地暫時以我那篇文章爲滿足。“如果因爲皓月，忽視了微燦的辰星的存在，那衹能説是自己觀察的輕率”，這不正是立波先生自己的話麽？何況立波先生們的“皓月”又始終不肯出來！

立波先生指出我那篇文章的最大的缺點，似乎就是“謾駡意氣”。輕輕用“謾駡意氣”四個字來抹煞全文的意旨，我用不着問：是不是有

“私見的存心”（立波先生的話）？我感覺得“遺憾”的是我的文章爲什麽是“謾駡意氣”，立波先生并未交代清楚。我説鄭先生的《世界文庫》爲存文會、十教授服務，是第十一教授，那不過恰如其分地説了一句真情實話而已。十教授宣言劈頭一句是“没有了中國”，所以要建設中國本位文化，《世界文庫》正是以中國古董爲本位，中國古董簡直占了《世界文庫》的一半的大刊物。雖然我們不能説世界文庫的書一定是受了十教授的唆示，可是《世界文庫》把一半的篇幅獻給了中國的舊古董和十教授的意見英雄“所見略同”，却是事實，關於這，以後還有機會提到，這裏不過舉出一個最顯明的例子罷了。

立波先生説鄭先生是“在政治上是個很純正的文學者”，我一點兒也不想反對；不過如果“純正”的意義是没有任何色彩，任何其他作用而又不偏不倚，不左不右的話，我就很爲立波先生擔心：杜衡先生之流會來向“前進的文學者”立波先生握手道謝；不錯，時間是已經很遲了，可是立波先生總算給他們證明了“第三種人”的存在，最好的範例就是鄭先生。魯迅先生在《無聲的中國》裏曾描出過一張“純正的文學者”的高容，讓我們在這裏借重借重吧：

> ……待到滿洲人以異族侵入中國，講歷史的，尤其是講宋末的事情的人被殺害了，講時事的自然也被殺害了。……所謂讀書人便祇好躲起來讀經，校刊古書，做些……和當時毫無關係的文章。（點爲引用者加。）

現在讓我們來談談立波先生所説的“文學遺産”也就是“源”先生所“再論”的翻印古書的問題。

“文學遺産”這名詞的老家是蘇聯，所以立波先生特爲提出：“蘇聯對於舊文學狂渴的追求的情况，圖解了將來中國的文學活動的一面。”這話自然不錯，可惜他忘記了蘇聯的情况，雖然“圖解了將來中國的文學活動的一面”，却并不足以圖解中國現在的文學活動；因此，不能證明

《世界文庫》在現在的中國翻印舊書是應該的。我們知道蘇聯文學界提出“接受遺産”這問題，衹是最近幾年的事。最近幾年的蘇聯，舊文化的社會基礎已經完全摧毁，新的文化已經在一種堅實的基礎上面建立起來，爲一種從古没有的力量所充塞、支持，它的發展又達到了蘇聯所獨有的高度。蘇聯的文學正和它的政權一樣，已經到了决不是任何舊勢力所能侵害、動摇的時期。到了這種時期，把過去文學中有用的東西整理出來，作爲遺産而接受，使它有益無損地爲新時代的人們所享用，是必需的。至於中國的情形完全兩樣。舊文化的勢力和它的社會基礎還占着絶對的優勢，大多數無智的大衆還被傳統文化緊緊地束縛着。有人説過：“中國的文學是整個的，并没有死掉，何來遺産呢?”説這話的人的意思怎樣，暫且不管；借這話可以説明現中國還幾乎完全是舊文學的勢力，所謂新文學衹在通都大邑的一部分知識分子中纔有它的影響。何况存文會、十教授等等正在竭力地要保存那“難懂的古文字，陳舊的古意思”，要用它們來繼續地麻醉，撲滅那一點點可憐的新文學的影響，使“無聲的中國”變成死滅的中國呢？這時候，明明顯顯像魯迅先生所説，我們衹有兩條路，一條是抱住中國的舊東西而死掉，另一條是抛棄中國的舊東西而生存！（參看《無聲的中國》）不用説，對中國的舊古董裏面的較好的東西加以整理或批判，我們現在也未嘗不需要，可是那要對現中國文化運動有真正的瞭解，有爲未來的文化而奮鬥的决心，同時又有真正能够消化那些舊東西的能力的人纔談得到。像《世界文庫》那樣無批判地翻印，對证幾種不同的本子或校勘幾個不同的字的辦法，是相差十萬八千里的。

一九三五年，上海的進步的文化人發表過一篇《我們對於文化運動的意見》，鄭振鐸先生也是列名者之一。那意見書一開頭就提出了反對讀經的主張。爲什麽要反對讀經呢？像立波先生、“源”先生或鄭先生所理解的一樣，那些經書，豈不正是中國的文化或文學的遺産麽？像《詩經》豈不是一部古代的民間文學麽？《世界文庫》上所翻印的《王右丞集》、《花間集》、《南唐二主詞》、《王梵志詩》之類不都是在《詩經》的影響之下出來的麽？無論從什麽立場説，《詩經》的價值會低於《王右丞集》那些東西麽?《詩經》、《書經》、《易經》不是有人正根據它們來研究中國古代社會麽?孔子、孟子不都是當時的思想家政治家麽?他們不是有不少的意見,到現在還有着價值麽?像孟子那樣雄辯的文章,作爲文藝作品,豈不是也很可寶貴的麽?然而一百幾十個進步的文化人却一致地反對讀它!前不久,有人反對勸青年讀《莊子》、《文選》。又爲什麽要反對呢?《莊子》、《文選》豈不也像立波先生、“源”先生或鄭先生所理解的一樣,是中國的文化或文學的遺産麽?像《莊子》,從那書裏頭所包含的哲理看來,豈不是一部古代的哲學寶典麽?現在豈不是也有人從那書裏頭找出辯證法或唯物論的影子麽?從那書裏頭所包含的寓言、故事,以及那文章的潑剌、奔放看來,豈不又是一部絶好的古代文學書麽?從哪一點看來,它會比《世界文庫》上所翻印的《集異記》、《艾子雜説》或某人尺牘之類的東西還要没有文學價值呢?然而又有人反對讀它!這些人對於“中國文學遺産”的態度,真是瘋狂一樣的“輕率”呀!

然而我們要説這些反對讀經,反對讀《莊子》、《文選》的人的意見是對的。因爲經書和《莊子》、《文選》都是“難懂的古文字,陳舊的古意思”。因爲它們統治了中國幾千年,使中國變成“無聲的中國”了。因爲要使無聲的中國變成有聲,切需的是用現代的容易懂的新的文字和新的意思寫的書籍,决不是經書或《莊子》、《文選》之類的東西。中國的新文化運動,從白話文到新文字的語文運動就是沿着這一直綫而展開的。自然,反對讀經或反對讀《莊子》、《文選》,都不是反對一個思想已經相當成熟了的人讀,更不是反對一個專門家的研究,却是反對强迫或栽給一般大衆或中小學生們讀。疑古玄同,顧頡剛,郭沫若,周予同,都讀過經,李石岑、施蟄存大概讀過《莊子》或《文選》,鄭振鐸、施蟄存以及立波先生、“源”先生們又都喜歡《金瓶梅》之類,這裏頭尚果還有什麽問題,大概也不會有人聯名發宣言來表示反對。衹有把那些東西翻印出來,用一折幾扣的辦法或編成期刊的辦法,搬運到讀者大衆的前面,纔會有人不能不講幾句話。我反對《世界文庫》翻印古書,和别人反對讀經,反對讀《莊子》、《文選》,没有什麽原則上的不同。我不是像

“源”先生所説的“絶對排斥古書者”。十幾年前，疑古玄同先生就説過：“古書的文字難懂，編制不當，倒還在其次；所可慮者，古書是古人做的，杜撰的事實，荒謬的議論，觸目皆是。它從今以後，衹適於給頭腦清楚的專門學者作爲史料看，絶對不適於一般的青年學生作爲文化看。”（按：本文題目爲《一條很長的狗尾巴》）想不到到了現在，還有立波先生説我的意見是對於中國文學遺産的態度的“輕率”！

至於“源”先生在文學上所説的話，像《世界文庫》和别的翻印家不同，耗費了“時與力”“豈是他全無用的”之類，如果作爲對於我的回答，可説是完全落了空；我的意見和他所懸疑的論敵的意見，没有絲毫相像的地方。不錯，鄭先生翻印的書，我們可以相信它和别人翻印的不同：第一，在斷句分段上，他該比陶樂勤、許嘯天、林語堂、劉大杰之流要有把握一點；第二，他對证的本子多，翻印出來的書就有“×本作×”之類，可以使人節省時間或少遇到一些錯漏；第三，有的據説還是孤本，不過如果真是孤本，也就無所謂和别人的同不同了；第四，第五，大概還有。不過我説的是那些古書該不該翻印的問題，這樣的不同，即使舉出一百條來，我也不會重視的。其次，鄭先生對那些珍本的搜集、標點、校勘，大概也真耗費了不少的“時與力”；可是我們要問那“時與力”費到什麽東西的頭上了；如果是《世界文庫》上翻印出來的那些東西，感謝這勞績的應該是存文會、十教授那方面，“源”先生或鄭先生自己都似乎不必來向我們表功。

也許“源”先生或鄭先生會辯解説，《世界文庫》也翻印得有并非“難懂的古文字”，也不一定是“陳舊的古意思”的作品，例如《金瓶梅》。《金瓶梅》的文學價值和它的毒素究竟怎樣，我没有這麽多的閑工夫來細心研究；退一萬步説，就算《金瓶梅》是一部十全十美的書（我想“源”先生或鄭先生和立波先生也没有這勇氣承認吧），也仍舊不能駁倒我對於《世界文庫》的論點，因爲《世界文庫》除了《金瓶梅》，古文字、古意思的東西絶對地占着多數。我雖説買不起《世界文庫》，就我借到的從第一到第五册説，像前面提到過的以及别的許多東西，就都是古文字，古意思。要我舉例麽？那麽，我不加選擇地從每册的第一種中抄出第一篇來看看吧：

第一册：第一種是裴鋊著的《傳奇》，共二十九篇，占篇幅三十頁，每篇都有相當長，這裏抄的最短的一篇，題爲《五臺山池》：

五臺山北臺下，有龍池，約二畝有餘。《佛經》云："禁五百毒龍之所。"每至亭午，昏霧暫開。比丘及净行居士，方可一觀。比丘尼及女子近，即雷電風雨時大作。如近池必爲毒氣所吸。逡巡而没。

第二册：第一種，王維的集子，共占八十二頁，第二、第三兩册分載。這裏抄的第一首題爲《白鸚鵡賦》的第一段：

若夫名依西域，族本南海。同朱喙之清音，變緑衣於素彩。惟兹鳥之可貴，諒其美之斯在……

第三册：第一種，還是王維的詩，不再抄；第二種，是南唐二主詞，占十六頁，這裏抄的第一首是李璟的《應天長》上半闋：

一鈎初月臨妝鏡，蟬鬢鳳釵慵不照。重簾静，層樓迴，惆悵落花風不定。

第四册：第一種是薛用弱的《集異記》，共十六篇，占十頁。這裏節録第一篇《徐佐卿》：

明皇天寶十三載，重陽日，獵於沙苑。雲間有孤鶴迴翔焉。上親御弧矢，一發而中。其鶴則……欻然矯翰，西南而逝……益州城距郭十五里有明月觀焉。……每有自稱青城道士徐佐卿者……一歲率三四而至焉。……一日忽自外至……謂院中人曰："吾行山中，偶爲飛矢所加……然此箭非人間所有，吾留之於壁上”……及玄宗避狄幸蜀……偶至斯觀……忽睹掛箭，則命侍臣取而玩之，蓋御箭也。……

第五册：第一種是《王梵志詩》，現抄第一首：

兄弟須和順，叔侄莫輕欺。財物同箱櫃，房中莫畜私。

以上的材料，都是用“難懂的古文字”寫的。雖然這樣，衹要有多少并非“陳舊的古意思”也未嘗不可；可惜的是，從那些東西裏頭，似乎嗅不出一點兒不是“陳舊的古意思”的氣味來。

還有，“源”先生的意思好像説，《世界文庫》所選擇的材料都是名著，衹要是名著，雖説也是“難懂的古文字、陳舊的古意思”也就百事大吉了。好的，我們正怕説那些東西不是名著？如果説是名著，那好辦極了。《王右丞詩集》、《王梵志詩》之類既是名著，李、杜、元、白的詩自然也是名著，魏、晉的曹氏父子，嵇、阮、陶、謝的詩大概也是名著，追溯上去，《詩經》不成問題的更是名著，《集異記》、《艾子雜説》、《湯顯祖尺牘》之類也是名著，則從《經書》、《莊子》、《文選》，到《閱微草堂》、《子不語》、《聊齋志異》、《袁中郎》、《曾文正公》、《小倉山房》、《秋水軒》、《唐注寫信必讀》也就無一不是名著了。這樣一來，决不是“名著何不幸而以中國文字寫出之”，倒是文章何幸而以中國文字寫出之——一寫出就都成爲名著了。名著既都應該翻印出來，中國的名著又真是若“汗牛充棟”，除了當一折幾扣的書店老闆，大規模地把無論什麼都翻印，還有别的辦法麽？既然這樣，我倒要問：鄭先生是不是在沉默地主張讀經，讀《莊子》、《文選》呢？是不是在沉默地宣揚舊文化呢？是不是在爲存文會、十教授乃至整個復古運動服務呢？記住，關於這一點，立波先生雖然説我不該把鄭先生的存文會與十教授“相提并論”，惟一的理由却衹是因爲鄭先生“在政治上是很純正的文學者”，這似乎并不能表現立波先生的“説服的能力”。“源”先生也没有替鄭先生加以一個字的申辯。其實我并没有説鄭先生存心地爲存文會、十教授服過務，也没有説鄭先生的一切“作爲”都是爲存文會、十教授服務，更没有説因爲他現在爲存文會、十教授服了務，我們就可以抹煞他的過去或限死他的將來。如果“源”先生或立波先生以及還有别的什麽先生，瞭解這一點，他們的反感或者會少一些的吧。

以上是我對於《世界文庫》翻印古書這件事的意見。絶對没有錯，我不能説；在根本的信念上却不能有任何的讓步。“源”先生，立波先生，還有别的什麽先生，如果還有指教，非常歡迎。不過我要請求：嚴守辯論範圍，顧全辯論道德。如果逃避論點，用别的什麽大帽子來壓人，我衹好預先在這裏告饒認輸。這不是我的過慮，也不是無的放矢，未來的事情我不知道，現在的立波先生和一位鼎先生已經對我祭起“團結”或“聯合”的法寶了。聽，他們口中念念有詞，好像在説我批判了鄭先生，就是在“國難當前”的現在也不肯“團結”的凉血動物，甚至是破壞“聯合”的漢奸或“分化”“前進作家”的“敵人”，法寶一祭起，我就非現出原形不可似的。這手段自然非常值得佩服，可是對於我們所討論的問題究竟解决了什麽呢？

不錯，國難當前，高壓在上，應該聯合一致，共同奮鬥。如果“不求甚解”，也未嘗不可像立波先生所説“把不同意見的細節，消融在共有的同胞的熱情之中”，或者像鼎先生所説：“在這個苦難的時代，在這個存亡危急的關頭，有什麽個人的嫌隙芥蒂可容存在呢？”（《文學》三月號《作家們聯合起來！》）於是，“衹要還有一分得救的希望的，便都該救他”。“爲叢驅雀，驅之於敵人的營幕之中”自然“是最不智的辦法”了。可是在專門對我的場合，這些意見却太奇怪。怎麽？我説過現在不該團結或聯合，倒應該分裂麽？我有什麽“意見的細節”，没有“消融”麽？鄭先生的《世界文庫》翻印古書衹是一種“細節”麽？我和鄭先生有什麽“個人的嫌隙芥蒂”麽？我會主張不“救”他，把他“驅”到什麽地方去麽？這些閃閃爍爍的詞句葫蘆裏究竟賣的什麽藥呢？老實説，這種不大磊落的態度，就會是“團結”或“聯合”的真正的敵人。

依我的理解：團結或聯合是需要的；但那是要集中我們共同的力量，却不是要解消我們各自的工作。因此那團結或聯合，就衹能統一那可以統一、必需統一的某一點或某幾點，譬如“共赴國難”之類。至於根本不能統一之點，是無法“消融”，也不是“消融”所能了事的。鄭振鐸先生以名著欣賞之類的理由翻印古書，我從語文運動的立場來批判他，這是我們根本不能統一的地方；我不會因爲這就拒絶他共赴國難，他大概也不會因爲這而不共赴國難。那麽，縱然我們在這一點上鬧得勢不兩立，在共赴國難這件事上還是可以一致的。這就是説，我批評鄭先生并不足以表示我反對團結或聯合，更不足以破壞團結或聯合，這裏似乎用不着過度的擔心。

如果把問題弄得更深入一點，我們可以説，正因爲要使團結或聯合健全起來，使不能統一的地方也逐漸統一，或接近起來，相互間必須有無情的自我批判，使大家因爲團結或聯合變得堅强、勇敢；决不能彼此反如嬌嫩雀鶯鶯似的，“開卷怕風吹，掩卷怕紙壓”，無緣無故地增加了許多顧忌。不錯，“衹要有一分得救的希望的，便都該救他”；可是這“救”衹有從開誠布公地説出自己要説的話，指出那被救的人的所有的缺點和應該努力的方嚮開始。需要被救的人也衹有坦白地接受批判，用最大的努力克服自己必須克服的缺點，纔能得救。否則，救人或被救，就都衹是官樣文章，裏頭隱藏的是：遮掩、無視、回護或欺騙。於是，團結或聯合，裏頭所有的衹是些烏合之衆，能發生怎樣的力量是很可疑的。

至於“爲叢驅雀”，我希望衹是成語的濫用；否則，對於鄭振鐸先生和所謂聯合都是一種侮辱。因爲這是説鄭先生衹能受人恭維、擁戴，一受批判，就會像小雀兒一樣飛到“敵人的營幕中”去。鄭先生竟這樣容易飛，聯合裏頭竟有這樣容易飛到“敵人”那裏去的分子，那還成什麽話呢？其實，在團結或聯合的内部，如果有人對於另外的人加以理論上的檢討，衹能問他的理論對不對，不能管那被檢討的人飛不飛。如果對，别人飛了，那責任應該飛的人負。使“敵人的營幕”裏多一個工作者固然很糟；在自己的隊伍裏却少了一個非我族類的害群之馬，又未必不好。如果不對，縱然别人不飛，難道就因此而對了麽？這種場合，“爲叢驅雀”的成語，似乎并不怎樣適用。自然，文壇上的一些怪現象是有的，穆木天先生從前因爲某文壇大亨曾發過這樣的感慨：“打虎還須親兄弟，上陣還須父子兵”；像那樣的家天下主義者，借團體或别的什麽來發揮他們父子兄弟的“私見的存心”，造謡生事，誣友爲敵，憑空造出“個人的嫌隙芥蒂”；又因爲“嫌隙芥蒂”不惜給人以任何打擊。這樣事不是没有碰見過；可是似乎不是“爲叢驅雀”這個簡單的成語所能概括。

總之，團結或聯合是一件事，我冒犯了鄭振鐸先生和他的《世界文庫》是另外一件事。説我的文章一定會影響到團結或聯合，縱然出於至誠，也衹是一種素樸的見解；何况立波先生和鼎先生的那些閃爍的詞句，充分地表明他們提出這一意見，不過是一種戰術。過去的事且不多談；從現在起，如果我們還要討論這一問題或别的問題，大家都應該讓自己的態度“嚴正”一點，或者説，坦白一點。

四聲論及其他

一、四聲論

（文見本卷《國語羅馬字呢？中國新文字呢?》中第三部分《帶四聲呢？不帶四聲呢?》）

二、四聲是不是天然的存在

語言的進化，是從簡單到複雜，從含混到精確。古人的語言不精確，有時候把相反的意思用同一的音或極相近的音來表示；這一點，不在現在要談的範圍之内，暫且不管。另外的例子就是對於親眷的名稱，常常不論男女，都以同音字或相近的音的字來稱呼：夫、婦，公、姑，叔、嬸，舅、妗，郎、娘，一對一對，音都接近得很。我們現在自然可以把夫和婦、郎和娘之類分得清清楚楚，可是這類分别都是後來的事，在最初的時候，也許簡直就念一個音。

和上面的例子一樣，古人又常常把一個必須有兩個方面纔能完成的動作，無論從哪一方面説，都用一個動詞來表示，没有主事和受事的分别。"伐者爲主，伐者爲客"，有人説，兩個"伐"字，念起來有長短的分别，這也衹是後人就後代的情形"想當然耳"，古人究竟怎樣，却是死無對证的。

《史記·范睢蔡澤列傳》："人固不易知，知人亦未易也。"上一個"知"字是被知的意思。《墨子·耕柱篇》："攻者農夫不得耕，婦人不得織，以守爲事。"這個"攻"字是被攻的意思。《漢書·趙充國傳》："先零首爲叛逆它種劫略。”“劫略”是被劫略的意思。至於後人所常用的被動的被字，古書則多用作施與的意思，如《書・堯典》：“光被四表。”《漢書・文帝紀》：“即被海南尉佗書。”

四聲擁護論者常常説四聲是天然的音素，常常拿買、賣兩個字來非難他們的反對派。買、賣兩個字果真天然不同麽?

徐灝《説文解字注箋》：“竊謂買賣本是一字，後以其聲異而從‘出’以別之”(按：即在“買”字上加“出”作“賣”)。上句是對的，下句不明顯，應當説：後來語言進化了，故意使其聲異而從出以別之。起初是聲也不一定異的。《周禮》萍氏注：“苛察沽買過多。”《釋文》：“買，一本作賣。”《通鑒・晋紀》：“楊難敵遣養子販易於梁州，私賣良人子一人。”賣就是買。和買賣意義相近的字如沽，《論語》：“求善價而沽諸……沽之哉，沽之哉。”是賣的意思；“沽酒市脯不食”，却是買的意思。“賈”，《説文》：“坐賣售也”，明明是賣；但《左傳》：“吾焉用此以賈害。”注：“賈，買也。”却又是買。“鬻”，通常都作賣解，但《淮南子・説山》：“郢人有鬻其母者”，注：“鬻，買也。”徐灝説：“糶、糴亦本一字。”楊樹達《古書疑義續補》説：“二字皆從‘糴’聲……古讀亦當相同。”依拙見，古時衹有一個字：買。買或者就是貿，或者從貿脱化出來，因形、音、義都很相近。在“以其所有，易其所無”的古代，衹有交換，也就是貿易，却無所謂買、賣(兩方面都可以説是買或者賣)，自然没有造兩個字的必要了。那麽，我們還能説買賣兩個的四聲之不同，是什麽天然的存在麽?

豈但買、賣，受、授兩字也本來衹是一個音，一個字，一個意思。《周禮》：“凡授嬪婦功”，“登，再拜授幣”，注都作授當爲受。“以權度受之”，“使之相受”，注都作“古書受或作授”。《儀禮》：“主婦拜受爵”，注：“今文爲‘受’。”(意思是古文爲“授”。)《論語集解》：“授玉宜敵也。”《釋文》：“授本作受……”楊樹達説：“初民語言，受、授本無區別，加手作授，乃造字者恐溷惑而爲別白耳。”應該説，後來有區別了，改字者故意加手爲授纔對。

豈但受、授，聞、問兩個字古人也常常相混。聞，本有去聲一種讀法，在韻書屬問韻。日本人現在還把問説成“乇ㄙ”，和聞完全一樣，問一件事和聽一件事，没有分别。《書·堯典》傳：“名聞充溢”，《詩·車攻》：“有聞無聲”，《文王有聲》箋：“有令聞之聲者”，《卷阿》：“令聞令望”，《論語·公冶長》：“聞一以知十”，《左傳》：“令聞長世”，《釋文》都有“聞本作問”的話。《荀子》：“不聞，即物少至。”注：“聞，或爲問也。”《莊子·逍遥游》：“乃令以久特聞”，《釋文》：“聞本作問。”《禮記·檀弓》：“聞喪於夫子乎”，《釋文》：“聞本作問。”《莊子·庚桑楚》：“因失吾問”，《釋文》：“元嘉本作聞。”

以上的這些例子并不是説古人所用的買、賣，受、授，聞、問這些字，和後人的用法相反；依我看，是説明古人最初簡直没有這樣的分别，後來生活比較複雜，感覺到籠統的語言不够用，纔慢慢把應該分别的分别出來。雖然已經有了分别，然而究竟把哪一個字代表哪一個音，一時還没有成爲定準；或者還没有普遍地被應用，再或應用得不熟練，所以抄書的人，還常常把那些字弄得混同，甚至於相反，要等更後代的人校勘出來。

這種人爲的分别，大概也不止一種；就本文所談到的，就有從音素來分别的，像公、姑，叔、嬸，舅、妗，郎、娘之類；和從“聲調”高下、長短等關係上來表出的，如買、賣，受、授，聞、問之類。

最初有“聲調”分别的時候，大概還衹知道分别而已，不一定很準確，也不一定剛剛是四聲，也許衹兩三聲，也許有八聲九聲，例如婦字和夫字有分别，但是韻書上婦字是上聲，我們現在在口頭上，却念作去聲，也許在當初縱然念作符或福也不要緊。賣字和買字有分别，或也可以念埋，或者没有方塊字可表示的上平聲或入聲。并且雖然有了分别，還不知道把這分别叫個什麽名稱，連長音短音，也還是時代較晚的説法，到了後來，這種分别逐漸定型化，纔被精通音韻的人們加以規劃，稱爲“四聲”，定出“平上去入”的標準，同時這標準也就分别地成爲四聲中間每一聲的個别的名稱。

這樣看來，就四聲是漢字的産物，的確是不對的；可是因爲不是漢字的産物，就斷定是天然的，也同樣錯誤。其實，天然不天然，不應該成爲問題。天然的東西，不一定都合理，都會永久存在；人工的東西，也不一定都不合理，都應該打倒。擁護四聲，盡可以不必拿四聲是天然的來作理由，正像反對四聲，并不因爲它是天然的一樣。

末了，我們要説四聲雖然不是漢字的産物，却不能够和漢字絶對没有關係。剛剛相反，它是因爲漢字的存在，纔能够取得重要的位置，纔能够在語言裹頭存續到現在。我們知道文字是記録語言的，它應該受語言的規定；可是在文字成了定型之後，也可以反轉來影響語言、限制語言。語言的使用者們，各有着不同的生活環境，對於另外的生活環境往往没有瞭解，也就不大瞭解另外生活環境裹的語言；文化生活以外的人，又大概没有系統地考慮事物的習慣，不大需要精確的語言和複雜的語言組織；就是文化人吧，雖然和一般人有些不同，然而也衹在他們拿起筆的時候，纔是了不起的角色。因此，日常慣用的語言，常常是範圍狹小，組織簡單，語彙也不很豐富的。衹有記録語言的文字，衹有由文字組織的文章纔是語言的最高的表現，因爲它可以而且必須儘量地精確，儘量地複雜，纔能收到最大的效果。這種最高表現，往往成爲語言模仿的對象，并且助長語言的發展，或者激起語言的變化。那麽文字縱然不直接影響語言，限制語言，也是間接地影響或限制。中國的語言，因爲受了漢字的束縛，因爲漢字把許多不同的意義，在形態上區分了，不需要語言上的儘量的多音化，也不迫切地需要語尾變化的規則，這道理似乎大家都明白；可是和漢字用形態在書面上區分不同的意義一樣，四聲就用它這特殊的“聲調”（平仄）在口頭上區分意義的不同，也同樣束縛了中國的語言，却被人們所忽視了。自然，因爲書面上有漢字的形態，口頭上又有四聲的“聲調”，中國的語言纔能够在眼睛裹看得懂，在耳朵裹也聽得清，未嘗不盡了很大的任務；可是也因有這兩種寶貝，中國語言纔苟安到没有長足的進步和發展。四聲擁護論者常常説“四聲是中國語言的特性”，一點兒也不錯；不過應該記住漢字也是中國文字的特性，而且兩者一搭一擋，狼狽爲奸，幾乎已經分不開了。如果特性不就等於完美，也似乎不必拿出來作爲擁護四聲的理由。

三、四聲問題雜談

四聲（平仄）在口頭話裏頭存在不存在呢？存在！它占着怎樣的地位呢？這很難説，大概越是閉塞的地方，越是在偏僻的語言裏頭，越是在文化水準低下、領會的能力薄弱的人們當中，它的地位就越高。笑别人的話怪聲怪調，因爲怪聲怪調就聽不懂的人，往往是没有走過多的地方，没有碰見過多的外鄉人，没有受過較多的教育或者簡直没有受過教育的人。

在大城市裏，在説普通話的人們中間，在受過相當教育的人們中間，四聲并不是怎麼重要的。甲地方的四聲，并不完全和乙地方的四聲相合，然而通都大邑，甲乙兩地的人并没有因爲四聲的不一致就無法談話；在大學或中學的教室裏，不一定每個教書的人都説着純粹的“國語”，更不一定每個學生都辨得出“國語”的四聲，他們也没有因爲四聲問題以致教的無法教，學的無法學。這些人都不會依賴四聲來互相瞭解。

依不依賴四聲的分别去瞭解别人的話，這件事的主要的關鍵，不在語言，倒在於人們的生活經驗和知識。

四聲不但在語言向多音化發展的過程中逐漸消失重要性，同時也在人民的生活的變動、人民的文化水準提高的過程中，逐漸消失其重要性。

四聲并不存在於每個方塊字裏頭，也不存在於語言的每一個音素裏頭。有許多的音在説慣了四聲的人聽來，自然也説不出四聲的範圍，或者逃不出八聲九聲的範圍；可是實際上，那個音不是屬於、至少不應該屬於四聲中間任何一聲的。一切的擬聲就都是這樣。狗、猫、牛、馬、麻雀、斑鳩、蟋蟀、螻蛄以及一切動物的叫聲，有什麼四聲可分呢？風、雨、雷、機關槍、大炮、鑼、鼓、笛子、簫、鐘錶和無論什麼東西發出的響聲，又有什麼四聲可分呢？就説人吧，哭、笑、呻吟、嘆息、咳嗽或者别種動作的聲音也還是無所謂四聲的。是的，我們可以定一條規律，擬聲字一律用陰平或者陽平。可是雷在天空裏喊冤：“我爲什麽不能哄哄地打，一定要烘烘或紅紅?”風説：“我爲什麽不能虎虎或忽忽地吹，一定要呼呼或胡胡呢?”於是鐘錶不能“的的答答”地擺，衹能“啼啼他他”地擺；爆仗不能“闢闢怕怕”地放，衹能“卑卑巴巴”地放；蟋蟀一定要“鷄鷄”，鷄又衹能叫“哥哥”了！這果真是很合理的麽?

一切外來語也是這樣。法西斯蒂、德謨克拉西、布爾喬亞泛、烏托邦、邏輯、托爾斯泰、羅曼羅蘭、希特拉、慕索里尼以及以前的釋迦牟尼、南無阿彌陀佛、菩薩、楞迦、三藐三菩提、玻璃、琥珀、葡萄……它們原來没有四聲，我們强爲列入陰平或陽平乃至任何一聲裏頭，又果真是合理的麽?

不但各地的四聲不同，彼此互相衝破了四聲的壁壘；就是擬聲字和外來語也會摧毁四聲的萬里長城。

語言是活的，四聲是死的，死的四聲在活的語言裏頭并没有像金科玉律一樣被遵守。先生的生是平聲，常常被説成先聖，上聲；東西的西，平聲，常常被説成東洗，上聲；你們我們的們，讀如門，平聲，人們、同志們的們，常常被念成捫，上聲；眼睛的睛，讀如精，平聲，常常被説成靖，去聲；桌子、椅子被説成桌字、椅字；忘記被説成望記，稍微被説成少微……諸如此類，不一而足。没有入聲的地方把入聲説成平聲或别種聲的還不在内。

有些四聲似乎分得很有道理。例如：將來的將，讀如漿，平聲；將官的將，讀如醬，去聲；因爲意義不同，所以四聲也不同。那麽將軍的將，明明是將官的將，和將來的將没有關係，爲什麽不念將軍，倒念成漿軍呢?爲什麽從來没有人説是錯誤的呢?

土話裏頭的單音特别多，四聲應該特别重要，可是以我知道的土話説，我被念成訛或諤，刀和别的音在一起就念成道，猫和别的音在一起念冒，糨糊念成醬户，腦殼念成腦課，衣裳念衣賞，四聲也没有被嚴格地遵守。

六朝以前的詩，是不大講究四聲的，唐朝的律詩和絶句纔有嚴格的四聲的規則。然則除了脚韻之外，也衹講究平仄兩聲，有些常用的字，像聽、看、應、教、論之類，都可以做平聲又可以做仄聲。打開韻書一看，許多字的四聲和現在口頭所説的不合。一個個字舉例太麻煩，專就韻目上的字説，所謂上下平本來和以後的上下平即陰陽平不相干，且不管它；上聲：八薺、十賄、十四旱、十九皓，現在都念去聲，十五潸現在多念平聲；去聲的十二震、二十七沁，現在又念上聲。如果不是古代的平、上、去是一筆糊涂賬，就是口頭上慢慢説變了。可是無論字典和韻書怎樣規定着四聲，活的語言總在不斷地擺脱這束縛。

偶然在《語文》編者那裏看到一句標語是印在一個來稿的信封上的，叫做“説腔正調順的國語”。我不知道是不是指四聲準確説的；如果和四聲有關係，我想説幾句話。

統一國語，究竟它本身就是終極的目的呢，還是要使人民獲得一種工具之後，自由地學習和表現呢？如果前者，自然腔越正、調越順越好，或者像古人作詩一樣，雖然也還可以是“推”字好還是“敲”字好地推敲一下子；如果是後者，那麽，人民獲得了“國語”就够了，獲得了所謂藍青官話，也就够了，什麽腔正不正、調順不順這些瑣屑的事情，用不着過分地苛求。我們不反對工具的精良，可是反對工具的纖細，反對工具學習上的不必要的麻煩，反對使人民長期地停滯在工具獲得的過程中。

所謂腔正調順，如果以多數人口頭所説的爲標準，完全用不着特别規定，雖然不正不順，衹要説的人多，也就變成正順，自以爲正順的少數人，或者反不能不抛棄自己的正順，去仿效那不正不順，那就很難有一定的界限。有一種書，叫做《文二十八種病》，説一個句子，頭一個字是平聲也不好（平頭），其尾一字是上聲也不好（上尾），諸如此類，有二十八種之多。這自然是極少數文人學士吟詩作賦時的玩意，大概不會被應用在語言上來；但萬一將來有精通腔調過火的人，以爲非做到没有那二十八種病就不算正順，我們也該遵守麽？

有人搜集了兩百多個字，每個字都和另外的一個乃至三四個字同音，説是如果没有四聲就會分不清楚。可惜那些例子之間，有許多因爲音素的不同——像 z、c、s 和 zh、ch、sh 乃至和 gi、ki、xi——要打個不小的折扣；另外有些人名像西施、朱熹、莊子（按：莊子，就方塊字看，意思也不明白，是指莊周呢，還是指村莊呢?）之類，是很容易和普通字分别的；有些不懂的玩意兒，像鼻錠、忠子、厦子、數伏之類；有些明明口裏這樣説，書面上偏要那樣寫的，像巴掌偏寫成手掌，手鐲、鐲頭偏寫成鐲子，大老婆偏寫成正妻之類，有些道地的文言文，像浮華、秀麗、賢妻、兼營、緑肥之類，你想，緑肥也可以拿來和旅費相混，豈不是紅瘦也可以拿來和紅手、烘手什麽的相混麽? 這樣，同音字豈止幾百，幾千也會有的。

我以爲我們太把自己的眼光局限在方塊字時代的情形了。那幾百個同音字中大部分是書面語彙；這些書面的語彙，雖然不是十足的文言文，也仍舊受着方塊字的束縛，没有儘量把字冠和字尾加上去，像老、子、兒之類。在造這些語彙的時候，又完全没有顧慮到聽覺上的問題，像攻擊和供給甚至功績之類，就是用四聲也很難分别。這是方塊字時代的必然的現象，也是用了幾千年方塊字的必然的結果。

我們不能忘記改用拼音文字，是中國文字的一個空前的大革命，像哲學家們常常説的一樣：是一個“飛躍”。它必然會給予語言、文化乃至社會生活以一個大的影響、刺激，使它們高速度地向前發展。中國語言，在這一飛躍的影響之下，決不能静死地毫無改變；剛剛相反，它一方面使原有的、簡單的語言多音化，一方面使没有被寫出過的語彙都有書面化的機會，同時又因爲整個文化、整個社會生活的改變、發展而産生出新的語言來豐富自己。那情形是和方塊字存在的時候大大不相同的。如果連這一點預見也没有，豈但不能廢除四聲，連方塊字也還是保存的好，因爲除了方塊字，再没有適合於我們這簡單和同音字多的語言的了。

把古書怎麽辦呢?

記得上海文化界舉行第一次新語文座談會的時候，有人提出這樣一個問題：如果中國改用拼音文字，把古書怎麽辦呢？這問題當時曾經喧嚷過一下，可没有展開具體的討論。我平常對於中國古書没有什麽好感，像這樣的問題也没有好好地考慮過；到了有人提出來的時候，讓我在這裏展示我的淺妄吧。

所謂古書，并不是指今日以前凡用文言文寫出來的東西。《太上感應篇》、《文昌帝君陰騭文》，關聖帝君、純陽老祖的乩筆以及《萬法歸宗》、《麻衣神相》等等陰陽五行、拆字打卦的書，縱然落在將來的歷史家或考據家手裏會成爲珍貴的材料，可是因爲怕這種書失傳而不贊成文字改革的似乎還没有；韓昌黎上宰相書、李太白上韓荆州書和許多神道碑、墓志銘、八股文、試帖詩之類，連勸人讀《莊子》、《文選》的人也没有説應該屬於青年必讀書之列。那麽，被人給予了最大的關心，而足以爲古書的代表的是什麽呢？我以爲主要的是：被稱爲“先秦時代”的“經書”、“子書”和文學、哲學書。那些書是中國最早的、也是最高的文化思想的表現，無論研究中國古代的什麽問題，都不能離開它們。它們影響着中國人的思想、乃至生活已經幾千年了，以後的無論什麽書（現代受了西洋文化影響的除外）差不多没有一本可説是超過了它們的範圍。因此它們無疑地是我們的很可寶貴的文化遺産，也無疑地是古書問題的中心，雖然以後的書也不都是毫無價值之可言。

不用説，改革中國文字，决不是把今日以前的文化思想一筆勾銷，重新再來；却是要使中國文化比較容易比較迅速地向前發展；使現有的文化思想能够普遍到此刻現在還住在文化國土以外的文盲或半文盲的人民大衆裏頭去；同時也使文化人獲得一種較便利的工具，能够更深入地研究、更自由地發揮。這任務就規定我們的語文運動不能衹把古書扔到茅厠裏去三十年、六十年，或者永久。

不錯，食古不化，除了古董又不知道旁的什麽的迂夫子很多；利用古書，利用那些迂夫子，來做别有用心的所謂復古運動的人也不少；此外，爲了推銷家藏秘本，不能不做些廣告性質的宣傳；讀了三本綫裝書，就如獲至寶地向中學生們賣弄淵博，自以爲有勸人讀《莊子》、《文選》或標點珍本叢書的資格的，又大有人在。然而這些事實，都不能證明古書應該拋棄；倒是説我們需要有健全的思想和充分的研究古書的能力的人，把古書從迂夫子、野心家、無聊文人們手裏拿過來，既然如此，談文字改革的時候，關心到那用舊文字寫的古書的命運，應該是極其自然的事。

然而説改革文字必需先把處理古書的辦法計劃得十分周到，却又大可不必。一種改革，必然有許多問題要在那運動的發展進程中，根據實際的需要和實際的經驗，纔能得到具體的解決；離開了實際運動的懸想和預言，都不過是一種空頭支票而已。所以現在衹能説：如果不是一改用拼音文字，中國人就馬上低能起來，他們會解決許多我們現在還没有想到的問題，對於古書，當然不會没有辦法；衹要古書不是毫無價值，就决不會因爲文字改革而和未來的中國人絶緣。

可是真正愛好古書，研究古代文化思想的人，固然應該關心到古書的未來的命運，同時更應該理解古書現在的命運。今日以前的古書，常常被一些江湖術士（就是前面所説的野心家之流）當作符咒在尊崇，給它們披上了神秘的外衣，塗上了兇惡的臉譜，不但應有的評價不會獲得，連真正的面目也没有被人們所瞭解。這應該是古書的最大的不幸。招致這不幸的，固然是因爲古書是古人寫的，和我們現在有兩千年的時代的距離，那裏頭免不了有些昏亂思想；可是，古書難讀，讀古書要作很長時期的準備，一般人没有方法接近它們，也是個重大的原因。

打開《四庫全書》的目録一看，可以發現一件值得驚異的事，就是解釋古書的書非常之多，有些部門簡直全部都是。姑且舉經書類爲例吧，它們的解釋書的統計如下：

經別		部數	卷數
1.	《易》	一一六	一七四九
2.	《書》	五八	六六〇
3.	《詩》	六三	九五一
4.	《周禮》	二二	四五九
	《儀禮》	二四	四七〇
	《禮記》	二二	五七三
	《三禮總義》	六	三三
	《通禮》	四	五六三
	《雜禮書》	五	三五
5.	《春秋》	一一五	一八一八
6.	《孝經》	一一	一七
7.	《五經總義》	三二	七二七
8.	《四書》	六三	七三
總計		一〇〇〇	八七八八

上表應有的附注：

1. 《四庫全書》成於乾隆年間，乾隆當時和以後的解釋古書的書，并不在内；清朝的漢學很發達，尤其是乾嘉時代，那些書的數目一定很可觀。

2. 一千部書都是解經的，僅有白文的一本也没有。

3. 有許多同是解經的書不列於“經部”倒列於“子部”雜家類；有許多雖然解經但不是按照經文逐句逐章解釋的書，也不列於經部；更多的解經的書根本没有收入。

4. 《四庫全書》尊崇經書、排斥别的書的氣氛非常濃厚，所以解釋“子書”（周秦的子書）的著作是被漠視的。有些子書衹采録了白文如《墨子》、《鬻子》之類，有些衹有一種注本，如《公孫龍子》、《吕氏春秋》之類，最多的是《老子》，也衹有十種注本，歷代解釋子書的著作決不會這樣少的。

現在我還不知道解釋各種古書的著作究竟有多少；從上面的統計看來，《四庫全書》已收未收以及以後出版的，至少該有兩三千部。這兩三千部解釋古書的書，説明中國人在很長久的期間，没有自己的思想，衹在要求瞭解古人的思想；没有自己的著作，衹是在解釋古人的著作；這悲慘的現象的成因，也許不止一種，而古書難讀，不能不占很重要的位置。難道幾十種古書，需要幾千種解釋，還不足以爲古書難讀的鐵證麽？

古書難讀主要的是寫得太簡單，没有把應該發揮的都發揮出來。“學而時習之，不亦説乎”，何以可悦？“有朋自遠方來，不亦樂乎”，何以可樂？“巧言令色，鮮矣仁”，何以鮮仁？説話的人都没有交代清楚，要讀者憑自己的學力經驗去理解。學力經驗不同，所理解的當然也不同。於是同一的文句，解釋就成了各種各樣。至於没有學力經驗的人，根本無法理解，不在話下。除此以外，古書還有各種各樣難讀的情形，試略舉幾條：

第一，古人常常把一個字或同出於一個語根的字寫成各種各樣的形態。例如一個“我”，可以寫我、吾、余、予；一個“你”，可以寫成爾、而、女、汝、乃、若；“誰”，可以寫成誰、孰、疇、壽（《説文》：“誰也”）；“這”，可以寫成此、兹、是、斯、呰（《爾雅》：“此也。”《釋文》：“子爾反”或“子移反”）、些（“呰”的别體）；“看”，寫成觀、瞻、監、瞰；“何”，寫成何、胡、烏、惡、安、焉、奚、曷、盍、害（後三字又作“何不”解）、侯（《吕氏春秋·觀表篇》：“今侯渫過而不辭?”高誘注：“侯，何也”）、遐、瑕（《詩·南山有臺》：“遐不眉壽”；《隰桑》：“遐不謂矣”；《棫樸》：“遐不作人”；“遐不”，都是“何不”。《禮記·表記》引《詩》作：“瑕”不謂矣。鄭注：“瑕之言何也”）、號（《荀子·哀公篇》：“君號然也”；《家語·好生篇》作“胡”然焉）；無、不、非，不但彼此可以混用，還可以寫成無、勿、毋、莫、末、蔑、靡、罔、毛、亡、否、弗、匪、微。王引之的《經傳釋詞》一書就是專門解釋所謂“語詞”的同音字的互相混用的。此外複合語的隨便亂寫，例子更多，像在《語言·文字·文章》一文中《語言和文字的分家》一節中所舉的匍匐作扶服，扶木作蟠木之類，真是數不盡說不完。

一個字寫成各種各樣的形態已經够麻煩了；可是那形態還往往使讀者望文生義，得不到真正的解釋。例如：

……《列子·周穆王篇》云：“簡鄭衛之處子娥媌靡曼者”，張湛注云：“娥媌，姣好也”，是“娥媌”二字，爲形容貌美之詞。《詩·衛風·碩人》云：“螓首蛾眉。”娥眉螓首非并列之詞也。娥眉（引用者按：上作“娥”，此處作“蛾”，均從原文）二字，即係“娥媌”之異文，“眉媌”又一聲之轉，所以形容女首之美也……若唐顔師古注《漢書》謂：“眉形有若蠶娥，故曰娥眉”，則不知娥眉之通假，可謂望文生訓者矣。

——劉師培《古書疑義舉例補》

“望文生訓”，固然是讀者或解釋者不行，但古書本身有使人望文生訓之處也是無法掩飾的。

第二，讀古書首先要斷句，雖然這是初步的工作，但在古書面前也很難。斷句錯了，如果文義還在，倒也罷了；問題是常常斷句不同，意義就不同，有時候還簡直不通：

“令守法之官日行度必明無失經常”，尹讀：“令守法之官日行”爲句，注云：“令守法之官日行邊鄙關塞……”念孫按：尹注甚謬。“日”當爲“曰”字之誤也。“令守法之官曰”爲句，“行度必明”爲句，“無失經常”爲句。

——王念孫《讀書雜志·管子》第五

《孟子·盡心篇》云：“山徑之蹊間介然用之而成路”，趙注以“介然”爲句……按“然”字當屬下讀。“間介”者即“扞格”之轉音……形容山徑障塞之形，故下文云："然用之而成路。"漢馬融《長笛賦》云："間介無蹊"，李善注引《孟子》此文解之，此蓋漢儒相傳之舊讀。自趙氏不達古訓，妄以"介然"爲句，非也。朱子又以"介然"屬下讀，古訓益泯。

——劉師培《古書疑義舉例補》

第三，縱然斷句不錯，古書也常常詞意含混，可以容許幾種不同的解釋，有時候很難斷定哪一種是對的。試引顔師古《匡謬正俗》中所舉的例子：

《論語·公冶長》篇云：子貢曰："夫子之文章可得而聞也，夫子之言性與天道，不可得而聞已矣。"蓋言夫子……所有文章，并可聞見；至於言性命之事，及言天道，不可得而聞之。故《論語》云："子罕言利與命與仁"，又曰"子不語怪力亂神"……并其義也。而近代學者乃謂夫子之言語性情并與天道合，所以不可得而聞……若言夫子之言，不可得而聞者，《論語》二十篇所述夫子語言何從而得，又不應語弟子云："余欲無言。"

《詩·魯頌》云："新廟奕奕，奚斯所作"，蓋言奚斯置造此廟。而王延壽《靈光殿賦》云："詩人之賦，感物而作，故奚斯頌魯，歌其寢露"；陳思王《承露盤銘》序云："奚斯頌魯"謂此詩爲奚斯所作，既無所據，與本義乖矣。

第四，古書又常有文法不完備、而使讀者迷惑的地方。"惠公元妃孟子"，"許子冠乎"，已經有人提過；"伐者爲主，伐者爲客"，也常常被人引用。楊樹達《古書疑義舉例續補》裏頭幾條例子，正和"伐者"一樣：

《墨子·耕柱篇》云："大國之攻小國，攻者農夫不得耕，婦人不得織，以守爲事；攻人者亦農夫不得耕，婦人不得織，以耕爲事。”以“攻者”爲受事之詞。

《老子》第六十一章云：“大國以下小國，則取小國；小國以下大國，則取大國。故或下以取，或下而取。”……今按：“取小國”與“或下以取”之“取”，主事之辭也；“取大國”與“或下而取”，受事之辭也。“取大國”者，見取於大國也；“或下而取”者，或下而見取也。《老子》下文云：“大國不過欲兼畜人，小國不過欲入事人”，夫兩者各得其所欲，大者宜爲下，文義甚明，非謂小國下於大國，則能取得大國也。

第五，古書還有一個最大的麻煩就是錯字非常多，有時候是甲字錯成乙字，有時候是一個字錯成兩個字，或者兩個字錯成一個字。甲錯成乙的例子最多，像前面引用過的“令守法之官日”的“日”字就是“曰”字錯了的。這裏再舉出一點一個字錯成兩個、兩個字錯成一個字的例子：

“左師觸讋願見太后”……吴曰：觸讋，姚云：一本無言字。史亦作龍。按《説苑》魯哀公問孔子：夏桀之臣，有左師觸龍者，諂諛不正。人名或有同者，此當從讋以别之。念孫按：吴説非也。此策及《趙世家》皆作“左師觸龍言願見太后”。今本“龍言”二字誤合爲“讋”耳。

——王念孫《讀書雜志》、《戰國策》第二

《淮南子·説林篇》：“狂者傷人，莫之怨也；嬰兒詈老，莫之疾也——賊心㐌。”陳氏觀樓曰：“㐌”字，當爲“亡也”二字之訛。“亡”，無也。言狂者與嬰兒皆無賊害之心，故人莫之怨也。

——俞樾《古書疑義舉例》卷五

此外，還有種種色色的錯誤，《古書疑義舉例》一書所列，就有幾十種之多，這裏不能一一引用了。

以上的例子，并不是古書難讀的全般情形，不過寫文章的時候，偶然想到，手邊所有現成的材料可用的，衹是這些而已。不用說，那些例子，都是從許多例子中間選擇出來的，每條例子又都有删節。由於筆者的學力關係，所選擇的未必恰好，所删節的也未必恰好，甚至於未必没有錯誤，實在值不得博雅君子們的一笑。不過我敢聲明一句：無論怎樣錯誤——或是例子本身的錯，或是我引用的錯，在我的文章裹頭，都無關宏旨；我的文章其實衹有很簡單的一句話：古書難讀！

古書的作者是中國人，用的是中國語言；他們大概都不懂外國語言，也無法用非語言的東西來著書；縱然年代久遠，語言不能没有變化，也不應該難讀到需要幾千種解釋；何况解釋古書的事發生得很早，漢朝就有了，那時候距離古書著成的時候還很近咧。那麽古書這麽難讀，是什麽道理呢？一句話説完，因爲它們是用漢字寫的，漢字不是拼音文字（不是用字母拼音的）。

首先，古書寫得簡略、語意含胡和文法的不完備，固然是古人的文章的缺點或者還是古代語言的缺點（也有人説這正是古書的美點，因爲古奥精深），但裹頭不能没有一個條件：漢字的結構的複雜麻煩。古人著書很難，連後人常用的工具——紙筆都没有，要用銅器或鐵器在竹片木板上雕刻；縱然有比較簡便一點的辦法，也不過用油質之類在布帛上塗畫，那費力的程度是後人所想像不到的。加上漢字的繁雜，一個字要刻或塗上十幾畫乃至幾十畫：這種十幾畫乃至幾十畫的字，又有幾千種形態；一面刻一面又要想着某字該用某一種形態，這寫文章的過程的繁雜，也是我們所難想像的。古人并不是超人，精力和時間也和我們的一樣，有限得很。那麽，他們貪簡省或者不得不簡省，在一篇文章中衹留下重要的話，一句話中衹留下重要的字，實在是自然的趨勢。如果他們用的文字是拼音文字，衹需用幾十個筆劃簡單的字母换來换去，寫起文章來就省力得多，他們的文章就可詳細明確得多，讀者就不會感覺得那麽難了。

其次，把語言上的某一意義的某一個音寫成各種形態，更是因爲文字的關係。古書的作者們，不是一個地方的人，有些人不是同時候的人；那時候的交通工具非常蹩脚，甲地方和乙地方的語言的隔膜非常厲害，各地方的語言的變化又不一致、不平衡；文字呢，寫法是不統一的，也許連確定的數目也没有（就是現在也一樣）；没有字典，很少或者簡直没有可以參考的現成文章，不用説，更没有開過讀音統一會議或用字統一會議。因此，他們寫起文章來，就是在用字方面，也帶着非常濃厚的創造性。有一條規律大概是共同的，就是忠實於語言也就是忠實於語言的聲音。這在後來寫慣了文言文的人看來，也許很奇怪；可是，他們還不知道怎樣可以不忠實於語言，（除了省略些認爲可以省略的東西）因爲“盤古”或“三皇五帝”時代的人，没有給他們留下一種他們的文言文。（讓我打句岔吧，假使他們認爲鐘鼎上的那種簡單的文章爲一種高古的文體，鐘鼎文時代的人又認甲骨上的更簡單的文章爲一種高古的文體，像後來的人模仿他們那樣地模仿起來，也許我們現在還衹能在烏龜殻子上刻十來個字一篇的大作。）以上的種種條件，就使得他們把一個語言的聲音（自然是指他們讀的音，和現在我們的音有着距離）寫成各種各樣的形態。起初，一個人也許衹會寫一種，後來受了别人的文章的影響，一個人也就會自由地運用幾種，像我們現在隨便寫如或於、若是或要是、如今、而今或於今。後人不懂得這種道理，以爲各種形態各有奥妙，甚至强爲解釋，以爲蛾眉是像蛾子的眉毛，以爲嗚呼是悲嘆，於戲是贊歌，噫嘻又和嗚呼不同，在文章上大用其嗚呼噫嘻，都是不足爲訓的。不用説，那些各種各樣的形態，硬要讀者記住許多“吾，我也”，“女，你也”，“某，某也”之類的解釋，的確很麻煩；可是這不能怪那些古書的作者，衹能怪漢字那東西，本來没有一定的記音法，一個音本來有許多字。假如是拼音文字我就衹一個 wo，你就衹一個 ni（這是假定的説法，古音你、我，不一定這樣拼），縱然因爲方音而稍有不同，那麻煩也一定比現在少得多了。

再其次，古書容易使人望文生義，古書本身詞意含糊，以及斷句難，錯字多等等，無一不是文字問題。望文生義就是望形生義，這是因爲漢字本來有一種特定的形可望，那形本來有時候不但表音，并且表義，在被假借的時候，會使人摸頭不着腦。形本來多，近似的形也多，很容易相混；鈔寫或刻書的人稍爲不當心或者程度稍爲低一點，就會弄得“亥豕魯魚”，錯字連篇，這是在拼音文字裹頭可以没有或者減少到極小限度的麻煩。漢字是單個單個地存在着的，不適於詞類連寫，娥眉不能寫成womei，間介不能寫成 gangai 或 giangie，加以文法不完備，詞句簡略，形態容易相混，又没有標點符號，自然就看起來顯得含糊，有時候簡直連斷句都不容易了。這又是在拼音文字裹頭很容易解决的問題。

總之，古書難讀百分之八十以上的原因，在於它們是用漢字寫的；所謂解釋，也大都在漢字上做工夫。這種工夫曾經被認爲種種專門學問：有一種叫做“訓詁”，專門在“某，某也”，“某之爲言某也”，像前面説過的“侯，何也”，“遐之爲言何也”之類。另一種叫做“校勘”，專門在“某當作某”，“某，某本作某”，像前面的日當爲曰，觸讋當爲觸龍言，號然亦作胡然之類。這些專門家們的努力，誠然是可欽佩的，所以也就有許多人因此而死後被認爲“先儒”，在文廟兩廡之一廡裏占據一個牌位，子孫後世，引爲光榮。可是他們的光榮，也許正是他們的不幸，假如不是漢字的存在，以他們那種努力的精神，作算仍舊以古書爲對象吧，一定能深入地理解古書的思想内容，所得的成果，也許不僅是“某，某也”、“某當作某”而已。

然而漢字不但使僅僅解釋古書的文字就形成種種專門學問，并且使人要瞭解它本身的各種問題，也非專門研究不可。研究漢字的學問，一向被稱爲“小學”，意思是在小學（舊式的説法）裏就應該弄清楚的。可是我敢斷言，如果專門研究漢字，以現在的學制説，縱然一直到大學畢業，也還衹會有一知半解。專門解釋《説文解字》一書的書，據丁福保所匯編的《詁林》，卷册就非常多（我忘記了數目），定價就是二百元，然而也没有搜羅完備；關於其他字書的書和關於甲骨文、鐘鼎文的書又概不在内。那些書弄些什麽象形、會意、指事、形聲、假借、轉注的把戲，完全是附屬於漢字的一種奢侈的學問；如果是拼音文字，那些把戲就可以完全不存在的。

和文字學密切地關聯着的還有一種所謂音韻學，是研究漢字的音韻的。音韻這東西，如果在拼音文字，豈不是一望而知麽？可是在漢字却麻煩得很。什麽見、溪、群、疑、端、透、定、泥呀，什麽一東、二冬、三江、四支呀，什麽雙聲叠韻、平上去入呀，鬧得烏煙瘴氣，結果也不過學一點拼音文字的辦法。音韻學，縱然在拼音文字也還是需要的吧，但現在的音韻學所討論的問題，就會變得非常簡單或者簡直等於零了。又有所謂古音學，專門研究漢字在古代讀什麽音，什麽古無輕唇、舌齒雙聲、娘日歸泥、魚模轉麻、對轉旁轉……又是麻煩之至。語言的變化，當然不能不反映到文字上，不過如果是拼音文字，這些問題也很簡單的。

那些小學或者音韻學專家們常常説：要研究古書，應該先研究文字，要寫文章也該研究文字，甚至於寫白話文也得認識古字。平心而論，他們的話都是經驗之談，一點也不錯。可是誰要照他們的話去做那讀書寫文章的事，就衹好讓給他的兒子，因爲研究到老，能不能够把文字問題弄清楚還是問題。縱然弄得清楚，知識又不是物質，不能像産業那樣傳留下去，兒子要讀書寫文章，也還得重新從文字研究起。僥幸那些至理名言，没有幾個人真正相信，不然，中國人豈但不能接近現代的學術思想，連中國古書也得乾脆滚它娘，文字學一門，就是我們的一切了。

説到這裏，我們該可以完全明白：古書爲什麽和中國人民大衆無緣？爲什麽終身研究古書的人也不瞭解古書？中國人的思想在幾千年的長時間没有長足的進步；爲什麽古書衹剩下幾個仁義道德等空洞的名詞給江湖術士畫符咒的作用？中國人民的實際生活没有受到文化思想的什麽恩惠。這一切，自然不能没有一般的社會的原因；而特殊的原因就在於漢字不是拼音文字。

現在研究古書的人，大大地減少了，以後還要更減少下去。因爲現代人的生活日趨複雜，國家的情勢更爲危急，迫切地需要着廣泛的切實的知識；過去那種優哉游哉地在書海裏的皓首窮經的悠閑生活，很少存在的餘地了。假如還不設法讓古書變得比較容易，讓古書紆尊降貴地遷就讀者，説不定古書想在將來成爲研究中國社會或學術思想的歷史的材料也不可能。這正是中國的文化人、尤其是關心古書的人應該加以深切地注意的。

怎樣使古書變得比較容易呢？我覺得已經交代得很清楚了：古書害的是漢字的病，拼音文字就是對症的藥，要病好，這服藥是不能不吃下去的。自然，現在來做古書拼音化的工作，已經很遲了；也許因此而有許多問題。可是再遲下去，問題祇有更多，現在，解釋古書的書，自己也要全部變成古書了；如果還不把漢字改成拼音文字，説不定在若干年之後，連我現在的文章也變成了古書。假如有一天，有人著出這樣的大作："你者某也，讀若某；我者某也，讀若某"，"您者你們之急言，以複數作單數之尊稱也"，或者"别，一作不要；要，一作若，古音蓋爲一聲之轉"云云，也就生爲專家，死稱先儒。現在的古書，除了被當作天書以外，還會有别的希望麽？因此我以爲每一個真正關心古書的人，同時應該是中國文字改革運動的熱烈的贊助者或參加者。

文字改革，是中國的整個文化問題的基本問題的澈底解決，并不是僅僅因爲醫治古書的病症而發動，自然不會以古書拼音化爲中心的任務，也并非改革文字就非首先把古書問題解決不可。但這運動的意義的重大是空前的，可能遇到的艱難困苦也會是空前的。那麽，要這運動能够大規模地展開就必須有廣大的參加者，必須有各種各樣的參加者；這就是説，縱然有人僅僅爲了古書拼音化的動機而來，也絶没有應該被歧視的理由。我個人過去那種態度的錯誤，無論如何是應該糾正的。我相信古書問題祇有争取文字改革的實現纔能够解決，這解決的時期已經不遠，説不定最近的將來，我們就有討論怎樣拼音化的具體問題的機會。

釋舅姑

我的故鄉是鄂中的一個小縣，那地方的人稱外祖母爲 gaga，外祖父爲 ga 公，有幾個鄰縣也都如此。遠一點的州縣，比如武漢，就稱爲 giagia 和 gia 公或 gia 爹。這稱呼，在書面上是很少露面的，偶然有少讀詩書的“市井小人”或婦孺之輩寫家信的時候，纔寫上去，寫出來的字是“家家”。“家”這個字，我們本身有兩種讀法，大致是讀書的時候讀 gia，帶書卷氣的話語讀 gia，通常則多讀 ga。把外祖母寫作家家，不用説，我以前以爲是别字；但正字怎麽寫呢？不知道！

其實，把 gaga 寫作家家，却是百分之百的正字。是不知幾千甚至萬年以前的我們的祖先就説着的一個非常重要的詞。從那時候到現在，當中經過文字的形成和演變，經過文字給與語言的影響，經過古先哲們的著書立説，經過後世注疏家們對古書的紛紜聚訟，“家家”一詞的本身，早在高文典册上無影無踪，而被另外的東西代替了；甚至在一般的語言上也很難碰到，不料却保存在我們那小地方的土話裏。

家家就是舅姑，這正是本文所要説明的。但在受到幾千年的文字影響的現代的我們，舅姑兩字，一望而知；對於家家一定反而不知是什麽意思：所以本文題作《釋舅姑》。

或曰，家家是外祖母，舅姑是父母的姊妹兄弟，怎説兩者是同義語？但這問題無關緊要。親屬稱呼，很多可以應用到幾代人身上的：父夫爲同音字，爺可稱父，也可稱祖；娘可稱母，也可稱女；公可稱夫，也可稱夫之父，更可稱祖；婆可稱妻，也可稱夫之母，更可稱祖母……於家家之爲舅姑，又何疑焉？

舅音 giu，姑音 gu，本爲一音，就像家或讀爲 gia，或讀爲 ga（加、介、皆、孩、鞋等字，都有南北兩種讀法，不勝枚舉）；古、故就是久、舊。《爾雅》説：“舅之爲言舊，尊長之稱；姑之爲言古，尊老之名也。”又：“舅姑者何？舅者久也，姑者故也，老人稱也。”《吕氏春秋》：“昔太古之無君也，其民聚生群處，知母不知父，無親戚夫妻男女之别……”這“無……男女之别”，反映在語言上，就是親屬稱呼不分性别。父母(古音幫滂并明，非敷奉微同音，故父母爲同音字。嬰兒學話，有時喊爸爸爲媽媽，有時喊媽媽爲爸爸，非加糾正，必致混同)，祖姐（姐，古意爲祖母，今湘人尚稱祖母爲挨姐，章炳麟《新方言》曾提及。俗尊稱少女爲小姐是小祖母的意思，正如少爺是小祖父的意思)，夫婦（最初當與父母爲同意語，又當另論)，叟嫂（《廣雅》:“嫂，叟也”)，翁媪……在語言上都是同音，字形上的差别，當是以後的事，至少是有文字時候的事。舅姑也是這樣。

舅姑古音當讀如 ga，與家爲同音字，《後漢書》班固稱“大家”，意即大姑，是其一例。汪榮寶的《戈歌魚虞古音考》:

何以知漢魏之音，雖魚模之字亦讀 a 音也？無論何種國語，開齊之音多於合撮，複綴語尤然。試觀梵語，a 音之綴字殆占其全部十分之九以上；而現在諸國語中，其無 ü 音者尚往往而有，此其明证也。乃檢《史記》、《漢書》所譯外國人名地名，依今音讀之。其含 a 音者寥寥無幾，反之而其屬於魚虞模韻當讀 u 音或 ü 音者，如姑、孤、車、渠、吾、都、屠、涂、徒、圖、奴、蒲、莫、諸、且、蘇、疏、胥、烏、於、呼、虚、狐、壺、胡、餘、盧、閭等字，觸目皆是，是何開齊之少而合撮之多乎？餘以譯文共同校之，則見同一語音，而在宋齊以後用歌戈韻字對譯者，在魏晋以上多用魚虞模爲之，因恍然於漢魏時代之魚虞模，即唐宋以上之歌戈麻，亦皆收 a 音而非收 uü 者也。

他舉例很多，今但引其第一例：“佛陀之爲 Buddha 譯音，即如上述：而《釋老志》稱：張騫使大宛還，傳其旁有身毒國，始聞有浮屠之教（古浮字讀 ba——原注），則以屠對 dha 矣。《後漢書・襄楷傳》載：楷上言云：‘聞宫中立黄老、浮圖之祠’，則又以圖爲 dha 矣。”汪氏的意見：烏古讀 a，嗚呼古讀 aha，呱古讀 kwa，吾古讀 nga，鼓古讀 kwa，那麽，舅姑的古音當然讀 ga；而上面的引文所舉的表音字，第一個就是姑。

除了上述，還可以找到一些較近的證據：孤和姑同音，却和寡同義（詳後），義同者，音多相近。估、沽和姑同音，却和賈同義。賈，今尚有估、假兩讀。《小爾雅》：“賈，價也。”《論語》：“求善賈而沽諸”，善賈即善價。《水經注》：賈復城，俗語訛謬，謂之寡婦城。顧，古讀如寡。《禮記》“君子寡其言而行，以成其信”注：“寡當爲顧，聲之誤也。”孤，古讀如寡，《禮記疏引》：“孤，寡也”，以音爲訓。鼓，古讀如寡，《漢書・陳湯傳》集注：“鼓，顧近。”居，古讀如家，《説文》“家，居也”，以音爲訓，倒過來證：居，家也。《左傳》：“天子居於鄭”注：“天子以天下爲家，故所在稱居。”歸，古讀如嫁。《易》“帝乙歸妹”，詩“言告言歸”，《國語》“秦伯歸女五人”，歸均訓嫁；《白虎通》：“嫁，家也”，均以音爲訓。居家爲居，就家爲歸，或爲嫁，名詞變爲動詞罷了。

《左傳》：“胙之土而命之氏”，疏：“氏，猶家也。”倒過來説，當然是“家，猶氏也”。氏就是氏族（gentca）。人類前史時代爲氏族社會，古書中所説的盤古氏、燧人氏、大庭氏、有巢氏、祝融氏、女媧氏等等都是氏族名號而不是個人名號。古孝經緯：“氏即國也。”劉師培曾據以推斷盤古氏等等即盤古國……“若夫共工氏、防風氏，又指諸侯之有國者也，足見古代之所謂氏者猶言國也。”（鄧著：《中國社會史教程》引用，未注出何書）但《韓詩外傳》：“孔子升泰山，觀易姓之王，可得而數者七十餘氏，不可得而數者萬數”，一律把氏解爲國，國就未免太多，不如解作氏族集團，即同血統的氏族單位較爲合理。《史記・五帝本紀》集解引鄭玄《駁許慎〈五經異義〉》曰：“氏者，所以别子孫之所出”，以血緣爲重，無地域含義，與國（古同域）的意義不同。國是土地在生產上占重要地位，人民安土重遷，有了地域觀念以後的産物，氏族社會時，恐怕還不知道國是什麽。至於“胙之土而命之氏”，使土與氏相結，則是春秋時代的事，恐非氏的本意，以氏爲國，也未必正確。因之，氏就是家，家就是居，氏是指家中的人的集團，家是指那些人的居處，其實是一而二，二而一的東西。氏族社會，集團爲重，個人爲輕，在語言上，必是先有家這個詞，再由家引申到家中重要的人而徑稱家中重要人物爲家，也就是後來的文字上的舅姑（與家字形不同）以及更後的語言上的舅姑（與家字音不同）。

《爾雅》：“婦稱夫之父曰舅，夫之母曰姑”；《禮記》“婿親迎見於舅姑”，注：“舅姑，妻之父母也。”是古人稱配偶的父母爲舅姑。同時也稱母親的兄弟爲舅，父親的姊妹爲姑。這稱呼 現在還通行，不必引。就現在以及有書爲證的古代的婚姻制度看來，這種稱呼是很奇怪的。丈人就是舅父，丈母就是姑母；公公就是舅父，婆婆就是姑母。無巧不成書，千百年之久，千萬人之多，一回兩回的巧合，也許不曾没有，但决不是一般的情況。何以古人把舅姑的意思這樣應用呢？

前面引過：“昔太古……聚生群處，知母不知父”；《白虎通》、《商君書》都有類似的説法。這樣的“太古”就是提到過的氏族社會。氏族社會的婚姻是集團的，許多女人和許多男人結婚，而不是某一個女人和某一個男人結婚，因此，兒女不能確切地知道母親的哪一個丈夫是自己的父親，衹好籠統地把母親的一切丈夫都認爲父親，所以説“知母不知父”。集團婚姻起初是血族婚，即兄弟姊妹結爲夫婦；後來進化到彭那魯亞家族（punaluan family），即甲乙兩氏族互通婚姻，甲氏族的男子都是乙氏族的女子的丈夫，甲氏族的女子也都是乙氏族的男子的妻子；反過來説，當然乙氏族的男子都是甲氏族的女子的丈夫，女子也都是甲氏族男子的妻子。這些男子與男子之間，女子與女子之間，互稱“彭那魯亞”。這是莫爾甘首先發現，繼起的社會史家所公認的。（參看莫爾甘：《古代社會》，楊東、張栗原譯，及恩格斯：《家族、私有財産及國家之起源》，李楊譯）莫爾甘是從美洲的易洛魁人和夏威夷人的土人中找到證據的，但這種婚制在中國也有多少痕迹。郭沫若的《中國古代社會研究》

從卜詞中發現古人不但多母而且多父。多母的倒不必引，多父的例：

1. 戊子卜庚（寅）於多父旬（原注略，下同）
2. 貞締多父
3. 庚午卜口貞，告於三父
4. 父甲一牡，父庚一牡，父辛一牡
5. 貞之於父庚，貞之於父辛

又金文中也有多父之例。郭氏説："近年於保定南鄉有三商勾刀出土，其一列銘祖名爲'大祖日己，祖日丁，祖日乙，祖日庚，祖日丁，祖日己，祖日己'；一刀列銘兄名曰'大兄日乙，兄日戊，兄日壬，兄日癸，兄日丙'；一刀則列銘父名曰'祖日乙，大父日癸，大父日癸，仲父日癸，父日癸，父日辛，父日己'。三刀影片具見羅氏所出《夢鄣草堂吉金國録》中卷。"（頁二六七—二六九）

《左傳·晋僖公二十三年》："秦伯納（國語作歸）女五人（於晋公子重耳），懷嬴與焉"，懷，曾妻晋懷，是重耳的侄婦。哀公十一年："衛大叔疾出奔宋……衛人立遺，使室孔姞"，孔姞是疾的妻，即遺的嫂。《淮南·氾論訓》："蒼梧繞娶妻而美以讓兄"，注："孔子時人。"又："孟卯妻其嫂，有五子焉而相魏。"魏是戰國時代的國名，是流風餘韻，春秋戰國時尚偶有存者。雖然遠在甲骨文時代，彭那魯亞制本身恐怕早已崩潰了。

彭那魯亞制既然如上面所説，甲氏族的女人都是乙氏族的男人的妻子，男人都是乙氏族的女人的丈夫；衹要兩代相傳不變，由第二代看來，就妻子説，豈不是丈夫的父親正是母親的兄弟，也就是舅父；丈夫的母親正是父親的姊妹，也就是姑母麽？就丈夫説，也豈不是妻子的父親就是舅父，妻子的母親就是姑母麽？最有趣的是莫爾甘的發現彭那魯亞制，是由於易洛魁人的親屬稱呼和現實的親屬關係相矛盾這一事實的誘導。不料我們中國的親屬稱呼，也和易洛魁人的相類似，可以作爲莫爾甘的論證的。

這樣説來，舅姑在古代社會實占着最高的地位；但從古書上看來，他們却還在别的親屬稱呼（如父母）之下。這是什麽道理呢？我想，是因爲古書，都是氏族社會以後的東西，那時候社會形態變革了，舅姑的含義，不能不有多少改變，因之聲音不能不有多少改變，尤其是在文字上簡直以别的形態而存在。

第一，變爲考和公或翁而在親屬名稱中存在。考和舅姑爲旁紐，公和舅姑爲雙聲。翁，《説文》："公聲。"語音上都無問題。《爾雅》："父爲考"；《釋名》："父死曰考。"《廣雅》："公，翁，父也。"這雖然和舅姑的意義不同，但是是後起的意義。以家稱舅姑，以舅姑代表家，是母權時代的事。那時候不是女子嫁到男子的氏族，倒是男子嫁到女子的氏族。家乃至於嫁，都是男子的觀念，舅姑也是男子對家的尊長的稱呼。這時候，舅姑一詞（舅姑實爲一義，故曰一詞），有兩種含義，一是家的尊長，一是妻的父母，即自己的父的姊妹、母的兄弟。後來雖漸變爲男性中心的社會，男子衹須娶妻，無須出嫁；但舊的語言習慣還保存着，還稱自己的家爲家，自己家裏的尊長爲舅姑。這時候的家的代表者，已經不是舅姑而是父母了。稱妻的父母爲舅姑，稱自己的父母也爲舅姑，當然感到不便，故意把聲音改變一點示區别，這是一種可能；後人不懂得考、公或翁就是舅姑，衹看見被稱爲舅姑的却是父母——應該説衹是父親，這時候男尊女卑，母親已不足以代表家了。所以考衹限於男性，没有女性的同音字相配——故意在字形上給以區别，是另一種可能。《釋名》的"父死曰考"是一句極耐尋味的話。後來的人對父親不稱爲考了，衹有在傳説中，典籍中聽見或看見稱父曰考。那時代已經過去，所有那些被稱爲考的父親都已死掉，於是恍然大悟似的以爲"父死曰考"了（有人説父生時亦可曰考，但所舉的證據是書面的，最多衹能説在書面上，父生時亦可曰考）。

考、公或翁除了"父也"這一點上和舅姑不同，另外的含義却是一致的。《説文》："老，考也"；《獨斷》："老，謂久也，舊也，壽也"；《漢書·田叔傳》注："公者，老人之稱"；《匈奴傳》注："翁者，老人之稱也"；《方言》："凡尊老：周、晉、秦、隴謂之公，或謂之翁。"這和前面引用過的："舅之爲言舊，尊長之稱；姑之爲言古，尊老之名"；"舅，久也；姑，故也"等等恰相吻合。公姑、公婆、翁姑、翁媳、翁婿等不見經傳的説法，至今尚存，不正是舅姑的本意麼？

第二，變爲公侯的公和君主的君而在政治舞臺上占了位置。《廣雅》、《韓詩外傳》、《春秋繁露》、《白虎通》均作："君，群也"，以音爲訓。《荀子》："從之成群，是爲君矣"；《春秋繁露》："君者不失其群者也"，由音生義。（恰好是舅姑即家的解釋：試仿之曰：舅姑者家也，隸之以家曰舅姑，舅姑者不失其家者也，亦通。）《賈子》："君之爲言也考也"，音訓。考與公同義，説見前。古經傳疏中訓"公，君也"的很多，如《詩》"敬爾在公"傳，《周禮》"掌公之墓地"注，《儀禮》"公爲造子之長殤中殤"注，《禮記》"公七"注等，不勝枚舉，是君與公爲同義字。公爲舅姑音變，君也應該同樣。

或者説前面説的公是親屬，這裏的公却是國家的權力者，似乎不同。但國家由家族或氏族演進而來，是氏族的擴張，國家權力者的名稱，也應該是由家族或氏族的權力者的名稱演進而來。據莫爾甘研究，氏族的權力者有兩種：一是酋長，平時的行政元首；一是軍侯，戰時的軍事指揮，都由氏族會議選舉。酋長必須從氏族中選出，軍侯却不限定（參看李譯《家族、私有財産及國家之起源》頁一三一——一三二），可見氏族的權力者主要是親屬。中國歷史上的所謂五等爵——公、侯、伯、子、男——正是如此。公、伯、子、男都同時是親戚名稱，衹有侯是另一意義（《廣雅》："侯，候也"；《白虎通》、《獨斷》："侯者候也，候逆順也"；《周禮》"侯服"注："侯，爲王者斥侯也。"《穀梁》"弛侯"注："侯，射侯也"；《儀禮》"男人量侯道"注："侯，謂所射布也。尊者射之，以威不寧；卑者射之，以求爲侯。"都是軍事武備方面的事，恰與莫爾甘所説相合）。那麽，爵位中的公就是親屬中的公，親屬中的公是舅姑的音變，爵位中的公自然也一樣。

君與公爲同義字已見前説，在親屬中也有君的痕迹。《禮記》“君已食”注：“凡妾稱夫曰君”；《儀禮·喪服傳》：“妾謂（夫曰）君”；《詩·東門之池序》“思賢女以配君子也”疏：“妻謂夫爲君子”。這裏的君或君子，其實就是公。不過意義又由父母變成夫了。這在現在的口語中尚存在，丈夫曰老公，妻子曰老婆（婆即母或婦之形聲字）。甚至雄鷄稱公鷄，牡牛稱公牛，應用到一般生物上去了。現在英語的 king，日耳曼語的 kuning，德語的 kuni，都從希臘語的 genos，拉丁語的 gena 而來。從氏族的意義引申爲酋長，再引申爲王，正和我們的語言由家變爲舅姑，再變爲公君相合，連音也相近，不知是否出於同一語機。

第三，變爲孤寡，且爲公君之流的自稱。孤寡二字同音，前面已經説過。《爾雅》：“無夫無婦并謂之寡”；《廣雅》，孤寡并訓“獨也”；《書》“嶧陽孤桐”《傳》：“孤，特也”；《左傳》“生成及彊而寡”注：“寡，特也。”意義也完全相同。舅姑原意爲家，即家的代表者。人到成爲家的代表者的時候，一面固然著有勞績，經驗豐實，一面恐怕也就年事衰邁，不是無夫，就是無妻，而地位又甚獨特。曰“無夫無妻并謂之寡”，獨也、特也，其實是舅姑的另一含義。《吕氏春秋》“孤寡而不可障壅”注：“孤寡，人君之謙稱也”，即稱孤道寡之意。人君爲什麽要這樣客氣，客氣又爲什麽一定要稱孤道寡呢？注疏家們都没有一個近理的交代。現在我們可以明白，人君是從舅姑而來，説話的時候，還常自稱爲舅姑。不過并不懂它的含義，衹因爲從前的同地位的人是這樣自稱，所以也這樣自稱罷了。注疏家們望文生義地認爲謙稱，於是舅姑的原義就隱晦了。又，貴賤之貴亦由舅姑引申而來。《廣雅》：“貴，尊也”；《釋名》：“貴，歸也，物所歸仰也。汝潁言貴聲如歸往之歸也。”歸就是嫁，嫁也是家，已見前説。尊也之義，正從舅姑的老、久、古、舊等義及孤寡的獨也、特也而來；也正説明舅姑何以變成公侯之公，君王之君——因爲尊也。

第四，變爲鬼神之鬼。《説文》：“人所歸爲鬼”，《爾雅》：“鬼之爲言歸也”，均音訓。《周禮》：“大宗伯之歲，掌天神，人鬼，地示之禮。”神從申，古電字，故神音同天；示音歧，它書多作隻，古音舌頭舌上不分，示、祇均與地同音。天靈爲神，地靈爲祇（示），人死爲鬼；天神地祇均同音字。人以家爲重，家以舅姑爲代表，故爲與家或舅姑之同音字——鬼。《尸子》："鬼者歸也，故古人以死人爲歸人。"歸或訓往，或訓返（均《廣雅》），是過去或回去了的意思；或訓終（吕覽"以之所終"注），是完結的意思；或訓藏（《易》有"歸藏"卦），是收藏的意思。這些意思都與前引"姑，故也，言與已爲久故之人也"相通。

第五，其他變爲古、故、久、舊等字，已散見前文，不重録。大概由舅姑引申爲古、故、久、舊等義的時候，以舅姑爲家的代表的時代已成過去，一談起來，都成了年深日久的古代的陳舊的故人故事了。惟前文屢次提到的歸、嫁兩字，則似乎是直接由家變來，不必經過舅姑這一個音轉。

總上所説，考、公、翁、君、孤、寡、貴、鬼、古、故、久、舊等語，都是以舅姑轉變而來。舅姑又是由家轉變而來；那麽鄂人稱外祖母爲 gaga 或 giagia，寫作家家，豈不正和幾千甚至幾萬年以前的我們的祖先所説的話是一樣的麽？這真是一種饒有趣味的事。

漢字不是拼音字，要知道某一個字的音，在形聲字是看那表音的部分，一般的辦法，是用另外一個字注出，即字書或注疏上叫做"音某"或"讀若某"。假如連"音"或"讀若"的那個某字也不認識，方法就窮了。另一種求音法是反切，用另外兩個字的音，在若干法則之下拼合起來；那另外兩個字的音，又是各由另外兩個即四個字的音拼合。以此類推，另外的四個字是由加倍的字，加倍的字更由加兩倍的字的音拼成。因此，要知道某一個字的正確的音，必須那臨時扮演拼音角色的另外兩個字的音是正確的。以此類推，兩個而四個，四個而八個……各各的音都必須是凝固的。如果裏頭有一個的音發生了變化，縱然間接又間接吧，别的字不能不受影響。這，雖然我們還没有積極的證據證明一定如此，但理論上大概如此。

文字是記録語言的符號，它的音是語言所給予的。語言有了變化的部分，它應該跟着變化；語言没有變化的部分，它應該没有變化。可是中國字的求音法，却是妨害這原則的。甲字因爲語言的變化而變化了，乙字雖然所代表的語言没有變，但是它是以甲字作表音部分的，或者是以甲字注音的，既然甲字變化了，它就不能不跟着變化，至於它所代表的語言變化没有，反而顧不到了。乙字跟着甲字變化，丙字又跟着乙字變化，丁戊……等字又跟着丙字變化，大家都不管各自所代表的語言，於是文字和語言就脱輻了。但文字還不以和語言脱輻爲滿足，還要帶着語言跟着它變化；語言是個既倔强又狡猾的東西。倔强是因爲它不肯跟着變化；狡猾是一面又跟着變化，一面依舊不變。像舅姑一面由家變成舅姑的今音了，一面在方言裏，保存它千萬年前的原狀。於是，文字和語言的關係就成爲非常複雜，書面的語言和口頭的語言距離的非常遥遠。所謂文言文這特殊的文體，古書難讀的現象，都是由這形成的。自然，這決不是求音法的過失，因爲求音法是受着中國文字的特殊性規定的。

廣“古有複輔音説”

一、引　言

所謂複輔音，即西洋語中的 plan、plow、ploud 的 pl。中國古有這種複輔音，由英國人 Ediins 首先發現，林語堂作“古有複輔音説”（林著:《語言學論叢》），始爲之論證。

林君分複輔音爲三組，即：

第一，kl、gl

第二，pl、bl

第三，tl、dl

我看第一組加上 xl，較易瞭然；第二組增加 ml，包括今音的 fl，第三組應包括今音的 zl、cl、sl 和 zhl、chl、shl。這樣一來，把知、澈、澄、精、清、從、心、邪、照、穿、床、審、禪等十三個字母都歸并在端、透、定三個字母裏頭。三個字母，現在又衹用 d、t 兩個字母來代表，兩個其實又衹是一個，因爲説 d 即 t，説 t 即 d，這真是所謂“審音之功淺”。但幸而没有大問題，無論屬於哪一個字母，衹要和 l 字母結合，也都是複輔音。爲了簡便，就仍歸分爲三組。又，複輔音應該還有 pr、tn 等等，不過“娘日歸泥”，它們和 pl 等原是一家，衹拿 pl 等來代表一下，也就够了。

證明古有複輔音，林君指出三種憑據：

1. 古今俗語中的憑據。例：

第一組——（1）孔爲窟窿；（2）角爲矻落（未考實）；（3）圈爲窟攣（無確證）；（4）雲曰屈林；（5）錮爲錮鏴；（6）窟礌子，亦名魁壘子。

第二組——（7）不律謂之筆；（8）狸之言不來也；（9）風曰孛纜；（10）蒲爲勃盧；（11）蓬爲勃籠（未考實）；（12）槃爲勃闌（未考實）。

第三組——（13）團爲突欒；（14）螳曰突郎；（15）頂爲滴寧；（16）鐸爲突落（未考實）；（17）秃説秃驢。

2. 讀音及異文的憑據。例：

1. 麓字音來，一音郃。《史記》："其母有郃氏女"，《正義》："郃一作麓。"

2.《左傳》："公次於滑"，《公羊》、《穀梁》并作："公次於郎。"

3. 文字諧聲的憑據

即形聲字的音符，可以表兩種不同的音，如以"果"爲音符的字，或爲"裹"，或爲"裸"之類，原文例舉的共有四十條。後當論及，暫略。

古有複輔音説，原極可信。如果任何輔音在任何場合都不能單獨成音則已；成音而其下不能與任何輔音相聯綴以爲則已。否則，不能禁其下接 l、r、n 等母，即不能禁其爲複輔音，此理自明。惟中國字爲單字音，中國語爲單音詞之説，深中人心，林文舉例不多，且有未考實或不敢遽斷者，似尚未足取信於常人。因略搜故籍，得足以訂正和補充林君的意見的例证若干條，説以廣之。本文體例，大致謹依林文，惟將對林例有説者置之每節首端耳。

二、古今俗語的憑據

1. 孔曰窟籠。林君説："孔，窟窿，孔窿俱有'洞'的意思，而轉入'長曲'意義的還有穹、穹隆、弓、簦籠（車篷）等字……"按：含有"洞"的意思的尚有喉嚨，含"長曲"意思的尚有"巷弄"（説見後），當是與窟窿由同一語根衍來。至弓和穹隆等，或係同語引申，或係另語，尚未可必，就含義説，似與佝僂、岣嶁等字爲近。佝僂，即穹隆之陰聲，俗謂之弓背，或作拱背，後面還要論及，姑暫略。

2. 角爲矻落。林君未考實。按：矻落通常寫爲角落。《禮記》"豐碑"注："形如石碑，於椁前後四角樹之"疏："角落相望，故云四角。"角一音禄。《資暇録》："漢四皓其一號角裏，角音禄。"李汝珍爲清代音韻學者，專書未得見；所著小説《鏡花緣》，曾辨轉彎抹角當讀轉彎抹禄。我的故鄉，古稱角陵讀如禄陵。古語常有一詞數用者，蟲之果蠃，器之栲栳，瓜之葫蘆，其中當有爲角落由同一語引申而來的，惜今已不易盡曉。

3. "風曰孛纜"。按：水的波浪、波瀾，泛濫、放浪等詞都和孛纜由同語根而來，也都與風有關。

4. "鐸爲突落"。林君也未考實。按：突落爲鐸無據，突落却可説是螺。螺類甚多，通常統謂之螺螄。寧波等處稱地螺，上海一帶多稱田螺。兒童玩具有陀螺，蓋取旋轉如螺紋之意。吾鄉謂之德螺。飛螺、田螺、陀螺、德螺，與突落之别，僅收韻的平入而已。是螺不應爲突螺，僅讀爲螺，是把突讀掉了的緣故。我想古書和方言中當有僅讀爲突的，可惜倉猝中無法查考。

複輔音的失去，應該有各種情形，即：A. 失去當中的 l 母的，林例多屬此類，如孔爲窟窿是；B. 失去 l 母前面的 k、p、t 之類的，林例中也有，如蜋爲螳螂是；C. 失掉 l 母以下各母的，此爲林例所缺，例亦不多，因爲訛失太遠，不容易知道是不是由複輔音變的了。兹將林文以外的一些例子分組列下：

第一組：

A. 失去 l 母的

1. 壺即胡盧——顧炎武《音論》：詩“八月斷壺”，今人謂之胡盧。《北史·后妃傳》作“瓠蘆”。按：今通常爲葫蘆。

2. 渾曰囫圇，渾淪——《辭海》：“渾，胡論切，全也。”按：他書都不作“胡論切”，不知《辭海》何據；因正與囫圇近，姑從之。《俗書刊誤》：“物體完整曰囫圇”；今北方謂整個正曰囫圇。渾同混，《老子》“故混而爲一”注：“合也”；《法言》“善惡混”注：“雜也”；《文選·江賦》注引：“混混，鷄卵未分也。”《朱子語録》：“道是個有條理的，不是個囫圇物”；又：“學者初看文字，衹見個混淪物事”；又：“敬亦不可混淪説”。三者都作混雜含糊、無條理解。

3. 衖即胡同——《説文》“衖”下段注：“里中之道曰巷，《爾雅》作衖。引申之，凡狹而長者皆曰巷，宫中衖謂之壼是也。十七史言弄者，皆即巷字，語言之異也。今江蘇俗尚云弄。”徐箋：“巷，古音如哄……今京師謂之胡同，即哄之切音。”按：胡同即窟窿、穹窿、喉嚨之同語根字，當作胡弄，故江蘇謂之弄，讀衖亦曰弄。此語謂之胡同者，t 和 l 都是舌顎音，容易混淆，猶穹窿訛爲崆峒，渾淪訛爲混沌，朦朧訛爲懵懂……

4. 骨即骷髏——指尸骨。

5. 艱即艱難——艱，《書·益稷》：“奏庶艱食鮮食”傳，《詩·北門》“莫知我艱”箋，都訓“難也”。也可互易，上引《書·益稷》語，《史記》作“與稷予衆庶難得之食”。亦連文，《詩·中谷有蓷》：“遇人之艱難矣。”今通語亦多連稱。又曰困難，一聲之轉，古書有作根的。《釋名》即釋爲“根也”。根和困聲亦近。

6. 患即患難——《吕覽》“權勛”篇“君奚患焉”注：“患猶難也。”《素問》“不問其始憂患”注：“患謂患難。”

B. 失去 k、g、x 的

1. 粱即高粱——通語。

2. 娘即姑娘——娘，《廣韻》："少女之號。"今謂之姑娘。公孫大娘、孫二娘、三娘、林四娘、趙五娘，均即姑娘，但加排行爾，日本亦稱姑娘爲娘，讀如爵，字作孃。

3. 李即穀李——鄂中稱李子爲穀李子。

4. 簝即栲栳，一作箸篣——《通雅》："屈竹爲器，呼爲箸篣，或作栲栳……即古之簝。"吾鄉謂之各簍。

5. 連錢即鵁鶄——見《字彙》。

6. 勞即劬勞——劬，《説文新附》："勞也。"詩"母氏劬勞"注："劬勞，病苦也。"《荀子》"君道"篇作拘録，"榮辱"篇作軥録。《淮南子》"主術"篇作劬録，"泰族"篇作劬録。今多謂之勞碌，當爲劬勞之誤。

7. 樂即快樂——通語。

8. 難即艱難——《莊子》"嗔目面語難"注："難，艱難也。"

9. 弄即胡同——見前。

10. 糧即乾糧——《詩》"乃裹餱糧，於橐於囊"箋："其民乃裹糧食於囊橐之中。"《釋文》："糧本作粮，餱也。"《説文》："餱，乾食也。"今正謂之乾。

11. 嚨即喉嚨——《爾雅》"亢，鳥喉"郭注："嚨謂喉嚨。"

C. 失掉 l 母以後的音的

1. 喉即喉嚨——通語。

2. 餱即乾——見前。

3. 姑即姑娘——吾鄉謂姑娘曰姑，如排行曰大姑二姑。有時不限於少女，前輩稱晚輩多用之，敬語也。廣東亦有幾姑幾姑之稱。

第二組：

A. 失掉 l 母的

1. 陴即俾倪——《説文》："陴，城上女墻俾倪也。"俾，《國語》作裨，注作埤，《廣雅》作埤倪，《釋名》一作"睥睨"。按：倪多讀如黎。

2. 鵙即伯勞——見《爾雅》。今字書多音決，同鴂，并謂本字爲鵙。按：鵙當音貝，古音侈，或近音 bao。《字鑒》："颶，俗從貝，音豹。"颶可音豹，則鵙也可音 bao，正爲伯勞的切音。至於或作鵙，當爲字誤，猶颶之或爲颶。又，疑颶本作颶説亦有問題。颶音豹，今猶謂颶風爲豹風，豹寫作暴。但颶或即由巨而來，形近而訛，不知孰是。

3. 福即福祿——《詩・樛木》"福履綏之"《傳》："履，祿。"《爾雅》："祿，福也。"《儀禮》："使女受福於天。"鄭注："古文祿爲福也。"其實，古書福字，無不可以作祿解。不過把福看得較爲抽象，範圍較爲廣大耳。詳説見後。

4. 俘即俘虜——俘，《説文》："軍所獲也"；桂注引："囚敵曰俘。"虜，《一切經音義》："獲取，一戰而俘獲也"；《漢書》晋灼注："生得曰虜。"連文始於《晋書》。古蓋或曰俘，或曰虜，皆俘虜也。

5. 烹即烹飪——烹，古作亨。《易・鼎》：以"以木巽火，烹飪也。"烹飪連文。飪聲屬 r 母，按之章炳麟娘日歸泥説，也同 l 母。且複輔音自亦不妨有"pr……"。

6. 莽或即孟浪——《莊子》："夫子以爲孟浪之言。"《釋文》向云："無所趣捨之謂"；李云：猶較略也；雀云："不精要之貌"；司馬云："鄙俚之語"；《辭源》："俗謂鹵莽冒昧孟浪。"按：孟浪疑即今語的莽。莽，《玉篇》、《唐韻》、《廣韻》都作"莫朗切"，《集韻》、《類篇》都作"模朗切"，音近孟浪。孟浪，徐邈讀莽浪；《文選・吴都賦》："相與騰躍乎莽罠之野"，莽罠連文。《莊子》："厭則又乘夫莽眇之鳥"，《釋文》："莽，雀本作猛。"孟猛古字通，時文猛進亦作孟晋。

7. 杯或即叵羅——《北史・祖珽傳》："神武宴僚屬，於坐失金叵羅。"字書多注："叵羅，酒卮也。"古人爲文，多不喜俗字，叵羅，疑即杯。《廣雅》有"杯落"，注爲盛杯器，亦曰"豆落"，與杯有關。不知叵羅與杯落是不是一語。又，叵羅也許是外來語。

8. 苞或即蓓蕾——《字典》"蓓"下："《唐韻》'蓓蕾始華也'"；蕾："花蕊未綻曰蓓蕾。"即時文含苞未放之苞。鄂中謂之苞子。苞，上聲，讀如葆。

9. 餑即餺饠——《通雅》："餺饠，寒具，饊子也。"《昇庵外集》："餺饠，今北人呼爲波波。"通俗謂波波即餑餑，亦謂之餺饠。

10. 命即命令——《獨斷》："出君下臣曰命，奉而行之曰令。"《六書故》："命者令之物也，令出於口，成而不可易之謂命。"二説不全同。王周《峽船詩》："有如宜命令。"命令連文。疑分命令爲二字爲臆説。理由見下"禄即福禄"條。古人多以同音名數事數物，蟲有"螟蛉"，當與命令爲同語。

B. 失去 l 母前的 b、p、m（f）的

1. 浪即波浪——古籍無波浪連文。今語或曰波，或曰浪，或曰波浪，義無大差别。浪音稍轉，謂之波瀾，則僅作書面語，常被詩人譬借，如"人情翻復似波瀾"之類。注疏家强爲解事，謂"大波爲瀾，小波爲淪"（《爾雅》），未必可信。淪亦瀾音之轉，且轉爲漣，至少語源必無區分。又轉爲泛濫，多作動詞用。

2. 禄即福禄——《爾雅》："禄，福也。"連文亦作"福履"已見前。郝懿行《爾雅義疏》："'福禄'二字，若散文則禄即是福。故《詩》'天被爾禄'傳：'禄，福也'；若對文則福禄義别，故《詩》'福禄如茨'箋：'爵命爲福，賞賜爲禄。'禄福聲近，其字亦通，故《少牢饋食禮》云：'使女受禄如天'，鄭注：'古文禄爲福也'。"按：誤以連文爲"對文"，由來已久，不獨福禄爲然。劉師培《古書疑義舉例補》："《左傳》：鬱湮不育"，賈逵注云："鬱：滯也；湮，塞也。"按：鬱湮即鬱伊之轉音。《後漢書·崔實傳》："志士鬱伊於下"，章懷注云："不申之貌。"又轉爲鬱邑。《楚辭》："曾歔欷余鬱邑兮"，王逸注云："憂也。"又《詩》："窈窕淑女"，毛《傳》云："善心曰窈，善容曰窕。"按窈窕二字，乃叠韻字之表象者也，以善心善容分訓之，未免迂拘。又，餛飩由混沌、囫圇轉來，程大昌言出於諢氏、屯氏，見《通雅》。畢羅，即餑之轉音，《資暇集》謂"蕃中畢氏、羅氏好食此味，因名畢羅，後人加食旁爲餺饠"。福禄或亦此類。"爵命爲福，賞賜爲禄"，本未必正確。照禄位之

義，“爵命”也正應爲禄。禄，全語本作福禄，本作爵命賞賜之類解，或作福，或作禄，并非省文，讀者固均爲福禄。福聲今音屬 f 母，同音字爲復。從復得聲者有履，屬 l 母，以録得聲；同以録得聲者有“剥”，屬 b 母。b 和 f，古音不分。是禄亦應有 f 聲。福禄實同音字。後世讀音失 f 母，或失 l 母，讀音乃有歧異。又因字形有别，望文生義者遂分爲二事。然口語中福禄全語猶存，含義亦愈固定，乃襲其音另創俸禄一語以代之。俸禄即福禄也。音韻家或可謂爲一聲之轉，實即異體字耳。且古語一詞數用，前面已説過。俘虜、葫蘆、瓿甊、蓬萊等詞甚多，均不可分，福禄也應如此。

3. 菿即勃菿——《爾雅·釋草》：“菿，勃菿。”《本草》：“一名鳌菿。”

4. 虜即俘虜——見前。

5. 令即命令——見前。

C. 失去 l 母以下的音的。

1. 波即波浪——見前。

2. 俸即俸禄——俸，古作奉，多獨用。連文始於《宋書·太祖紀》：“俸禄鮮薄，未可責廉。”

第三組：

A. 失去 l 母的

1. 茨即蒺藜——《詩》“墻有茨”傳：“茨：蒺藜也。”

2. 鉦即丁寧——《説文》：“鉦，鐃也……從金，正聲。”《左傳·宣公四年》“著于丁寧”注：“丁寧，鉦也。”鉦丁古雙聲。

3. 痤即族絫、瘯蠡——《説文》：“痤，小腫也。……亦曰族絫。”徐鉉以爲即《左傳》之“瘯蠡”。《素問》“乃生痤疿”：“痤，小癤也。”《山海經》“可以已痤”注：“癰痤也。”郝懿行箋疏：疑當爲“即痤，癰也。”按：痤音坐。絫，今作累，螺、騾等字從之，當可音螺。蠡，《唐韻》古音音螺，又，螺一作蠡，《類編》引文：“聖人法蠡蚌而閉户”，蠡，螺也。故族絫或瘯蠡均切痤。又按：痤古音屬 t 母，讀應如陀。今湖北説錘如陀，垂如妥：物之渾圓者謂之果拉，亦謂陀拉（tola）或陀螺（tolo），無字可寫，姑以此二字代之。陀螺當是由團圝轉來，湯□之類的食物有歡喜者，武漢謂之歡喜陀。痤爲癤，爲癰，也就是陀螺。是痤，古本讀爲陀螺。且累既可讀螺，蠡亦即螺，螺今多謂之田螺、地螺、陀螺（見前），是累或蠡亦本讀爲螺。

4. 途即道路——途，古作塗，亦作涂，或訓道，或訓路。《論語》："遇諸途"，皇疏："途，道路也。"又"道聽而涂説"，皇疏："涂，亦道路也。"

5. 頭亦曰髑髏頊顱——《説文》："髑髏，頂也。"桂注：《御覽》引作"頭也"。《玉篇》："髑髏，頭也。"《廣雅》："顱謂髑髏。"《説文》段注："頊顱即髑髏，語之轉也。"按：髑，頊，頭，古變聲。髑髏，口語已失，文字中多專指枯頭骨，然亦由來久矣。

6. 粲（燦）即燦爛——粲，《廣雅》："明也"，又"鮮也"。《荀子》"則於其粲然者矣"注："粲然，精潔貌。"《文選·東京賦》："燦爛炳煥"，薛注："燦爛，潔白鮮明之貌。"《説文新附》："燦，燦爛也。明瀞貌。"

7. 侏即侏儒——《廣雅》："侏，短也。"《國語》"侏儒不可使援"注："侏儒，短者。"按：侏爲侏儒，亦猶邾爲邾婁。

8. 邾即邾婁——邾，春秋國名。《左傳》、《穀梁》并作邾。《公羊》作邾婁。《釋文》："邾人語聲後曰婁，故曰邾婁。"按：這句話極重要，即複輔音在春秋時方言中存在之證。又，此例林文有提及。

9. 天即祁連——《漢書·霍去病傳》注："祁連山即天山也，匈奴呼天爲祁連。"按：祁連疑即華語。祁，《廣韻》、《集韻》又音旨，古音屬 t 母，正切天。匈奴學華語，保有古音，華人不解，反謂爲匈奴語，此例在日語極多。

10. 鶩即此老——鶩，一名此老（皆從鳥），見《本草》。

11. 清即滄浪——皮錫瑞《今文尚書考證》："蒼浪，蓋以青蒼得名。"陸士衡《塘上行》李善注："青色也。"《吕覽》畢沅注："蒼浪，青色也，在竹曰蒼筤，在天曰蒼浪，在水曰滄浪。”按：滄浪，當作清解。青蒼爲古今字，清滄亦宜然。吾鄉謂水清曰清亮，或作清涼。

B. 失去 d、t 的

1. 螺即田螺、地螺、陀螺、德螺——見前。

2. 稂即童粱——《爾雅》“稂，童粱”注：“稂，莠類也。”疏：《詩·曹風》云：“浸彼苞稂”，陸璣疏：“禾秀爲穗而不成，則嶷然謂之童粱。”《詩·大田》“不稂不莠”傳：“稂，童粱也。”童粱，疑即穜稑，一作重穋。《周禮》“而生穜稑之種”注：“先種後熟謂之穜；後種先熟謂之稑。”按：詩“不稂不莠”，爲相反物的對舉，即不好不壞，稂爲好，莠爲壞也。《説文》：“稑，疾熟也。”與華而不實，魚目混珠之莠義適相反。今俗尚有“稂不稂，莠不莠”之語，正與不稂不莠同義。成語謂賢愚不等者爲“良莠不齊”，良即稂也。又：析穜稑爲二物，亦非。穜稑即童粱，讀粱爲稑，陰陽對轉耳。

3. 裸即赤裸——《儀禮》“沐浴裸裎”注：“裸謂赤體。”《左傳》“欲觀其裸”疏：“裸，謂赤體無衣也。”赤裸，今通語。

4. 路或即道路——路即是道，道即是路。北方多謂之道，南方多謂之路。道路連文，《周禮》、《儀禮》均有之，通常以爲是同義語的結合，使單音詞變複音詞。但既有路，何以又必有道？頗可疑。假定道與路本均讀爲道路，因語音變化，故或分或合，似亦可通。

5. 栗即戰慄——《論語》：“周人以栗，曰使民戰慄。”《公羊》：“練主用栗”注“栗猶戰慄”。《白虎通》：“栗者所以戰慄。”按：栗，今僅謂之戰；字一作顫，如發顫，打寒顫，顫抖等。亦猶之今謂之站，疑栗和立，本均讀 zai，後失其讀，僅作立，口語又僅作 zan，字形乃别。

6. 笠即斗笠——通語謂笠爲斗笠。《水滸》作氈笠，有范陽氈笠名目。笠自亦不妨以氈爲之，但從戰慄、站立等例看來，氈笠似即複音名詞，不必是指其質地，且氈鬥古雙聲，戰字作戰争解者鬥字；作戰慄解者有抖字，氈之爲鬥，亦猶此耳。

C. 失去 l 母以下的音的

1. 道即道路——見前。

2. 戰即戰慄——見前。

3. 赤即赤裸——古籍無單以赤作赤裸解的，今語亦不獨用，常與別的字聯合爲詞，如赤身、赤膊等。按：赤作裸解，爲無意義字。與其説赤，何不説白，又何不説光？無意義字即僅有音，無意義的音，不能獨立，故附他音而存。且赤爲輔音，與裸連合，正爲複輔音字的標本。

三、讀音及異文的憑據

1. 斄字音來，一音邰。按：林君的意思，應該讀爲“突來”——邰來。古人常用相同的字名人、名地、名物，前已屢見。突來，即蒺藜，以名地者名物也。古舌頭舌上不分，今湖南、福建、廣東尚多如此，茶陵謂茶爲踏，厦門湖汕謂茶爲德。古 i 音多讀如 ai，今日本和廣東尚多如此。日本讀“經濟”音如克在，廣州謂“契弟”音如開代。

一音離，見《字彙》，即犛牛之犛。犛，《廣韻》音厘。《韻會》音離，正如犛。但《五音集韻》音胎，《漢書・劉向傳》：“貽我厘麰”，師古曰：“又音來。”犛音離，反過來，就是藜音犛。因此蒺和邰爲雙聲，藜和犛爲叠韻，蒺藜音如邰來，即突來。物可名爲蒺藜，故地也可名爲邰來。

2. 公次於滑，滑一作郎。按：林君似以滑或應讀爲矻郎——滑郎。這和角爲角落正是一例。滑讀如骨，音近谷。谷一音鹿，《史記・匈奴傳》：“左右谷蠡王”服虔曰：“谷音鹿。”今山西解縣，古稱解梁；廣東高涼州，以高涼山得名，今稱高州；《左傳》：“齊侯以諸侯之師伐晋，及高梁而還”，高梁即今臨汾高河鎮。這是滑可讀爲滑郎的證據。粱，今謂之高粱；娘，今謂之姑娘；糧——謂之餱糧。姓有高粱，蟲有羌螂（吾鄉謂之格郎），木有桄榔，景有荒涼，這又是郎可讀爲滑郎的證據。

關於讀音的憑據，讓我們稍稍不守林文的規律，用另一種方式提出，即就同一字的兩種以上的讀音，加以考析。

1. 鬲，或讀如隔，或讀如歷。通常讀如隔，爲隔之古字。《周禮》“考工記”：“鬲長六尺”，鄭司農云：“謂轅端壓牛領者”，今作軶；《儀禮・士喪禮》“苴絰大鬲”注：搤也，喪服傳作搹；殷賢人名膠鬲……均音隔。惟作鼎屬之器名時，音歷。《方言》“鍑，吴揚之間謂之鬲”注：“音歷”；《禮・喪大禮》“陶人出重鬲”《釋文》：“音歷。”古音或即讀隔歷（gli），音近詞爲隔離，格律等。

2. 綸，或音鰥，或音侖。綸無歧義，多音倫，惟《廣韻》又作“古頑切”，《集韻》：“姑頑切”，并音鰥。古音或即鰥倫（glun）音近詞爲崑崙、渾淪、囫圇等。

3. 窶，或音舉，或音婁。《爾雅》：“窶，貧也”，音舉。器有窶數（見《漢書・東方朔傳》），甌窶（見《史記・淳於髡傳》），皆音婁。甌窶，《説苑》作蟹堁，一作蟹螺。劉師培曰：“蟹堁，蟹螺與甌窶一聲之轉。甌窶即岣嶁。山巔爲岣嶁，曲脊爲佝僂，凡物之中高傍下者，其音皆近甌窶。”是窶，古音或即爲舉婁（glou）。音近者有骷髏。

4. 角，或讀如各，或讀如禄。見前。

5. 谷，或讀如骨，或讀如鹿。見前。

6. 龍，或讀如龐，或讀如寵。《集韻》、《韻會》并莫江切，音龐。《周禮・考工記》“王人上公用龍”注：“謂雜色；非純玉也。”《正韻》：“與寵同。”《詩・商頌》：“何天之龍”，鄭讀作寵。《史記・仲尼弟子傳》“公孫龍”索隱亦作寵。《説文》：“童省聲。”童寵古雙聲，故亦可音寵。

7. 寵，或讀如籠。《集韻》：“盧東切，音籠。都寵，縣名，在九真郡。”都寵一作□。

8. 龐，或讀如龍。《集韻》、《韻會》并“盧東切，音籠”，又《集韻》“力鐘切”；《韻會》、《正韻》：“盧容切，音龍。”

根據以上三例，可以假定龍古讀（一）寵龍（tlung），音近者爲葱蘢，（二）龐龍（plung），音近者爲朦朧。

9. 狸，或音埋，或音裹。此例林君曾提及。參觀原文，“狸之爲言之不來也”條。

10. 鳥，或讀如了，或讀如（diao)。《正韻》：尼了切，《唐韻》：“都鳥切。”《集韻》、《韻會》：“丁了切。”今方俗多分文語兩讀，文言，即書面讀了；口語讀（diao)。《説文》：“短尾爲隹，長尾爲鳥。”學者有疑隹即是鳥的。今語無隹鳥之别，古籍除《説文》外，亦少見。鄂中謂鳥爲雀子，或讀雀鳥，雀音近隹，或即隹，但也許雀爲常見物，故以常見概罕見。未足確據。鳥可讀（diao)，diao或即隹之古音。是則隹鳥本是一字，因音有訛失而爲二，有如福禄。俗以鳥喻男陰，亦有兩讀，見《字彙》。《西厢記》作屌，鄭恒云“你駡我村驢屌”；《聊齋》作𡲰，《仙人島》：“其心不正，則𡲰子没焉”；《水滸》關西語作撮鳥，魯智深常常喝道：“兀那撮鳥!”以《水滸》爲最近古，撮鳥即隹鳥。音近詞，蘇州謂蟬爲蜘蟟，一作知了；上海謂鬼作赤佬，均與赤裸同爲複輔音標準字。

11. 率，或讀爲帥，或讀爲律。率字含義甚雜，讀音也多，如蟀、刷、帥、類、律等。但大别之，則或近帥，或近律。古音或即爲帥律(tji)，音近詞爲蔟蠡。

12. 摛，或音痴，或音離。摛，《唐韻》“醜知切”；《集韻》、《韻會》、《正韻》並：“抽知切，音螭（痴)”；《集韻》、《韻會》又：“鄰知切，音離。”

13. 螭，或音痴，或音離。《唐韻》、《集韻》、《韻會》、《正韻》，切音同上。《正韻》亦音彲，《史記·齊太公世家》：“非龍非彲”；《韻會》亦作離，《史記·周本紀》：“如豺如離。”

依以上二例，摛和螭，古音應即爲痴離（tli)，音近詞爲蒺藜，疵厲（見後）等。

像這樣的例子，猝舉之不能盡；讓我們進行另一種考察，即：義同形異的字。

1. 監和覽。監，《詩·節南山》“何用不監”傳：“視也。”《漢書·禮樂志》集注：“觀也。”覽，《國策》“而數覽”注：“視也。”《説文》：“觀也。”春秋以前無覽字，亦無纜字，攬，古作擥、攬；《國策》（例見前)，《離騷》（皇覽揆余初度兮)，《吕覽》等書始有覽字出現。是監覽本爲一字；監，讀作（glan），後訛失，故新創覽字。植物名中尚有保持全音的，如橄欖。

2. 考和老。《説文》："老，考也"，"考，老也"，謂之轉注。六書中以轉注義最難曉，問題亦最多，考老之例，學者亦多不解。擬考老本是一字，即讀爲考老（klao），因音有訛失而析爲二，器名中尚有保存原音的，如栲栳。

3. 隔和離。古無隔離連文，兩字亦不互訓。但從鬲有隔歷兩音來看，隔離或亦一字，讀作隔離（gli）。《漢書・晁錯傳》"爲中周虎落"，師古曰："以竹篾連相，遮落之也。"今謂之籬，或作藩籬。籬本含隔離意，虎落當由隔離或藩籬音變，一作虎路，見《漢書・揚雄傳》。韋昭注虎落有"如落虎矣"語，望文生義也。又，關名有"虎牢"，爲虎落、虎路聲轉，亦即隔離，藩籬之意。《穆天子傳》的囚虎傳説，不足信。

4. 福和禄——見前。

5. 俘和虜——見前。

6. 命和令——見前。

7. 治和亂。亂，古訓多作治。《説文》："治也。從乙，乙，治之也；從𤔔。"《書》："亂而敬"，"兹予有敵政"，"亂越我家"，"厥亂爲民"，"四方逆亂，亂爲四輔"；《論語》："予有亂臣十人"；《左傳》："武王有亂臣十人。"亂均訓治，古有音訓例，疑亂亦可音治，亂從𤔔，辭亦從𤔔，亂音近治，是則亂本讀治亂（tlan），語音訛失而析爲二，音近詞爲燦爛。

8. 站和立——見前。

9. 隹和鳥——見前。

四、文字諧聲的憑據

1. 林君諧聲例六："以監聲諧籃濫，參考鑑覽。"按覽監應爲一字，説見前。

2. 又例九："以鬲聲（l母）諧隔。"按：鬲字本有隔律兩讀，見前。

3. 又例十："以婁聲諧窶（k母）。"按：窶字本有舉婁兩讀，見前。

4. 又例十二："以睦字（b母）與陸字爲同諧聲字。"按，睦，通音和穆，m母。林君謂爲b母，當是古音或方音。

5. 又例十三："以繆字（b母）與戮……爲同諧聲字。"按：繆，或讀如穆，或讀如謬，均b母。林君謂爲b母，理由同前。又，繆字尚諧它聲，見後。

文字諧聲的憑據，林君所舉十四例之外，尚有其他例证：

第一組：

1. 以"𢇍"得聲的，或爲關或爲聯。

2. 以"堇"得聲的，或爲漢、艱，或爲難。

3. 以"翏"得聲的，或爲樛、璆，或爲戮、蓼、寥。

4. 以"吕"得聲的，或爲筥，或爲侶、梠。

5. 以"立"得聲的，或爲泣，或爲菈、笠。

附：林君原例十條：

1. 以"果"聲（k母）諧祼（l母）。參考菓。

2. 以"各"聲（k母）諧路、洛、略、賂……（l母）。參考客、格。

3. 以"柬"聲（k母）諧蘭、瀾。參考諫。

4. 以"僉"聲（k母）諧殮、斂、臉。參考檢、儉。

5. 以"兼"聲（k母）諧廉字。

6. 以"監"聲（k母）諧籃、濫（l母）。參考鑑，（鑒同"覽"）。

7. 以"降"聲（k母）諧隆（l母）。

8. 以"京"聲（k母）諧凉、諒（亮同）（l母）。參考景。

9. 以"鬲"聲（l母）諧隔、膈。

10. 以"婁"聲（l母）諧"窶"、"屨"（k母）。參考"屢"。

第二組：

1. 以“翏”得聲的，或爲繆、謬，或爲戮……

2. 以“鹿”得聲的，或爲鄜（音孚），或爲麓、鹿……

3. 以“録”得聲的，或爲剥，或爲禄、録、緑、碌、淥。

4. 以“復”得聲的，或爲覆，或爲履。

5. 以“風”得聲的，或爲楓、諷、飄，或爲嵐、嵐。按：此例林文亦曾提及。

6. 以“䜌”得聲的，或爲變，或爲蠻，或爲鸞、戀。

7. 以“萬”得聲的，或爲邁、勱，或爲厲。

8. 以“里”得聲的，或爲埋，或爲理、俚。

附：林君例三條。

1. 以“稟”聲（p母）諧懍、廩（l母）。

2. 以“睦”字（b母）與陸字（l母）爲同諧聲字。

3. 以“繆”字（b母）與戮、廖、寥（l母）爲同諧聲字。

第三組：

1. 以“𦰩”得聲的，或爲歎，或爲難。

2. 以“占”得聲的，或爲站、沾、貼、帖，或爲鮎、黏、拈。

3. 以“麗”得聲的，或爲灑、曬、釃，或爲儷、驪。

4. 以“冄”得聲的，或爲聃，或爲枏。

5. 以“彖”得聲的，或爲篆、瑑、椽，或爲蠡。

6. 以“朿”得聲的，或爲敕、勅（音飭），或爲刺、辣。

7. 以“來”得聲的，或爲敕、勑（同敕），或爲萊、睞、徠。

8. 以“㐬”得聲的，或爲梳、疏，或爲流、琉。

9. 以“萬”得聲的，或爲蠆。

10. 以“丑”得聲的，或爲羞，或爲扭、紐、鈕、忸。

11. 以“樂”得聲的，或爲樂、鑠，或爲櫟、鑠。

12. 以“裹”得聲的，或爲驤、鑲……或爲孃、襄。

附：林君原例一條

1. 以“童”聲（t母）諧“龍”字（l母）。參考“寵”字。

五、複音詞的憑據

除了林君提出的三種憑據以外，我覺得有些複音詞也可提出來參考一下，哪些複音詞是不可分的，一分開就表示着另外的含義；就是不分開，也很難照字面去理解。是一種頗爲奇特的東西。自然，我們不能全部搜羅，如果搜羅，恐怕可以編成一本詞典；所以這裏衹略舉建議而已。

第一組：

1. 高麗。《漢書》作“高句麗”，高里（山石，在泰山下，見《封禪書》），可離（芍藥别名，見《埤雅》），伉儷（配偶，見《左傳》），禮（平等禮，見《莊子》）。

2. 奚落，髁髁（不正貌，見《莊子》），螇鹿（蟲名，見《爾雅》）。

3. 胡盧（笑，見《孔叢子》），瓠落（猶）廓落，見《莊子》，活鹿（草名，見《本草》），活絡（圓活也，見《朱子全書》），活路（俗語，謂工作），回禄（火神，亦作回陸，見《國語》）。

4. 黔婁（人名，見《高士傳》），黔雷（神名，見《大人賦》）。

5. 光狼（城名，見《史記》），琯郎（亦作琯朗，星名，見《嫏嬛記》），關龍（姓。紂臣有關龍逢），爌朗（光明貌，見《魏都賦》）。皋牢（亦作睾牢），猶牛籠，見《後漢書》，臬狼（姓，見《姓源》），臬蘭（地名），參閱高粱、高涼、桄榔等。

6. 栝樓（草名，見《爾雅》），葭蘆（城名，見《北史》），結縷（草名，見《爾雅》），匡廬（即廬山）。

7. 杞梁（人名，見《孟子》），吉梁亦作吉良，吉景（馬名，見《山海經》及《唐書》）。

8. 句留，句龍（人名，見《左傳》），句廉（水岸曲而有廉稜，見《漢書》），句闌（即闌干，又妓院），句漏（山名，在桂境），參看前節佝僂、岣嶁等詞。

第二組：

1. 薜荔（草名，見《離騷》），草荔（同上，見《山海經》），仳離（離異，見《詩經》），披離（分散，見《文選》），配藜（同上，見《文選》），背呂（背脊，見《説文解字段注》），并笠（鳥名，見《爾雅》），辟歷（即霹靂）。

2. 肥累（城名，見《集韻》），費留（兇命，見《文選》），飛廉（人名，紂臣；又藥名，見《廣雅》），蜚蠊（蟲名，見《爾雅》），豐婁（地名，見《左傳》），附婁（小土山，見《説文》），附路（星名，一作傅路，見《蠻書》），發落。

3. 汨羅（水名），碧落（天界，見《長恨歌》），北落（星名，見《史記》），一作北陸，伯勞，白鳥（蚊蚋，見《夏小正》）。

4. 茉莉，牡蠣，馬蘭（見《爾雅》，今名馬蘭頭），螟蛉，螟蠡（山名，見《文選》），牟婁（地名，見《左傳》），牟離（一作茀離，見《爾雅》），瑪瑙。

5. 部婁（小阜，見《左傳》），部勒（調度，見《史記》），部落。

6. 培塿（同部婁，附婁），瓿甊（瓦器，見《方言》），蓬累（扶持也，見《史記》；又草名，見《本草》），蓬廬（見《淮南子》），蓬萊（仙山，見《列子》）。

7. 蒲柳（水楊，見《晋書》），蒲盧（蟲名，見《爾雅》）；又姓，見《路史》，蒲牢（林文曾提及，作勃盧），潑剌。

8. 彭蠡（水名），飈厲（清越，見《文選》），鞶厲（見《左傳》）。

第三組：

1. 天禄（獸名，見《漢書》），塾婁（地名，見《集韻》）。

2. 跳梁（見《莊子》），跳踉（或即跳梁異文，見《晋書》），條狼（氏名，見《周禮》）。

3. 丹良（熒火，見《古今注》），丹鳥（同上，見《夏小正》），當梁（見張華《感婚賦》），都梁（山名，在湘境），顛連。

以上二條參閱林文螳螂條。

4. 觸龍（人名，見《戰國策》），燭龍（神名，見《山海經》），東龍（沾濕貌，見《荀子》。按：今鄂中，謂一塌糊涂曰通龍）。

5. 涿鹿（地名），爵鹿（酒器，見《禮器碑》），爵禄。

6. 逗留，獨鹿（劍名，見《荀子》），屬鏤（即獨鹿，見《史記》）。

7. 拓落（不偶，見《漢書》），土落（草名，見《本草》），土螻（獸名，見《山海經》），吐嘍（即土螻，見《周書》）。

8. 涉獵（見《漢書》），疵厲（灾害，見《列子》），乘釐（人名，見《山海經》），罾罶（見《文選》）。

9. 狰獰（見《廣異記》），葱靈（輜車，見《左傳》），葱朧（見《杜詩》），葱蘢（見《文選》）。

10. 豺狼（見《左傳》），蟑螂（見《爾雅》），莊浪（地名），蒼涼。

六、結　語

從上述的例子來看，雖然未必每一個詞都是從複輔音變來的，我們也很難堅决主張：古無複輔音。自然，要直接證明古有複輔音是困難的，中國字不是拼音字，古語的正確讀法，不易確知；而我們當做複輔音的例子，許多都已有元音攙和其間，或不知道有無元音攙和其間。像赤裸、知了、赤佬之類的例子，又出奇的少。因此，專靠舉例，至多祇能説似乎有複輔音而已。

一般人以爲漢字是單音字，惟章炳麟以爲有些字原有讀複音的，如蟀讀爲蟋蟀，薦讀爲解薦之類。複輔音也就是古有複音字的一例，不過更進一步，認爲某些字是複輔音，因爲古語是有複輔音的。但複輔音在文字的讀音上消失得很早，從很早就有福禄之類的連文可以知道。如果不是消失了，則一個福或一個禄字就讀如福禄，不必用連文。失掉的情形，有的是漏了l母，有的漏了l母前面的某一個輔音，這從許多連文都是叠韻這一點可以看出來。比如福禄，失掉l母的就讀福，失掉f母就讀禄。福禄是個完全的例；也有經過兩種訛失之後，并不是兩種音都同時存在，都能代表同樣的意義，比如葫蘆，壺可以代表，蘆却不能代表；角落，角可以代表，落却不能代表。高粱，粱可以代表，高不能代表；地螺，螺可以代表，地不能代表，但高粱、地螺，也因爲l母以前的音訛得太遠的緣故。此外，還有失去l母以下各母的。

文字的讀音雖然失去了複輔音，語言上一定還存在着，否則，就没有根據添加新字來補足。春秋時還有人讀邾爲邾婁，就是一证。多看幾本古書，就會覺得古人忠實於語言的精神，足以使專門咬文嚼字模仿古文的我們愧死。不過也没有什麽神秘，他們不像我們這樣幸運，有這麽多的古文可以模仿，模仿出來了，也還有讀者可以懂得。他們是除了忠實於語言，就無法寫文章，縱然寫得出也没有人懂得的。所以語文之間的極細微的事情，他們都給予很大的注意，盡力地使文字和語言吻合，比如福禄，起初衹用一個福字就行，讀爲福禄，但時間一久，把l母失掉了，僅讀爲福；著作家認爲這樣不行，和語言不一致，就另創一個新字：禄，也讀爲福禄，在字形上，在口耳相傳的時候，都特别注意l母。結果，因爲注意l母，反而把f母失掉了。後來的著作家認爲這樣也不行，還是和語言不一致，於是用兩個字代表一個語言上的詞，有的寫作福禄，有的寫作福履。他們衹要忠實於語言的音，字形隨便怎樣都無不可，他們不像後人對於字形抱着很迂執的觀念。不過，當他們寫作福履的時候，因爲禄字還有部分人讀作福禄，所以爽性用另一個字，也説不定。自然這樣一個過程，衹是一種想當然的假定，完全證實，還有待於更深的發掘。

一般的見解，以爲世界上的文字分爲兩種，一種是拼音文字，一種是象形字，兩種文字互有短長。衹有留心文字問題的人，纔知道現在的拼音字也是由象形字變來；現在的象形字也走到了拼音的邊沿，其中衹相差一間。那些從前的象形字，爲什麽一定要變成拼音字呢？一般地説，是因爲社會生産的發達，人民生活的改變，文化水準的提高，語言的豐富、複雜、變化莫測，使象形字捉襟見肘，無法應付。專就文字本身説，即使没有上述的那些原因，文字本來就和語言有着矛盾，象形字無論發展到了怎樣的高度，比如説，像漢字的形聲字，和語言的矛盾也還是無法解决。象形字的形體是固定的，定形之後，不能隨意伸縮。至於語言，雖然不是絶對不受文字的制約，但變化起來，可就自由得多。比如漢字，現在是一字一音，即所謂單音字；但語言却并非每一個詞都是單音的，如橄欖、栲栳、螟蛉、螳螂之類，就從來不是單音；單音詞也并非永久都是單音，如老虎、老鼠、桌子、椅子之類，有時會被加上詞頭或詞尾。象形字要適應語言上的這種現象，衹有兩種辦法，其一是用幾種不同的形體連綴起來表示一個詞；其二是一個字可以讀兩個以上的相連綴的音。而後者恐怕倒是最初的辦法。然而象形字無論最初一個字可以讀幾個音，結果也一定會變成一字一音。第一，因爲它不是拼音字，或者説，縱然有表音的符號，也不像拼音字那樣明確，讀來讀去，訛失一兩個音，是自然的。第二，因爲表音部分的不明確，一字一音，已經够困難了，如果還要讀一個兩個或三個不等的音，在學習與記憶上，一定加倍地困難——一個生字，不但不知道它該怎樣發音，并且還不知道發幾個音！因此，象形的單音化，也就是它的合理化。漢字合理化的結果就是使許多複音字變成單音字，複輔音字變成單輔音字，變成由兩個單輔音字綴成的詞。文字雖不及語言變化自由，但一經寫成文章，就比語言容易致遠，容易持久，它比語言的力量大得多，於是語言忘記了文字之所以用兩個字來代表一個複輔音詞，是因爲要適應自己的緣故，反轉來以爲自己的複輔音不正確，把自己改成由兩個完全的音而綴成的詞，去適應文字；正像一個完全不懂外國文的人，如果用字母拼“法蘭西”這個文詞的音，一定會拼成 F［a］rance 一樣。再加上注疏家們的望文生義，語言的本來面目就更模糊了。

假如這樣的推斷不算太荒謬的話，古有複輔音説是極可信的。

七、附 録

把林文和本文所引用過的複音詞條列如次，以醒眉目：

第一組：kl、gl、xl

——a，i：果拉。

——i：谷李，高麗，高里，可離，抗禮，格律，隔離。

——uo：奚落，髁髁，快樂，蟹堁，蟹螺，虎落，角落，矻落。

——u，iu，ou：栝樓，葫蘆，骷髏，蜾蠃，拘摟，活鹿，活路，回禄，黔婁，葭蘆，結縷，甌窶，匡廬，句留，句漏，佝僂；岣嶁，錮鏴，各蔞，拘録，輈録，虎路。

——an，ian：艱難，橄欖，皋牢，句廉，句闌，窟窿，困難，患難。

——en，ien（eng）：囫圇，渾淪，混沌，餛飩，屈林。

——in（ing）：鶺鸰，角陵。

——ang，iang：高粱，高凉，穀梁，姑娘，桄榔，蜣螂，乾糧，餱糧，解梁，光狼，琯朗，糠郎，皋狼，杞梁，吉梁。

——u，ug：胡同，喉嚨，窟窿，穹窿，崆峒，闞峒，闞龍，句龍，簹筅。

——ao，iao：栲栳，劬勞，皋牢，虎牢。

——oi，ii：果蠃，傀儡，黔雷。

第二組：

——a，ia：潑剌。

——c，ia：勃茢，部勒。

——i：睥睨，俾倪，霹靂，不律，鄙俚，披離，仳離，薜荔，萆荔，配藜，背吕，并笠，茉莉，牡蠣，牟離，熐蠡，彭蠡，�院厲，磐厲。

——o，io：叵羅，朴落，部洛，發落，畢羅，汨羅，碧落，北落。

——u，ic，on：蓬廬，蒲盧，福禄，符蔞，勃蘆，部婁，培塿，瓿甊，蒲柳，費留，附婁，附路，牟婁，俸禄，俘虜。

——an，ian：波瀾，泛濫，馬蘭，孛纜，飛廉，蜚蠊，勃蘭。

——in（ing）：螟蛉，百靈，烹飪。

——ang，iang：波浪，孟浪，魍魎，放浪，莽浪。

——ung，iung：朦朧，勃籠，懵懂。

——ai，iai：蓬萊，不來（貍）。

——ao，iao：蒲牢，伯勞，瑪瑙，白鳥。

——ei，iei：蓬累，蓬虆，蓓蕾，肥累。

第三組：

——a，ia：陀拉。

——e，ia：涉獵。

——i：蒺藜，的皪，的瓅，疵厲，乘厘。

——uo：陀螺，田螺，地螺，赤裸，拓落，土落，瘯蠡。

——u，iu，ou：天祿，塾婁，爵祿，爵鹿，逗留，獨鹿，屬鏤，土婁，穜稑，頭顱，頊顱，髑顱，禿顱，涿鹿，道路。

——an，ian：燦爛，都蘭，團圞，顛連。

——i（ing）：丁寧，滴顊，葱靈，狰獰，葱寧。

——ang，ing：跳梁，跳踉，蟑螂，滄浪，童梁，螳螂，都梁，丹良。

——ung，iung：葱蘢，葱朧。

——ao，iao：撮鳥。

——ei，i，i：族累。

關於語言

一、關於語言

兩年前，正是大衆語論戰的時候，我寫了兩篇短文：（一）《話跟話的分家》；（二）《話跟文章的分家》。這兩篇短文雖説當時似乎有人喝彩，但討論問題的時候，大家并未注意到我所提出來的意見，并未把我的意見應用到具體問題的討論上去，就是儼乎其然出來做着大衆語論戰的結論的黄賓先生，他的文章（見《語文論戰的現階段》頁三五二）也完全没有談到，甚至於一直到現在爲止，關於語言的我的意見，仍舊没有得到任何人的直接或間接的補充和修正而有絲毫的進步。

寫那幾篇短文的時候，我正在充當發表那文章出來的刊物的編輯，那刊物是一種日報的副刊，每天要稿子，又不能寫得太長，文章常常是寫得很草率的；同時我并不是一種所謂“書淫”之類的人物，實在也没有專門在讀着些怎樣的書。因之我的意見，并不是什麽博覽群書或經心研究了的結果，不過從别的方面聯想到語言問題也應該是那樣，所以就那樣寫出來了。那麽，我那文章的不够或不正確的地方，無論如何，總該不能説是没有的吧。然而兩年之久，没有得到一點回聲，真叫人有點兒寂寞。

今年，我受了朋友的囑托，寫了一本《從白話文到新文字》的小册子，把從前的那兩篇短文的意見又引用進去了；并且因爲馬上有了一點别的意見，又添補了一下，加上了一個題目：《文章·語言·文字》，投在《現實文學》第二期上發表了。一點意見，寫來寫去，固然很無聊，不過在説法上，却有了一些自以爲比較圓滿的修改。最近，隨便看書，偶然也碰着些對於我的意見有幫助的材料，現在想摘録下來，作爲《文章·語言·文字》一文的論证的補充：

1. 在那篇文章上，我説："在很久以前，人和人就分了家……因爲有的參加生産過程，有的離開生産過程，兩者之間的生活習慣，就慢慢不同起來。不但行爲，就是觀念也慢慢不同起來。不用説，兩者之間的生活習慣，行爲思想所需要的語言自然也跟着不同起來。"一句話：就是語言這東西在階層社會裏也和藝術、科學、哲學、教育……一樣是有階層性的。我舉出了從前俄國貴族們不説俄國話，倒説法國話的事以及法國在革命以前有貴族話和平民話的分别等等的例子。現在我覺得最適當的例子却在果戈里的《死靈魂》裏頭：

> 這裏還該叙述的是 N 市的閨秀們也如她們那彼得堡同行一樣，在言語和表白上，總是十分留心而且努力於正當的語調的。没有人聽到過她們説"我擤鼻涕"，"我出汗"，"我吐口水"，她們却换上了這樣的話"我清了一下鼻子"或則"我用了我的手巾"。無論如何，也不能説"這盤子或杯子臭"，不能的，連覺得有些這意思的影子的話也不能説，要挑選一句這樣的表現來代替它："這杯子不成樣子呵"，或者别的這一類話。因爲要使俄國話更加高尚，就把所有的言語的幾乎一半，都從會話裏逐出了，人就衹好常常到法國話裏去找逃路。這就成了完全兩樣的事情。用起法國話來，即使比上面所述的還要厲害的詞句，也全不算什麽事。（魯譯本頁二四六）

這是什麽意思呢？這是説，一句同樣意思的話，一到貴族閨秀們口裏就完全變了樣子了。不但閨秀，紳士們也是這樣：

> 唉唉，不對！我不料我們的主角竟滑出一句街坊上的話來。但叫我怎麽辦呢？這是在俄國的作家的命運！不過倘有一句街坊話混進書裏來，可不是作者之罪，倒是讀者，尤其是上流的讀者之罪：

從他們那裏，先就聽不到合式的俄國話，他們用德國話、法國話、英國話和你應酬，多到令人情願退避，連説話的樣子也拼命的學來頭，存本色：説法國話要用鼻音，或者發吼，説英國話呢，像一只鳥兒還不算到家，再得裝出一副真像鳥兒的臉相，而且還要嗤笑那不會學這模樣的人。他們所惟一竭力避忌的，是一切俄國語——至多也不過在鄉下造一座俄國式的别墅。這樣的是上流的讀者以及一切自以爲上流的讀者！然而别一面却又有：那麽的嚴厲，那麽的要求！他們簡直要最規矩、純粹、高尚的文體來做文章。（頁二五六）

2. 我以前説："時代的進化，就是説生産工具和生産關係的逐漸改變，兩方面的生活習慣、行爲思想也以不同的發展路綫而逐漸改變；兩方面的語言的不同的程度也就逐漸增大。"原意本來衹在説明"時代越進化，兩方面的生活習慣、行爲思想相差就越遠，兩方面的語言相差也就越遠"這一點；然而在生産工具或生産關係的逐漸改變中，或已經改變了，語言在各階層裏以怎樣的形態來改變的事却完全忽略了。關於這一問題，我現在也仍舊不能有什麽具體的答案，不過想在綏拉菲摩維奇的指示之下，來揣摩這一問題，并且把一兩點零碎的材料抄在這裏，以備自己或者别人某一天的采用。

爲了語言問題，綏拉菲摩維奇和高爾基這兩位老將曾有一次有名的筆戰，大概誰都知道的了。這筆戰究竟誰勝誰負，誰對誰不對，以及誰的正確成分的多或少，我現在還没有得到全般的瞭解；不過老綏拉菲摩維奇有幾句話，我認爲是對的：

語言不能静死地去觀察。……和一切的事物一樣，在生活中，在文化中，在建設中，在文學中，在語言中，革命沸騰着……珂羅連科是優秀的作家，可是現在珂羅連科式地去描寫是不可能的，不同的階層關係，不同的人們，有不同的語言。

（用《中華月報》第二卷七期方天奕的譯文，文多删節，恐不可靠。)

這裏，其實衹引用一句話就够了："語言不能静死地去觀察。""不能静死地去觀察"，這話大家都懂，而且大家都在應用，但是應用到語言方面的却少，應用到語言的具體問題上頭的更少；所以這裏特別把他提出來一下。珂羅連科是優秀的作家，可是現在不能珂羅連科式地寫，這些話對於和珂羅連科有點因緣的高爾基是種故意的諷刺也説不定，但那意思是對的。烏思潘斯基用農民的語言寫了許多優秀的作品，但現在的集體農場的作家誰還用烏思潘斯基式的語言寫呢?《水滸》、《紅樓夢》是優秀的作品，如果現在的作家，左一個"翻身便剪拂"，右一個"勞什子"、"小蹄子"之類，説不定是很可笑的。爲什麽呢?因爲烏思潘斯基時代的農民的語言或者《水滸》、《紅樓夢》式的語言，已經不是現代的語言，不能代表現代的特殊精神；它已經隨着時代的變换而變换了。

所謂語言隨時代的變换而變换，其實就是隨着生活的變换而變换。時代變换了人們的生活，生活又使語言受到它的影響，如斯而已。關於這，潘非洛夫在《關於語言》那篇文章裏，曾提到法國大革命後，民衆語占到了最高地位的事，也提到過十月革命後的蘇聯的語言上的變化。最有趣的是他舉出了這樣一個例子：

瑪莎和她的麻子彼得同居了二十三年，并且他每年都打過她。……那時候她有什麽辦法呢?離婚吧，但是須得證明他遺棄了她。跑開吧，但是土地是不給女人的……衹有一九三二年她纔獨立賺到一百四十普特的麥子，她走到他跟前説："可愛的彼得，現在你還拿拳頭對付我麽?"他抓到她就打。她就離開他，跑到書記處去了，他也匆匆忙忙地跑到那裏去。書記對他説："你做的什麽事！我們要來審判你，把你從集體農場開除掉，趕出這個村子。"他站着，哼氣，哼氣，後來轉嚮瑪莎發氣地問："你對我説真話，你嫁我的時候是處女麽?"

> 後來書記寄給我們一封信，裏面説：我們集體農場有件怪事：這個彼得從前無論何時都不叫瑪莎做瑪莎，他是這樣地叫她的：“唉你這爛污。”而現在他叫她瑪莎……走在一塊，好像是年輕了似的。
>
> ——徐行譯文，載《文學叢報》第一期

據潘非洛夫説，是“他因爲各種環境，主要的是因爲生産關係改變了”。以後，他又舉了一個例子：

> 我知道這樣一個鄉村，在革命以前説着四種不同的話：一部分人説“Chawo”，另一部分人説“Chivo”，第三部分人説的是“Chevo”，第四部分人説的就像城裏人説的一樣是“Chewo”（按：意爲“什麽”）。而且這一部分的居民，恥笑其他的居民。

爲什麽會這樣呢？潘非洛夫説：“因爲有一個時候，四個地主由各個不同的地方運進了許多農民，而這四個地主把這些農民把持在自己畸形文化以内。”可是“現在因爲集體農場成立，所有這些‘Chawo’和‘Chivo’等玩意兒就消失了”。這就是説，農民們的生活改换，使他們的語言也變换了。當然，决不僅蘇聯的情形是這樣，别的國度，也有和這近似的語言上的變换：日本維新以後和維新以前的語言，尤其是書面上的語言大不相同是周知的；中國的辛亥革命，五四運動，以及五卅以後的大革命也無不在語言上引起了劇烈的變化，而且現在還正在更劇烈的變化之中。

説到這裏，不禁想起有些人想拿一種文字來統一中國的語言的事。中國語言現在需要統一，是不錯的，要統一必須加上人爲的努力，也决不會有人反對，有一種便利的記録工具，自然也會叫統一工作變得容易些；可是如果没有國民經濟的改造，人民大衆的生活實際改换這些先决條件，想光靠文字來統一語言，那可能性未免太少了。

話歸本題：從以上的例證看來，人類的語言是和他們生活分不開的東西，生活有了變换，語言也一定會有變换；要使語言變换，也不能不先使生活變换。同時，正因爲語言和生活分不開，而人類的生活是社會的生活，到現在爲止，是階層的生活，所以語言是有階層性的。不用説，我還要廣泛地搜求更充分的證據。

二、又是關於語言

關於語言的階層性，我曾在《文章·語言·文字》（《現實文學》第二期）和《關於語言》（《中流》第三期）這兩篇文章上有過論證。前兩年大衆語論戰的時候，也曾在《大衆語决不是含有階級性的》一文中，我説過這樣的話："沙龍裏面，紳士淑女們的清談或情話，大衆固然不容易聽得懂；從大衆自己的生活習慣、行爲思想産生出來的話，紳士淑女們不但聽不懂，甚至簡直不聽。"這裏的所謂聽不懂，當然不是指的方言土話的隔膜，也不是指發音的生理上有什麽差異；倒是指彼此社會地位不同，不但本有各自的特殊的語言，縱然在完全相同的語言範圍以内，也不會有放肆地忘形地傾心吐膽、開誠布公地暢談的機會。例如：

> 巴比塞有一篇很有意思的小説，叫做《本國話和外國話》，記的是法國的一個闊人家裏招待了歐戰中出生入死的三個兵，小姐出來招呼了，但無話可説，勉勉强强地説了幾句，他們也無話可答，倒祇覺坐在闊房間裏，小心得骨頭疼。直到溜回自己的"猪巢"裏，他們這纔遍身舒齊，有説有笑，并且在德國俘虜裏，由手勢發見了説他們的"我們的話"的人。
>
> 因了這經驗，有一個兵便模模胡胡地想："這世間有兩個世界。一個是戰争的世界。别一個是有着保險箱一般的門，禮拜堂一般乾净的厨房，漂亮的房子的世界。完全是另外的世界，另外的國度。那裏面，住着古怪想頭的外國人。"
>
> 那小姐後來就對一位紳士説的是："和他們是連話都談不來的。

好像他們和我們之間，是有着跳不過的深淵似的。”

——魯迅：《花邊文學》頁九五—九六

我没有看見過巴比塞的原作，衹能從魯迅先生的文章裏摘録出如上的話，但是豈不是已經很清楚而且很足够了麽？

魯迅先生的《故鄉》大概都讀過的吧，那回到别了二十餘年的故鄉被故鄉人認爲是“闊”了的“我”，和那小時候在一塊兒玩得難捨難分的閏土（一個“忙月”的兒子）相見的場景，太感動人。讓我們來共讀那原文吧：

> 我這時很興奮，但又不知怎麽説纔好，衹是説：
>
> “啊，閏土哥，——你來了？……”
>
> 我接着便有許多話，想要連珠一般涌出：角鷄，跳魚兒，貝殼，猹……但又覺得被什麽擋着似的，單在腦裏面迴旋，吐不出口外去。
>
> 他站住了，臉上現出歡喜和凄涼的神情；動着嘴唇，却没有作聲。他的態度終於恭敬起來了，分明的叫道：
>
> “老爺！……”

這裏我們不妨假定在閏土那邊也“有許多話，想要連珠一般涌出：角鷄，跳魚兒，貝殼，猹……但又總覺得被什麽擋着似的，單在腦裏面迴旋，吐不出口外去”。而衹能在“歡喜和凄涼的神情”之下“動着嘴唇，却没有作聲”，終於“衹是説”：“老爺！……”原文，以下還有這樣的話：

> 我似乎打了一個寒噤；我就知道，我們之間已經隔了一層可悲的厚障壁了，我也説不出話。

閏土那邊有没有這樣的感覺呢？照巴比塞的作品看來，是應該有的。

不過假如閏土先生比那位法國的丘八先生的感覺要遲鈍些的話，不會這樣感到，也毫不爲奇。有人以爲在同樣的語言當中，人和人之間就没有語言的隔膜了麽？巴比塞和魯迅先生的作品，會叫他改變自己的意見。不過這裏重要之點，決不在於把話説出來了，兩下會有什麽隔閡（那當然也是有的），倒是兩下根本不會把話説出來。所以魯迅先生説："就在同時代，同國度裏，説話也會彼此説不通的。"（《花邊文學》頁九五）

或者會有這樣一種反駁：丘八和小姐，閏土先生和老爺之所以有那樣的隔膜，完全是因爲彼此太生疏的緣故；如果他們熟悉了，就不會有那麽多的拘束，這話就説得通了。説話一點兒也不錯，我們不是有時候就是在同樣社會地位的陌生人面前，也會無話可説的麽？可是相識一久，相知一深，却又無所不談了。然而問題不在這裏，倒在於丘八和小姐之間，閏土和老爺之間，有什麽方法可以"熟悉"。丘八和丘八，閏土和閏土是容易熟悉的；法國的丘八和德國的丘八；中國的閏土和日本的閏土，衹要有機會，是也容易熟悉的；乃至丘八和閏土，閏土和丘八，法國的丘八和德國的閏土，中國的閏土和日本的丘八也衹要有機會，無不可以熟悉起來。和這完全同樣，小姐和小姐，老爺和老爺，老爺和小姐之間，都非常容易熟悉。衹有小姐和丘八，老爺和閏土之間却"有着跳不過的深淵"或者"可悲的厚障壁"!

許多藝術家，常常有這樣一個企圖：展覽絶不相同，像剛剛相反的兩個階層的生活，把這一個階層的人，帶到另外一個階層裏去，使他們對比，像小説《石炭王》、《屠場》，電影《都會的早晨》和《迷途的羔羊》的一部或全部之類。就我所知，那種企圖都是失敗了的：不是那故事表現出十二分的偶然而失掉了真實性，就是顧此失彼，顧彼失此，結果兩邊的生活，都没有被最適當表現出來。漫畫家蔡若虹是一個有才能的作者，我看見過他的一幅畫，題爲：《白錫包與紅金龍的碰頭》。吸白錫包（高價香煙）的是一個穿西裝的胖紳士，因爲要借火，就尋到了一個正吸着紅金龍（便宜香煙）的小癟三。不僅從衣着上，并且從體格上，面部的表情上以及所謂氣派上，作者都告訴我們：他們彼此之間，隔得天差地遠，不是這種偶然的機會，是很難得“碰頭”的。可是這也衹是藝術家的存心撮合，實際上連這種偶然的機會，也是“十年難碰一個金滿門”。小癟三縱然没有火，也不敢到紳士們那裏去借；紳士呢，也不向小癟三借的。那麽，我們要紳士和小癟三之間，發生一種友誼，豈不戛戛乎難哉！可見所謂熟悉了，就會没有語言上的隔膜，其實不過是一句廢話而已。

那麽，隔膜就絶無辦法打通了麽？有的。巴比塞和魯迅先生已經在作品中指示出來了：衹要都像那法國丘八和他們的俘虜，或者像小時候的老爺和閏土以及老爺的侄兒和閏土的兒子之間的情形，任何隔膜都一齊消散。依巴比塞的指示，是人和人之間都處的同等的社會地位，像丘八之和丘八；依魯迅先生的指示，則是没有社會地位乃至這種觀念存在——小孩子的世界是没有（或者很少）這種東西存在的。

“土産”——“接儀”

翻一篇日文小説，碰着“土産”這個名詞。爲忠於原文，想找一個適當的譯語。

我是個在外面唸書的學生，每年回家一次。回家的時候，總要帶點東西去送給家裏的人乃至親戚朋友；出來的時候，至少，我的密司C，難道好意思不給她帶點什麼麽？這帶來帶去送人的東西，當然無論是什麽東西，日本話叫做“土産”。

鄉下（也許不僅鄉下）有一種規矩，到别人家裏去，有時必須帶點禮物，大約是茶點水果之類。這自己帶去送人的東西，日本話也叫做“土産”。

也許還有别的場合可用吧，土産這名詞。但，總該是在贈送之類了。

我所碰見的是第一個場合的“土産”。翻什麽好呢？翻“禮物”！但是，我有一個信念，小説要“聽”得懂。我記起前天跟密司C的小大姐講的話來了。

“阿×，你説送什麽禮物給你們小姐好？”

“什麽？鯉魚？我們小姐不吃鯉魚的。”

“糟糕，我説買什麽東西送給你們小姐。”

“哦！你説送人事呀！”

翻“人事”！啊不行！同鄉陳乜歌在×政府當人事股股長，“人事”那是什麽意思雖然不很明白，但不會是專管收送禮物的吧。

“禮物”也罷，“人事”也罷，乃至《水滸》上的“人情要人情願”的“人情”也罷，都不能表示從外面帶回家送給人的那原文的意思。怎麽辦呢？我知道的話太少了！

同房的人都不同省，連我五個，就有五省：河南、河北、湖南、安徽，我自己是——我知道。我説："喂，你們説應該翻什麽呢？原文的意思是……"當然我得解説一通。并且就衹要不是禮物人事之類，普通話也好，各人家鄉的話也好。

有人説記不起。有人説壓根兒没有這話。有人説"捎包"，例如："爸爸，你到街上去了，給我捎個包回來!"似乎有點似乎，但他又説那是"專指吃的東西"。

我記起我們家鄉，有一個（不是句）土話，叫做"接儀"，倒與原文一模一樣。我説："你們懂得'接儀'這話麽?"都説不懂。有一個人説："又不是過節……"完了!

翻什麽呢？翻什麽呢！豈不戛戛乎難哉！

這，引起了我一點感想。

這感想留到明天説。

（原載 1934 年 6 月 9 日《中華日報·動向》）

關於"文言文"的形成跟發展

關於文言文的形成發展的問題，應當讓給對中國文學什麼的特別有研究有興味的人來談；這裏衹提供幾個原則上的意見。

第一，有人說，"文言文"是周朝人的話；假如這話可靠，那也衹是周朝的尊貴者群的話的省文，不但那時的卑賤者者的話没有被寫進去，就是尊貴者者的話，也未必就全部留下來。固然，也有歌謡什麽的，是從民間采取來的；但是"民間"本身，就是個曖昧的名詞；作算"民間"就是我所説的"卑賤者者"，一經尊貴者者的"采取"，寫出，一定就不很"民間"了。孔子曰："詩三百，一言以蔽之：'思無邪'。"爲什麽"思無邪"呢？難道那時候的卑賤者者，果真那樣知書識禮，明白"先王之道"麽？恐怕無非是經過了"采取"而又粉飾之功吧。所以我們如果把孔子的"删詩"理解爲删除那些由於采取者不小心，照那歌謡的原意或原話寫出，未能那樣"思無邪"的東西，大概不會有很大的毛病。

第二，爲什麽獨有周朝的尊貴者群的話的省文，形成了"文言文"，一直支配到現在：周朝的文化思想，在歷史上占着支配的地位的原故。原來中國的所謂文化思想，都是封建的文化思想。周朝是封建經濟的全盛時期，農業生産，達到了很高的程度，所以禮制文物大備——文化思想特别發達。以後的封建經濟，雖説有長期的穩定，也不是没有種種發展，但多是細微末節的部分，很少本質的東西；同時，工商業的抬頭，雖没有致封建經濟的死命，却也不斷地給它以打擊，從前的那種盛世已經不可再見了。因文化思想，也就不見有超過周朝所有的進步。歷代的文化思想，既都在周朝的文化思想的支配影響之下，崇拜周朝的文化思想是必然的，崇拜周朝的文化思想，附帶地就崇拜了周朝的表現文化思想的工具——文言文叫做"載道"的"文"。

第三，文言文本身有很多的進步。同是周朝的文章，戰國時候的文章，就比春秋時候的文章暢達得多。這裏用不着多找例子，衹用把孟子的書跟孔子的書，莊子的書跟老子的書比一比就可明白。到了漢朝，文章的範圍更大了，語彙更多了，表現力也更强了。本來可以有一個飛躍的發展；但是因爲那文章所“載”的“道”，并没有前進一步，限死了文章不能有全新的面目。作文章的人，不過以周朝的尊貴者群的話的省文爲基礎，加以改變，却没有人想到用自己每天所説的話寫文章。他們把話跟文章的分家，看做當然的道理；甚至把那已經發展得相當複雜了的文章，簡了又簡，省了又省，硬要它接近周朝的少數人的話的省文。相傳蘇軾跟黄魯直比作古文。同一題目，蘇比黄寫的多幾個字，蘇氣極重作，結果比黄的少兩個字。章炳麟告訴人作古文，是把平常的文章，盡量地減除虛字，減到一個也不能減了，就成了所謂“古文”。把自己寫的文章叫做古文，五四時代曾有錢玄同先生笑過他們不通。這“不通”，就在於他們要把文章合乎周朝的少數人的話的省文，或以那省文爲基礎發展到某階段了的文章。這樣一來，時代越往後，文章跟話就越離得遠了。

（原載 1934 年 6 月 28 日《中華日報·動向》）

關於“白話文”的發生跟成長

雖然尊貴者群極力要把文章寫得“古”，但正像資産階級在封建社會成長了一樣，用話寫文章的事，或者説使文章接近於話的事，也慢慢在那古香古色的文章的氛圍之中發生、成長起來了。起初，在寫文章的人，作興是偶然的，態度也不一定好，但儘管這樣，那用話寫文章，甚至用一部分卑賤者群的話寫文章的事終於有了。那文章還是尊貴者群寫的。尊貴者群，在某種場合，必須跟卑賤者群發生契約關係之類的事，那契約又一定要卑賤者群能懂，至少聽得懂。這場合，再好的“文言文”、“古文”，完全無用，尊貴者群就不能不屈尊用話或像話的什麽來特別爲卑賤者群寫文章。《僮約》，一向是被當作滑稽文章的；就算是滑稽文章吧，我們也可以看出它的這種嚴肅性來。

這裏，應該加重補充一點：某種文章，起初一定是尊貴者群寫的。卑賤者群不能寫文章，也没有工夫寫文章且不説。作算有這麽一兩個人寫，然而尊貴者群中間，像孔子那樣的“大成至聖”多的是，他老先生“筆則筆，削則削”，并且又“删”過詩書，那種文章，經過聖人的一“削”一“删”，放心吧，本來面目是不會保存下來的。祇有尊貴者群寫的，纔有希望逃過那些檢查員（不，應當説是聖賢）的“删”與“削”！

歷史是前進的。“法律賤商人，商人今富矣”。到了很多的“商人今富矣”的時候，一方面是工商業影響之下的大衆，會發生文化生活的要求；一方面是尊貴者群不肯放鬆這雖然卑賤却是“富矣”的商人，要把他們拉到自己的陣營裏來。爲了麻醉大衆，爲了欺騙商人，尊貴者群可以特別寫出一種容易懂的文章。并且隨着歷史的前進，話跟思想越見複雜，文言文的缺點漸漸暴露，“古文”就變成“惟不宜於説理耳”（好像是曾國藩的話）的東西了。豈僅“惟不宜於説理耳”而已哉，“理”以外的什麽，也衹剩下些空洞曖昧的“詞藻”。一方面是真實生活的體驗，一方面是那偶然寫出的《僮約》之類的文章的對比，“平話”、“語録”什麽的就産出了。這之後，用話寫文章，使文章接近話的事的影響漸漸擴大，不但尊貴者群，就是卑賤者群，也慢慢有人會寫文章，甚至進步的尊貴者群的人，也用卑賤者群的話跟意識來寫文章。

雖説這樣，尊貴者群還是看不起這些用話寫的文章的。甚至寫文章的人自己，也覺得不足齒於大雅之林。就説“語録”罷。他們并不把它當作文章看待，“語録”這意思，是説衹是“話的記録”，記下來了準備寫成文章的。换句話説，就是文章的毛坯子，不算正式文章。

不過看不看得起是小事，使文較接近話的趨嚮終於在被人輕視之下，不斷地發展，而且有了很好的成果。這時候，那些“我欲正人心息邪説”的尊貴者群又來了，他們把這些成果，不當做因爲是用話寫出的原故，也不當作用話寫出的文章看，衹當做從這篇那篇“古文”脱化出來的，衹當作用話寫的“古文”看。至於那些成果中，如果有一點甚至是卑賤者群的意識的東西，不用説，更歪曲得一塌糊涂。譬如《水滸》，是一部有名的小説，是好多年在苦難中奮鬥中來的成果，而它最可取的地方，就在是用話寫的。然而我們的金聖嘆老爺怎麽説呢？他説這是“才子書”，他硬把它放在《左》、《史》、《莊》、《騷》一塊兒！并且，那書中有一點兒不像尊貴者群的意識的地方——强盜不是天生的，不是壞人；官老爺們反是壞人，逼人做强盜——簡直使他忍不住。於是他竄改，他要“以丸泥封函谷”，他硬在那書中造出什麽“微言大義”、“春秋筆法”來。

尊貴者群這樣就完了麽？不！他們曉得卑賤者群喜歡看這種書，可是未必懂得什麽“春秋筆法”，光指出一下是不够的。於是他們又作《蕩寇志》，并且還利用卑賤者群喜歡讀用話寫的文章這件事，寫了好多大五義、小五義、彭公案、施公案之類的“爲國家秉忠心，食君禄報皇恩”的以緑林叛徒爲主角的所謂大衆小説。他們這種衹問目的不擇手段的做法，比林紓、汪懋祖輩，要通權達變得多。

話又説回轉來：用話寫文章或使文章接近話，雖然成長，發榮，但是它不能取得支配的地位。因爲支配着社會的尊貴者群雖然有時通權達變，更多的時候，却是遵經中常有的。他們根本没有真正用話寫文章的要求，用話寫文章，如果要取得支配地位，除非舊制度根本動摇，新興勢力要來取而代之的時候，五四時代曾有點像。

（原載 1934 年 6 月 30 日《中華日報·動向》）

給葉籟士先生

葉籟士先生：

讀過你的幾篇關於中文拉丁化的文章，非常感動。我們是生在一個怎樣黑暗的時代呀！從小時一塊一塊地認字，現在還一塊一塊地寫文章，不説連時間也窮的大衆，就是我們僥幸生爲中間層，有機會接觸文化教育的知識分子，又多麽感到艱難！生來是瞎子的人，是不懂得光明有什麽好處的；一經人提醒，就會深深地感到黑暗的苦悶了。中文拼音化是必然的趨勢，簡直不能當作問題來討論，不久的將來，我們總會撥雲霧而見青天的。看了你的文章，知道這到光明的路是這麽近，又這樣容易走，怎能不令人歡喜？

不過，你這回的文章，把鬱鬱文、丹楓、丁乙、高而們幾位先生，當作“拜物主義者”來“駁斥”，我以爲似乎有點過火。不用説，他們對於全盤問題中的某一點或某幾點，不能説没有認識不够的地方，對於拉丁化的實際情形不瞭解，不能馬上成爲一個拉丁化論者，是事實。但是，儘管這樣，他們却不一定就是“漢字拜物主義者”。因爲他們的文章，正和你的文章一樣，是從“爲大衆”這一立場出發，而不是想死抱住漢字不放，以便於鞏固現有的特殊地位的。就拿錯誤得最厲害的丹楓先生的話來説吧，他以爲漢字跟大衆已經結有不解之緣，顯然好像是在做夢。然而他仍舊似乎是從大衆身上着想，纔主張保存漢字，却不是對漢字本身的拜物。我們應該指出他的錯誤，證明廣大的大衆，怎樣跟漢字無緣，以促進他的反省，却不該一開口就説他是“拜物主義者”。

然而漢字拜物主義者是有的；不過不是他們，而是汪懋祖、胡懷深、馮執中這班先生。祇有這班先生纔是死抱住漢字乃至文言文不放，企圖維持自己底地位的；祇有這班先生纔是爲整個特殊者群跟整個復古運動當律師的；祇有這班先生纔是什麽狗屁大衆，完全不屑用眼睛角去斜一斜的。你聽見過他們的理論麽：你是不是中國人？你既是中國人，爲什麽要廢除中國字呢？這就是全部。先生，你莫認錯了，漢字拜物主義者們在這裏！

我不是説你不該“駁斥”鬱鬱文他們，用理論來説服他們是必要的，但開口就加上一頂帽子，那祇能算是“克敵的咒文”。用咒文克敵，却祇是《封神榜》、《西游記》上的事。

不過，也不能獨怪你。像霓璐先生説别人是什麽“白話改良主義者”，讀書問答上説某人是“取消”，都是采用着同樣戰術。這除了發泄一下私人的意氣以外，是没有更多的用處的。懷蓄已久，趁此一提，在此祇算閑話。

爲了大衆話的建立，爲了中文拉丁化跨進實施的第一步，還希望你跟你的同伴們多寫文章。這封信，直率的地方難免，但惡意是没有的。請莫見怪。

（原載 1934 年 8 月 13 日《中華日報·動向》）

答霓璐先生的抗議

霓璐先生：

我的“零碎話”上説“可以引起我們的反省的”，原也包括我自己在內，并非衹叫你先生反省，我自己就可“飽食終日，無所用心”。不用説，製片商們要攝製土話方言的聲片，也可以引起我耳耶的反省的，但你先生也未必就可打得勝鼓，收兵回朝。當局取締攝製土話方言聲片跟你先生的主張，本質上未必是一致的；正像製片商要攝製土話方言聲片跟我的主張本質上未必是一致的一樣。儘管這樣，在形式上却是“不謀而合”。這不謀而合，究竟是一個偶然的現象呢？還是有什麽必然的關係呢？這問題，不見得一口就可以答覆。因此，我們反省一下，衹有好些。自然，這衹是我的愚見：如果你先生以爲不必反省，那就不反省好了。我雖希望自己跟别人反省，却除了自己，是不能强迫任何人反省的。

正文衹有這麽多。以下是對你的抗議的抗議。

你先生説我是甚“文藝運動的領導者”，這是什麽意思呢？莫非你先生可以勅封我麽？如果是你的勅封，我真要謝主隆恩，這樣堂哉皇哉的頭銜，還是第一次碰見咧。我也想用并非可耻的文壇上的報恩主義，封你先生爲什麽運動的領導者，咱們一個人戴一頂高帽子，大可相視而笑，心照不宣；旁人會不會笑落牙齒，管他娘！我知道，這衹是你先生的一種戰術。先把我封得大大的，然後抓一把石灰，向我的鼻子上一擦，就格外顯出我這副尊容衹是“小上墳”或“小放牛”裏面的角色。可不是麽？抗議的下文，就談到什麽光明不光明，暗中放冷箭之類的話了，這戰術是很巧妙的。

但是爲什麽我的態度是不光明的呢？我在怎樣的“暗中”“放”了怎樣的“冷箭”呢？莫非我寫的短文章，是該叫做“冷箭”的麽？莫非文章要在《火炬》上發表，纔算是光天化日之下或青天白日之下；《動嚮》，衹能算是“暗中”麼？莫非我的文章有點出乎你先生的“不意”，所以衹算是“暗中”的“冷箭”；我發表文章，本來都應該先通知你先生的麼？我寫了一點短文，署的我自己的名字，要説的話説了，要指出的人也指出了，并没有含糊；對不對是另一問題，但斷不是什麼暗中放冷箭，没有絲毫不明的地方。

抓着一把石灰，本是擦白别人的鼻子，可是要當心你擦到自己的鼻子上去。因爲這種抓石灰的行爲在演出上，應該是個白鼻子的臉譜。

（原載 1934 年 9 月 15 日《中華日報·動向》）

論同音字

拉丁化（漢字寫法拉丁化的省略）方案提出來的時候，就受到種種非難：內中一種，是説這方案對於同音字没有辦法。既然衹拼音，不講義，又不管四聲，同音字一定會比現在更多。例如：

1. 供給　攻擊　功績

2. 印象　影響　映相

3. 狡猾　叫化　教化

4. 競走　敬祖　禁足（軍隊或學校的一種處罰）

5. 同姓　同行　痛心　通訊　通行

像這樣列舉，恐怕可以舉出幾百。用拉丁化方案寫出來，每條都衹有一個寫法，在書面上一定很容易混同，以致發生誤解甚至難懂的毛病。

這非難是應有的。

但拉丁化論者，没有人主張把四聲完全廢除。在教讀的時候，本該念什麼聲的還是念什麼聲，决不含糊。不過不把它當作一個重要的課題去教大衆學習。因爲要是當作一個課題，衹有使問題複雜、糾紛，甚至無法解决。一個音究竟有幾個聲呢？有的地方是三聲：平、上、去；有的地方是四聲：平、上、去、入；有的地方是五聲：上下平、上、去、入；像廣東、福建，更是九聲：平、上、去、輕、重、濁等。三聲跟五聲，無論怎樣不同，平、仄總算是分得很清楚的；到了九聲，雖然自己也有平仄的分别，可把三聲乃至五聲的平仄的壁壘打得粉碎了！并且這些聲，爲什麽有，以什麽爲標準？解答起來，恐怕不很容易。要大衆瞭解這玩意兒，豈不差不多是要大衆成爲語言學者麽？

自然，大衆在念音的時候，是有聲的分别的。但這是音的高低抑揚，大衆自然會在習慣上解决它。譬如英國話的音，是没有什麽平仄的吧；

何以我們對於：

Yes 總念耶死，不念葉師、爺時、也是；

No 總念怒，不念弩、奴；

One 總念問、慍，不念温、吻、文；

Two 總念透、兔，不念偷、吐、頭。

這是什麽緣故呢？無非習慣而已。可見一個字音的標準念法，完全可以從習慣上去獲得，不必分出聲來；分出聲，反往往使學習的人迷惑起來。一個朋友告訴我：國語羅馬字運動家，在定縣教農民學四聲，農民無論怎樣也學不會；結果，教員發恨地説："你們的程度太低了。"如果這話可靠，簡直是宣告國語羅馬字，至少，分四聲的辦法破産。農民程度太低，不能學會文字；但學不會文字，程度又怎能高起來呢？

好，就算聲的問題，這樣可以過去；但連聲也完全一樣的同音字也很多呀，拉丁化應該怎樣解决呢？

這裏，我們應該考察一下。

第一，要知道口頭的同音字决不像書面的同音字那麽多。口頭上的話是活話，不但有許多動作表情幫助表現，同時還有些輔助的音，放在詞的尾上來表示詞的性質，像兒、子之類，以生出種種區别。所以在談話的時候，很少因爲同音字太多而誤解或不懂的。一到書面上，可就不同了。方塊字那東西，在那裏玩着"六法"之類的把戲；一個字不但表音，同時還表義，以致生出種種形狀不同的字來；音同不同，倒成爲不足輕重的問題。并且方塊字，同時是單音字；一個音，必須有一塊字纔能表出。一塊字又要表音，又要表義，新的字形的産生，當然感受困難；通常的場合，衹有把握於輔助地位的音，没有意義的音略而不用。這就限制有複雜的音的話，在書面上的發展。必然的結果是，文章，尤其是學術論文，成爲聽起來不容易懂的東西。如果拉丁化了，照口頭話來拼音，以前由爲方塊字産生的限制都没有了，同音字自然會减少。真不能避免的時候，也會有方法來解釋，區别；像我們現在説"你是姓三横王呢，還是水邊汪，草頭（或大肚子）黄呢"一樣。第二，我們現在説同音字多，是因爲把許多性質不同的，七古八雜的字放在一塊兒的緣故。例如：

1. 文言文用語跟口頭話

2. 東西洋譯語跟本國話

3. 土話跟普通話

4. 詞性不同的字

5. 特殊場合用的字跟一般場合用的字

6. 以上五項，又“亂點鴛鴦譜”（見《太白》第三期）式地互相混雜。

其實，這些同音字，一到實行拉丁化，實行照口頭話寫的時候，一定會大量地減少。像開頭所舉的功績、同行、痛心都是文言，一到口頭話上，就會變成功勞、一路走、心疼之類的話了。競走、引繩等的遊戲名稱，是抄的日本的，現在已經改爲賽跑、拉繩子了。其他像映相會説成照相，同姓會説成同族，叫化會説成告化等等。拉丁化運動發展開去，首先是方塊字絶迹，文言文失掉最後的依據，同音字就不知該減少多少。外國字則更容易儘量采用原來的字音，使它不跟本國字混同。同時在那時候，恐怕會有這樣的辦法：某些音，叫某些意義來固定化；意義不同的，改用另外的音或使它複雜起來以示區別。例如把同姓説成同族或同一個姓、一樣的姓。

第三，新同音字一定很少或簡直不會産生。到現在爲止，像前面説過的一樣，因爲方塊字可以同音不同形的緣故，許多新字，不必把音當作重要的問題，所以同音字纔越來越多。到了實行拉丁化，完全以音爲主，一個新字的産生，不期然而自然地會避免跟舊有的字混同。新的同音字就不會出現，至少也很少出現。同時，拉丁化既然打破了單音字的規則，每一個字都可儘量複雜化。發展下去，連舊有的同音字尚可用複雜的音來互相區別；新的字自然更容易跟舊有的字表示不同了。

這樣看來，同音字問題，并没有甚麽不了得：問題倒是在我們有没有决心推動拉丁化運動，能不能把漢字打倒，肯不肯照大衆的口話寫文章。自然，同音字這怪物，對於拉丁化運動，些小的困難是有的；這困難衹有在實踐中，在未來的語文發展上去解決。離開了實踐，幻想未來的困難，那衹有一步也不走。

附注：本文内凡表音的字，它的音都以湖北音爲準，因爲筆者對於湖北音知道得要比較準確些。

（原載 1934 年 12 月 14 日《中華日報·動向》）

怎樣統一中國的語言

中國新文字和國語羅馬字的不同，在“技術”上總共衹有兩點：一，國語羅馬字主張用北平的官話統一全國，新文字注重各區的方言；第二，國語羅馬字要表四聲的符號，新文字不要。雖説兩點，其實也衹是一點。國語羅馬字既要用一個地方的話來統一全國的所謂國語，强迫各地方的大衆説一個地方的話，學一個地方的文字，就不能不定出許多無謂的規則來，使别處的人學起來不致茫無頭緒，四聲就是規則的一種。并且也衹有以一個地方話爲標準纔能講究四聲；否則這個地方的四聲和那個地方的四聲就會打起架來。這裏以爲是平的，那裏以爲是仄，這裏以爲是上的，别處以爲是去。三聲、五聲、八聲、九聲，都自以爲衹此一家，和别家勢不兩立，其實又都衹能在自己的狹小的地域範圍以内稱孤道寡，一到了别的地域，馬上毫無作用。那麽四聲四聲，還有一點兒值得刮目相看的地方麽？相信四聲在中國話裏頭演着了不得的角色的先生們還能定出任何的四聲的標準麽？因此四聲這把戲就衹有國語統一運動者纔能玩。用杜子勁先生的話説，它天生的是國語羅馬字的“無用的長衫”，我們短衣幫的中國新文字，無福消受這高貴的寶物。

關於國語統一運動的起因和失敗，我已經在談《國語運動史綱》的那篇文章上提起過，這裏不再重複。且看國語統一論者怎樣申述他們必需統一的理由——黎先生説：

> 主張“國語統一”則可，反對“國語統一”則不可，何以故？因爲“國語統一”乃是事實上需要的，除非斷絶勞苦大衆的交通，返之於“老死不相往來”的原始社會生活。
>
> ——《論拉丁化中國字母》第八段

物質上，經濟上，交通上，這三十年來在我國的進展也和勞（乃宣）先生當年大不相同了。平滬通車三十六小時可達，廣播無綫電就在農村也可設播音機……“湖絲阿姐”和羊肉鋪的“小伙計”，佛照樓的“老闆”和賣如意油的鄉下“大妞兒”，本來不無交涉，往後更加頻繁，統一的大衆語①已成了現階段急切的需要。這是由社會生活變動所形成之自然的趨勢。

——《國語運動史綱・序》頁一九

假如你用山東土話寫封拉丁字母拼音的信給北平人，北平人就不得不上“同和居”或“廣和飯莊”去找翻譯，北平人用北平土話回一封信去，他們又上什麼館子去找翻譯呢？

——《史綱》頁三〇一

這纔真正叫做“驢唇”不對“馬嘴”（黎先生的話）。反對國語統一是反對以一個地方的話爲標準，尤其是北平腔的官話爲標準，“削足適履”地，生吞活剥地强迫全國大衆拋棄自己從小就説着，和自己的生活有密切關聯的父母語，去學習那不知從那裏來的所謂國語；是反對這種侵略式獨裁式的辦法：并不是反對中國語言逐漸形成統一的民族語。我們堅決地相信，要促成民族語的統一，衹有加緊大衆的語言教育，供給記録各地語言的文字，增加大衆的語言知識，提高大衆的文化水準，使大衆首先能够運用自己的生活環境裏頭的、鄉土的語言文字來表現自己的生活、意識、思想、情感。同時逐漸養成對於由别種生活環境，别種鄉土關係的人們的生活、意識、思想、情感的理解力。這樣大衆纔能因爲國民經濟的改造，因爲交通事業的發達，因爲自己的實生活的變動，

① 這裏的大衆語，據黎先生的解釋，就是國語，就是白話，我們所説的大衆語不同，參看《史綱・序》。

因爲和新的環境、新的關係的接觸和認識，而在實踐上逐步逐步地獲得真正的、切實有用的交通工具——統一的語言文字。在這種情形之下，各地方言土話由於大衆文化水準的提高而各各得到高度的發展；由於大衆的生活的變動而獲得和他種方言土語互相接觸、攝取、滲透、融合的機會而逐漸趨於統一。這樣形成的統一語，决不是一個地方的方言，也决不是任何方言以外的東西，而是又豐富又充實的真正的民族語。那用“聖君賢相”站在“九重龍朝”看“齊民”的看法，用園丁拿剪草機剪草的手段來統一全國的國語統一運動，忽視了大衆的生活情態、也忽視了語言的社會生長性，雖然能够成爲某一時期的政治機關的治術，却不是大衆需要的東西，不是大衆自己的東西，因之他的統一衹是政治家或學者教授們的幻想。

然而我聽見了黎先生的答辯：“G. R. 的原則是豎立兩個旗杆：一個是國語統一（標準語），一個是國語不統一（方言）。”（《論拉丁化的中國字母》第八段）什麽叫做國語不統一呢？黎先生説：“不需要（統一語）的農村，衹學 F. R.（方音羅馬字）”，也就是《史綱》頁二五三上的“添製閏音字母”。可是這“兩個旗杆”，大概因爲下令豎立的是位大人物，這大人物又是一位瞎子；經手豎立的庶務先生貪了一點財，把費用中飽了一半，所以到現在還衹豎起了一個（國語統一）；那另外的一個（不統一）咧，就衹剩給黎先生的文章作詞藻了。也許黎先生還以爲真豎立了兩個咧！我們要問：國語統一運動推行了好多年，G. R. 經“數人會”的製定，政府的公布，也已經好些年了；現在黎先生所説的“F. R.”或“閏音字母”，究竟在哪裏呢？黎先生的答復是“未出版”（《論拉丁化的中國字母》第九段）！那麽，現在的 G. R. 能够拼出上海話以及吴語區的方言麽？能够拼出厦門話以及閩南潮汕等處的方言麽？能够拼出廣州話、瓊崖話以及其他地方的方言麽？可憐的國語統一運動，“現在蘇州一帶的工作”還衹好來一套 F. J.（方音注音符號）！這是個事實的問題，似乎不能信口開河吧。

黎先生又答辯説：“這種標準要語（北平音的官話）就是過去幾百年

間由各種方言慢慢融化而成的。”(《論字母》第十一段)又抄全國國語運動大會宣言①上的話説:“北平的方言就是標準的方言,就是中華民國共同的語言,就是用來統一全國的標準國語。這也是自然的趨勢,用不着强迫的:因爲交通上、文化上、學藝上、政治上,向來都是把北平地方作中樞。”(《史綱·序》頁二五)這完全是武斷的説法。試問:黎先生能舉出哪一種方言不是由過去幾百年乃至幾千年間各種土話各種地域範圍較小的方言慢慢融化而成的麽?有哪一種方言能够絶對不受别種方言的影響的麽?如果舉不出來,我們似乎可以把任何一種方言定爲標準,何必北平話呢?何况所謂標準語也并不是北平的土話,倒是一種通常叫做“官話”的東西,雖説黎先生也曾説官話就是土話,不過名稱問題罷了(見《史綱》序頁十三—十四);實際上却并不那樣,倒是官場或上流社會層常用的話。它没有土的氣息、汗的氣息,有的是官的氣息、封建氣息,和大衆所需要的話差得很遠。至於北平的土話,我們并不輕視,不過始終認爲是方言土話中的一種。趙元任先生説:“北平話在各方言中算字音最少的當中的一個,不算四聲,衹有四二〇字音,算四聲有一三八〇字音。”(《國語羅馬字的十大疑問》)“站在語文學專科的立場”看起來,北平話至少在語音上是比較貧乏,并不精密的。如果語音多是一種進步的表象(原始的語音一定少,學者們就有證明中國古無輕脣音或某種音之類的),北平話就不算是最進步的。我們有什麽權力强迫那語音多的地方犧牲自己的精密複雜的語音呢?至於“交通上、文化上、學藝上、政治上”的問題,似乎已經離開“技術的立場”,而且現在也并不“把北平地方作中樞”了。那麽就黎先生的話説,豈不是從現在起,已經可以不以北平話爲標準了麽?

黎先生爲國語統一運動的辯解是很無力的。我們再看他對於新文字

① 這樣的大會宣言,常有點胡説八道。例如:國語羅馬字促進會第一次代表大會宣言説:“中國現在南轅北轍的最大原因,是不是語言不統一呢?”南轅北轍的成語用得不對且不説,認爲語不統一是分裂的最大原因,實在糊涂得可以。這篇宣言説“向來都是把北平作爲中樞”,這“向來”不知從哪一朝代算起!

所提出來的非難。他説：“反對國語統一的新文字，是祇許有隔山的文字，不許有過山的文字。”（《論字母》第八段）三十年前就有人拿“分裂語言文字的罪魁”這大帽子壓在勞乃宣頭上，黎先生不過舊話重提罷了①。他爲什麽要提起三十年前的舊話呢？

第一，是他對於新文字的認識不够。祇看見新文字的這一個方言區的方案和那一個方言區的方案不同（其實是語言上本來的不同與新文字無干），却没有看見它的整理和統一的功能。新文字祇分開了那根本不同的幾種方言，至於那些大同小異和各種方言，却又可以統一在一種方案之内。例如北方話方案，甚至可以統一凡説普通話或“藍青官話”的區域。如果新文字“祇許有隔山的文字”，而中國的方言，尤其是在南部，“往往隔山就不同”（《論字母》第八段），就至少要有幾百種不同的方案纔够用，何以黎先生又承認新文字是“把中國全國的方言分爲六至七種”（《論字母》第九段）呢？

第二，是估計方言差異程度的錯誤。方言雖説“往往隔山就不同”，可是那不同的程度究竟怎樣呢？如果祇是像黎先生所説的山東人和北平人的那種差異，我們已經有了過山的文字。如果像浙江人和廣東人或福建人的那種程度，光靠文字還是過不了山；仍舊要靠國民經濟的改造，交通事業的發達，大衆生活的變動種種條件，纔有辦法。擁護方塊字的人們常常説中國現在已經有一種過山的文字就是方塊字。可是忘記了方塊字祇過了少數特殊階層的人的山，并没有過大衆的山，往往大衆在生活上、語言上已經過了山，在文字上却仍舊隔着山。這種過山的文字，這種光靠文字過山的辦法，應該成爲黎先生的一個很好的借鑒。

第三，是對於交通的意義的誤解。大衆的交通是由於他們的生活需要。有這種需要，語言文字上的某種程度的差異也阻隔不住他們；在説

---

① 黎先生常常用“落伍”、“反動”這樣的字眼駡人，可是我們不必照樣説他，就是他在《史綱》上很歌頌秦始皇的國語統一，我們也用不着説他落伍到秦始皇時代去了。在真理的争執上，不用着一丁點意氣的謾駡。

着無論什麽語言的國度裏都有我們的僑胞，何况是本國境内？如果没有這種需要，偏要當作散步一樣地和别處的人交通一下的事是很難想象的。就拿黎先生舉的例子來説吧，一個山東人寫信給一個北平人，那究竟是怎麽一回事呢？既然已經到了彼此通信的程度，一定是在通訊之前，已經有了語言或文字上的交通了，説不定他們都已經跑過了些地方，對於别處的語言文字（當然指新文字）已經有了相當的理解力，那有什麽必須找翻譯的事呢？如果以前没有過任何的交通，也就是彼此毫無關係，那他們怎會有通信的事情呢？我們不妨把兩處的方言的差異還加大一點，把兩個人的知識程度還減低一點，譬如説，一個没有到過别處的廣東農民用廣東話寫一封信給一個不懂廣東話的北平鄉巴佬，我可以斷定：非請人翻譯不可。可是縱然那位廣東農民吃飽飯没事幹，忽然心血來潮，要和那個不知家住哪裏姓甚名誰的北平鄉巴佬交通交通，試問這封信用什麽方法投遞呢？

這第一個非難的理由還欠充分。

黎先生又説："公共場合既有統一的標準語的需要"，民族語又要逐漸統一，那麽"對於現階段的需要又怎樣應付"（《論字母》第十一段）呢？

我們要問，什麽人在怎樣的公共場合的需要？像達官貴人們的政治會議政務會議麽？他們是徹頭徹尾的新文字反對者，干涉者，新文字現在受到的障礙就是從他們那裏來的：最近的將來，一定也會這樣。那麽我們也不遮掩，新文字决不想到他們那裏去討好，决不像國語羅馬字，靠他們那種"政治的大力量"（黎先生的話）來推行。這就是説他們在公共場合需要什麽，新文字本來没有替他們打算。黎先生難道相信他們會没有辦法麽？其次是像黎先生們那樣的"讀音統一會"或"數人會"之類的公共場合的需要，如果他們看得起新文字，新文字當然會替他們服務。可是我不相信就算没有一種欽定的標準語，黎先生們就簡直没有辦法；就算真正没有辦法，甚至像黎先生所早已八卦算就的"乞靈於漢字"（《論字母》第八段），也不算是新文字的莫大的耻辱和致命的傷痕，新文字的主要對象并不是黎先生們這般文人學者。一種文字可以簡直不適於達官貴人或文人學者的麼？當然不是這意思。如果達官貴人、文人學者肯紆尊降貴來學新文字，新文字實在也無法拒絶；要是他們反對、干涉、懷疑，新文字也没有非説服他們不可，非請他們采用不可，非爲他們打算看適不適合於任何場合不可的必要。我們雖然堅决地主張新文字今天就可以代替方塊字，可是也知道方塊字由於達官貴人、文人學者們（像江亢虎之流）的擁護，在“現階段”上，還有苟延殘喘的最大的可能。那麽，讓那般達官貴人、文人學者們去“乞靈於漢字”吧，新文字一丁點兒也不慚愧，一丁點兒也不惋惜。

新文字是小百姓的文字，大衆的文字，要看大衆的公共場合能不能够應付纔能斷定它的價值。這樣的公共場合决不是像黎先生所説的能够“乞靈於漢字”的。大衆有幾個人能認識方塊字呢，又認得幾個方塊呢？他們縱然要乞靈於方塊字，方塊字之靈也不肯被乞的。所以“乞靈於漢字”這話首先要一脚踢開。黎先生一再説新文字爲漢字作“虎倀”，也衹算是信口栽誣。大衆的公共場合大概有兩種，第一是本地的集會和外鄉的同鄉會之類，自有公共的語言文字，不在話下。第二是各處人都有，語言文字不統一的場合；這種公共場合的參加者，既然已經離鄉背井，和别處人發生了“公共”的關係，就多少能説幾句“洋涇浜的上海話”，也就是所在地的普通話之類。如果需要文字，就算他連自己家鄉的新文字也没有學會吧，開頭就學他此刻現在所最需要的那一種，也并不是要三年五載甚至不要一年兩年的事情。如果本來學會一種，另外多學一種，自然更加容易。反正新文字已不像方塊字那樣高不可攀，學習一種文字是由於生活的需要，花上十天半月的整天工夫或者三兩個月的零碎時間，還有什麽不够在公共場合應用的麼？况且公共場合也還有别的方法可以使大衆明白，例如把文字印成或寫成幾種方言之類。黎先生儘可放心，大衆决不會因此就永遠互相隔絶，并且無法挽救的。請莫忘記，這衹是説的“現階段”，這現階段是從方言到統一民族語的過渡時期，據黎先生的估計“得五六十年”。五六十年，以我們個人的壽命説，誠然不算很短；可是黎先生對文字改革不是有一句名言“一百年也可以”（《史綱》頁一八九）麼？既然一百年也可以，五六十年已經算打了很大的折扣了。

這第二個非難又不見得有什麼理由。

此外，對於新文字的非難大概還有，黎先生這回的文章裏頭既然没有提到，我也祇好暫時等候别的機會再來解答。大凡一種改革，總免不了受些守舊者或妒嫉者的攻擊；攻擊的理由，又往往互相雷同，重複了又重複，甚至於一百遍，甚至於一千遍。被攻擊者方面，也决不會因爲論敵的理論是重複或陳腐的就放棄自己的答辯。那麼，我們以後僅有和黎先生或像黎先生這樣的人周旋的機會，關於統一不統一的問題，我想在這裏結束了。以下，作爲餘興，引幾句主張國語統一論者黎先生的不打自招的話，看國語統一運動究竟能得到怎樣的效果：

> 南方各省，不如北方之爲本地風光：所以有些學生的家長極端主張仍讀文言。
>
> ——《史綱》頁一四三

（原載 1936 年 8 月 1 日《中華月報》第 4 卷第 8 期）

文學創作上的言語運用問題

時間：民國三十年九月二十六日下午一時

參加討論者：

艾　蕪　紺　弩　何家槐　葛　琴　楊　晦

鍾敬文　彭燕郊　荃　麟　傅彬然　宋雲彬

杜麥青　羅　嘉　文　彬

荃麟　最近大家談起近來文藝界應酬很多，但真在一起談談文藝創作上各種問題的機會還很少，於是就有人提起作一次集體討論。大家都很贊成，當時想了兩個問題：一個是文學上言語運用問題，一個是關於文學遺産的問題。

今天我們就先來談一談言語運用問題。事實上也算不得什麽座談，不過邀幾位常在一起的朋友，隨便談談而已。今天本來還邀了戲劇界兩位朋友，大概因爲近來排戲忙，没有來，現在我們就這樣開始吧。

今天，且先談言語運用的問題，談話大綱是由我草擬的，大家是否有什麽意見？（大家表示没有異議）那麽，就依照大綱，開始談第一個問題吧。

（大家客氣了一番，終於請艾蕪先生先發表意見。）

一、言語使用上所遇到的困難

艾蕪　我們寫小説的時候，總想把社會上各種人物的説話如實紀録下來。但是各地人的語言不同，寫的時候就覺得很困難。譬如四川人説“我的”，説成“我 li”；説“做完事情”，説成“做 sa go”。又如桂林人駡人“bia giang 的”，據説是由“婊子養的”四個字變來的。所以用漢字記音很困難，有許多話根本寫不出來，假如不記音，又覺得神氣不對，不能寫得活龍活現。

葛琴　（抱着她女兒小琴）我所熟悉的語言太少，所以寫起小説來，常常是這個人和那個人的説話分别不開，没有表現人物的特色，有時寫出來的對話好像都是我自己講的話。而且，我因爲地方跑得多一點，自己講話講得很雜，南腔北調，什麽地方的話都有，江南音雖然比較多，却也不純粹，寫起對話來也就有點不三不四。怎樣纔能純熟的運用語言，熟悉各種成分的人物的語言？我覺得是值得注意的問題。

楊晦　文學上語言的運用，不僅是方言的問題，而且是方音的問題。方音問題是很難處理的，不但用方塊字有問題，就是用拼音字也有問題，我們衹能求其接近而已。譬如北方人“今天”讀成“gige”，有時更讀成“girge”。我覺得方言變了音，應當用别的方法救濟，方音仍用原來的字。

叙述文的語言和對話的語言是互相受到牽制的。對話受了叙述文的影響，常常有不自然的感覺，我們要求對話能很自然地表達出來，這和人物的活龍活現很有關係。魯迅初期的作品中，叙述和對話所用的語言是很相似的，以後纔漸漸分開了。

敬文　剛才幾位先生已經提出許多實際的問題。我覺得各種文體所遇到的運用語言的困難是不同的。譬如寫小説時，不僅對話的語言有問題，叙述的文章也有問題。

中國語體文應當用國語寫還是用方言寫，我們暫且不管，先在國語的立場上説，有一個大毛病，就是不純粹，喜歡把舊的已死的語言使用進來，而不用現成的語言。譬如“難道不是……”有許多人喜歡寫成“豈不……”。

又如歐化問題，由翻譯文體到自己動手寫東西，常常要受到歐化的影響。在基本上，外國習俗與中國相違背，我們是不是要擺脱翻譯的影響呢？我覺得抄襲歐化的文體，對中國文學的發展有妨礙，弄得寫出來的文章太不自然，不三不四，失去了應該保持的清潔，成爲凌亂和污濁的。常常翻譯東西的人，往往會自然而然寫出外國式的語法，看慣了翻譯作品的人也會受外國語法的影響，正和作者寫對話時不自覺地用了自己的口氣一樣，這是必須剋服的現象。這一方面是中文的清潔運動，一方面也關係於中文的進步。

紺弩　創作上所遇到的困難，像剛纔各人所提出來的，不是語言的問題，而是文字的問題。自從五四以來，這個問題就發生了。我們應當用什麽語言來寫？假如説用口頭語來寫，中國的口頭語常是寫不出來的，有許多口頭語根本就没有字，你要是從音追字，追到結果又常常是古典的字。譬如水煮沸時滿了出來，中國人口頭語稱作“pu”，在文字學上講起來却是“浮”字的古音。又如“鑄”字，通常讀成“dao”。我們寫小説的時候，用哪一個字好呢？實在很難決定。所以現在根本還是中國文字的問題，中國文字不能用，要寫口頭語非用拼音字不可。從中國的大勢看，從世界的大勢看，將來必定會走上拼音文字的道路。這是第一點。

中國文字受了幾千年來方塊字的束縛，使文人受了文言文和方塊字的影響，想文章的時候就是用方塊字來想的，先用文言文想好文章，然後翻成國語寫出來。丘東平曾經説過，他寫文章是先用海豐話想好，然後翻成國語寫出來。寫小説的人的思考應當是形象的思考，想的時候是想形象，而不是想抽象的道理，寫了出來就是藝術；假如先想道理，然後用形象來補充，寫出來的就不是藝術了。同樣的，用文言思考的東西，即使用白話寫出來，也仍然是文言的東西。

語文運動，首先就要人用白話的想法來想文章，取消文言文的思考。但是，我們創作的時候，還會遇到一種矛盾：有許多口頭語是寫不出來的，而我們寫在書面上的文章又已經比口頭語高級，精密，豐富。藝術成爲一個單獨的藝術部門時，一定有它自己的高度，文言文已經脱離了中國人的生活和口頭語，畸形發展，到了某種高度。中國文人，或多或少直接間接都受了文言文的影響，所以要他照自己所思考的來寫文章，他覺得容易，要他照口頭語來寫文章，倒反覺得困難。而且，照他自己所思考的寫出來的東西，往往要比口頭語高級些，豐富些，美些，因爲這是經過了鍛煉的文字。這種矛盾和困難，也衹有中國文字拼音化纔能够解决。這是第二點。

家槐　我最初開始寫小説時，最感困難的不是語彙不够，而是字彙不够。外國作家，如莎士比亞，可以運用的字有二萬多個。可是我自己所認識的字一起也不過幾千字，實在太貧乏了。我不能純熟地運用字彙，在需要用形容詞的時候，就覺得字不够用。譬如天上各種顔色的變化，我就没有辦法描寫出來。

我開始讀文學作品的時候，翻譯作品看得很少，這也影響到我自己字彙的貧乏，無論是描寫，是寫對話，都覺得字不够用。以後讀翻譯的高爾基作品，看到他寫天寫海，寫得那樣好，我實在十分敬佩，因爲那譯文自然是用漢字寫的，他寫得出來，我却寫不出來。

至於小説中的對話，我們現在所用的，既不是方言，又不是官話，而是一種藍青官話，是由作者重新組織出來的，所以很不容易寫得恰當和生動。不過，這也不完全是對話的關係，而是與整篇作品和對話前後的叙述文有關係的。我們即使不能很好地采用方言和口語，也可以把作品寫得生動的，衹要能够把叙述文處理得很得體。譬如我們看外國作品的時候，雖然是不中國化的，仍舊覺得生動，這就是因爲他組織得嚴密，重複得精彩。重複的寫法，能够使對話生動，譬如在《阿Q正傳》中，“兒子打老子”

這句話的重複應用，就給讀者一種很生動、很深刻的印象。

荃麟　　詩是最精練的言語，言語問題在詩歌創作上是更重要的，希望寫詩的幾位朋友，發表一些意見。

敬文　　詩歌不祇是語彙的問題，而是語法的問題。中國新詩的困難就是語法的應用。有些人語法運用得很好，有些却很不自然，生吞活剥地抄襲外國詩的寫法，弄得人讀都讀不懂，超出了中國人的瞭解能力。中國語法不够，寫詩時不能把意思曲折地表達出來。因爲中國歷來國語詞彙的貧乏，寫詩時不得不加上許多新的詞彙，結果一首詩中十之七八都是新的東西，這些新的東西因爲不够親切，也就不能感動讀者。寫詩時所感到的語言運用的困難，一方面固然是由於中國語言本身的貧乏，一方面也因爲作者對民衆語言的瞭解不够。

燕郊　　寫詩的時候，感到的最大的痛苦就是語言的痛苦。因爲我們是生活在文字裏面，而不是生活在語言裏面的。

中國語法不像外國語言那樣縝密而多變化，譬如“鍾先生在説話”這句話，外國人就可以説：“説話的鍾先生。”寫新詩，歐化是不可避免的，我們要學先進國語文的特長，因爲詩應該是精練的語言，語言的語言。

中國語言太貧乏，不够用，譬如我想寫一首農村生活的詩，就發生了許多困難。農村中那種壞了的穀子，就不知道應當怎樣用文字稱呼它，農夫們把穀子從高處倒下來，讓風把壞穀子吹掉，好穀子落下來，這種動作也没有字眼寫。自然，方言是有的。中國的文字太不科學了，在這些地方就表現出來，所以，改用拼音字實在是十分必要的。

我們動手寫詩的時候，就有許多文字向我們跑來，可是這些文字并不能表達語言。有的時候，我們不得不采用文言，如“險道”這個名詞，就没有適當的白話文可以代替。

中國語言没有節奏，中國文字又是一個一個的方塊字，不能把詞兒連寫，所以朗誦詩總是寫不好，不能像外國詩那樣，朗誦起來有節奏，有波浪，好聽。中國有些舊詩倒是有節奏的，如杜甫的“白也詩無敵，飄然思不群”讀起來也很好聽。但是新詩呢，讀起來既不好聽，拿到鄉下去又絶對不會讓鄉下人聽懂。

紺弩　中國文字的節奏不好，不像外國文字那樣，中間可以休息。

敬文　中國的國語不能説是没有節奏，至於詞兒連寫，我覺得不是寫的問題，而是念的問題，我們念詩的時候，可以把詞作單位來念。

麥青　詩歌上面的語言運用，比小説戲劇更難。因爲詩歌不能直接運用語言，而必須將語言先加以洗練和選擇。目前的中國語言，本來就覺得貧乏，要想加以選擇和精練當然更加困難了，假如語言本來是很豐富的，選擇和精練起來，還比較容易一點。

寫詩時，語法也是一個很大的困難。詩裏面，要形容感情和色調，也是十分困難的，簡直找不到理想的字句。

荃麟　我以爲中國不但文字落後，語彙貧乏，就是人民大衆的口語，也是貧乏的。所以我們寫文章會遇到兩種困難：一種是有口語而没有文字，剛纔老聶和彭燕郊已經舉過幾個例子；另一種是有文字而没有口語，譬如鬍、鬚、髭、髯等字原來各有區别，在外國話中也有各種名詞，如 moustache，beard，whiskers，但在中國的口語上都統稱鬍子或鬍鬚。其他同樣的例子也還有。因此口語的精密性非常不够。口語本來已經貧乏，我們知道的口語又更少，這樣寫作上就發生困難。

這是由於中國經濟落後，文化落後之故，所以我們固然要文章口語化，而同樣還要促使口語進步。以爲口語是最豐富的，因而忘記去豐富口語，這態度是不正確的（尤其不正確的是搬運死去了的口語）。

紺弩　中國口語的貧乏，可以從幾方面來看：第一，正如剛纔彭燕郊所説的：“我們是生活在文字裏面，而不是生活在語言裏面的。”

我們没有接觸廣泛的語言，我們的生活範圍太狹窄。有許多東西，其實是有名字的，我們都叫不出來，因爲我們不熟悉，不懂得。尤其是方言，各地的方言，種類很多，亂七八糟的話很多，我們所懂得的衹是很小很小的一部分。所以寫東西時覺得口語缺乏，是因爲我們没有接觸更多的語言和更多的生活，不能把握現存的語言。

第二，社會上的語言雖然很多，仍舊是不够用的。有些人的生活和思想，已經從原來的社會跑到前面去了，有些人却停留在落後的階段。語言不能由少數人創造出來，即使由少數人創造出來了，力量也是很小的。目前，大衆生活的豐富程度不够，進步速度也不够，所以不能産生真正有力的新的語言。

二、怎樣把大衆的語言精練爲文學的語言

荃麟　第一個問題就這樣結束了罷。在剛纔大家的談話中間，已經觸及了下面幾個問題，就是文學的語言與大衆口語的關係，方言與方音的問題，現代語法與大衆口語的問題。這都是今天需要討論的。現在就開始討論第二個問題吧。

高爾基常常告訴我們，藝術家應該從人民的言語中間去提煉出藝術的語言。可知把大衆口語運用到文學上，是需要經過作者一番精練工夫。究竟應該怎樣把大衆語言精練爲文學語言，這是值得討論的。

家槐　這是語言的組織問題。正如同噪音經過音樂家的整理和組織之後，就變成樂音。一般人説話的時候，是不會顧到你要把他的話寫出來的，所以我們把大衆語言精練爲文學的語言，一定要經過選擇的過程，把比較普遍的東西挑選出來，加以綜合，使它成爲藝術的東西。

燕郊　口語有時太散文化了，不適合於寫詩，常常需要經過一番

洗練。

楊晦　大衆語可以變成精微的文學語言。因爲大衆語雖然粗俗，衹要能把這粗俗表現得好，也是一種藝術的美，不過這已經不是他本身的美醜了。正如同話劇裏面的反角，也可以演得很好。至於怎樣把大衆話精練爲文學用語？我想：

第一，要捉住大衆語中能够表現得最深的，而且換一個角度來看它。

第二，要抓住核心，認清角度，把一切的話綜合起來，另賦上一個新的生命。那些原來被掩埋了的東西，要把它發掘出來。

第三，大衆語的運用，往往不能達到活龍活現的程度，而衹是捉住一個模型。具體的運用大衆語時，與上面所談過的語言問題是有關聯的。語彙的表現稍有歪曲，就會變了意思。

大衆語因爲一向被埋没着，結果成了知識分子用來嘲笑大衆，侮辱大衆的工具。你要是把真正的大衆語表現出來，就要被一般人當作笑話。這種態度是應當肅清的。

艾蕪　文學語言和民衆語言，我是兩種都用的。寫對話用民衆語言，寫敘述時却要加以斟酌。

中國舊小説中敘述與描寫很少，而以對話爲最多，外國小説中敘述與描寫却占許多篇幅。五四以後，中國作家受了外國作品的影響，也喜歡在對話之外多來敘述及描寫了。

語言的創造者是大衆，我們應當向大衆學習。但是大衆有些錯誤的用語，我們却不能采用，又有一些駡人的話，文學用語中也是不能采納的。

民衆的語言，有時也很精密。我們應當儘量接受民衆語言到我們的作品裏去。小説中的敘述與描寫，爲了要使它生動，真實，親切，活潑，也可以求其接近於口語。一般的民衆語言中，常常省略了許多虚詞，我們寫文章的時候，也可以省略一些虚詞。不過，應當注意的是要使寫出來的東西能讓人看懂。像魯迅在《離婚》這篇作品裹，曾用了“對，對，”兩個字，當我們把上下文連起來讀的時候，就可以猜到這是表示“得罪”或“對不起”的意思。

紺弩　高爾基曾經說過：“把説話加了工就是文學。”我們寫東西應當用大衆語，但是這并不是説要把大衆的每一句話都寫進去，而是需要經過選擇和整理的。

我們應當向大衆學習，另一方面，我們也要大衆向我們學習。我們不僅做大衆的學生，同時也要做教育家。我們可以把我們所要告訴大衆的東西寫在書上，讓大衆去學習。所以，我們雖然應當强調向大衆學習，同時也應當注意到教育大衆的任務。

荃麟　這點是一個美學的問題。我們應該從新的美學觀點去選擇，去創造。大衆的口語，有健康的，也有不好的。作家應當加以選擇，把最美的，最有力的，典型意義最强的語言，寫到作品裹面去。

口語中的諺語，就是民衆自動地在言語中挑選精練出來，而被保存下來的，因爲它表達意思的力量很强，很生動。那些被民衆自動保留下來的諺語，作者應當再加選擇，寫進作品裹面去。

一般地説，把大衆的口語精練爲文學的言語，是要注意藝術化與典型化兩個原則（美的語言，也必然是典型的），方法方面應注意於選擇，綜合，使它做到（一）經濟（二）生動而有力。

家槐　“怎樣使大衆語言精練爲文學語言”這個問題，我覺得可以用這樣的公式來説明它：“大衆口語＋歐化＋文言精萃＝文學語言。”

寫小説時，對話中所感到的大衆語問題最爲重要，敘述中的大衆語問題是不很重要的。

寫對話時，我們要强調地方習慣。譬如柳州人説話，常常把“了”字“的”字説得很重，拖得很長，我們寫的時候就不能把他省去。又如平常説“是的”，假如把“的”字省掉，單説一個

“是”字，也顯得很不自然。

文學作品應當富於含蓄性，所以應當選擇富於暗示和特徵的語言，寫到作品裏面來，使他成爲文學的語言。

文章究竟不完全是口語的記録。文章裏的大衆語言與文學語是應當互相調劑的，所以必須配合得好，不破壞文章的完整，那些庸俗的口語是不能采用的。

艾蕪　口語中常常省略了許多字眼。“被”字，我們寫文章時是用得很多的，例如“某人被打”這樣的句子，口語中却不大聽到，口語是説某人捱打，或者某人跟某人打了。又如“的”字，口語好些地方是省掉了的，如“我的爸”“我的媽”總説成“我爸”“我媽”。若依文法去製造，文法是合了，但在口語上，有些字眼實是累贅的。如“報紙出版了”依文法可以造成“報紙被出版了”，但講在嘴上，“被”字是不必要的。總之無論如何，文學上的語言總應當與口語接近。

紺弩　口語中省略字眼，也有一定的法則，就是要在省掉字後不致引起誤會，而且要是常常説的話。否則是不能省的。譬如我們常説“我媽”“我爸”，把“的”字省掉了；却不能把“我的杯子”“我的茶壺”的“的”字省掉，説成“我茶壺”“我杯子”。

所以我們省略字的時候，首先要考慮合不合乎口語，其次還要考慮合不合乎文法。

敬文　把大衆語言變成文學語言，主要的是精練問題，也就是技術問題。這可以分成兩方面講：第一是選擇（消極的）；第二是改造（積極的）。改造比選擇更爲重要。所以，我們應當學習民衆語言的構成法，對民衆語彙加以選擇，去掉不重要的壞的部分，保留精彩的好的部分，再加以提煉和改造。

三、方言的使用問題

荃麟　和口語問題極有關係的，便是方言問題，這個問題中同時還包括一個方音問題。我們使用方言，是爲了使文章活潑，使文章能真實地表現當時當地的情景，方言需要使用，我想是不成問題的。但是，我們應當怎樣使用方言呢？這是值得我們加以討論的。譬如艾蕪先生的作品中常常用“偕”字代替“還”字，“默倒”代替“以爲”，在我們江浙人讀起來却完全不懂（江浙人“偕”字讀作“界”的）。這種使用方法是不是有問題，請大家發表意見。

雲彬　使用方言應當有一定的原則。我們所用的方言要使人能够看懂，而且要在没有更好的東西可以代替時纔用。所以範圍不能太小，譬如“像煞有介事”，雖然是蘇州的方言，却是大家都能意會得到而且没有適當的東西代替的。但是“默倒”這種方言，範圍就太小，我們都不懂，所以我也是反對這種用法的。

艾蕪　我覺得使用方言有三個原則：第一是單獨寫出來能够瞭解；第二是單獨看起來不瞭解，借上下文的語氣使它易於瞭解；第三是假如上下文連起來看還不能瞭解，便用注解。

紺弩　“偕”字的讀音，是各地不同的，四川人讀“xai”，有些地方的人却讀“sie”，所以我不主張用這個字。但是“默倒”，我却覺得很好，這句話在四川、湖南、廣西都通行的，範圍不能算小，而且它有它特别的風味，我認爲没有更好的字眼可以代替它。

中國的舊文學中，《紅樓夢》，《金瓶梅》和《水滸傳》，都是地方色彩很濃厚的作品。這三部作品中，語言運用得最好的是《金瓶梅》，其次是《水滸傳》，這兩部東西雖然都用了許多方言，我們讀起來都能够懂得，而且覺得很生動。《紅樓夢》要算是比較接近國語的，其實仍舊是方言。真正的國語是不存在的，現在一般人都把北平話當做國語，還是有點牽强。又如《海上花》，《九尾龜》，也是用方言寫作的，而且也寫得還好，至於這兩部作品本身的價值，那是另外一個問題了。我想：這些作家寫書的時候，是并不考慮到書寫成後人家懂不懂的。

我們時常説：作家要寫最熟悉的題材。却不説：作家要用最熟悉的語言。作家不能用方言寫作，因爲他要賣稿，要生活。但是他如果能用方言寫作，他一定能保持很多優點，而且，人民是愛看用他自己的語言寫的東西的。假如丘東平用海豐話來寫作，他的作品對於海豐人的影響一定大得多。

語言從分裂到統一，一定要經過這樣一個階段：先有方言的作品，然後這方言作品漸漸與外面的語言同化，自然會慢慢地流傳開去。在今天，方言文學是急需提倡的，因爲它能使廣大農民群衆的靈魂得救。方言應當由作家寫出來感動當地的人民，然後吸收外面的語言，同化外面的語言，走到統一和進步的道路上去。

楊晦　我們應當提倡方言文學是不成問題的。現在主要的還是文字本身的問題。

家槐　使用方言，我主張有三個原則：

第一，注意上下文的聯繫。譬如我們有句俗語説“鬼來看戲”，廣東人却説“閻羅王做戲”，這是人家一看就可以明白的。

第二，少采用方言，多采用方音。因爲方音能够表示不同的聲調和情緒。

第三，以生動爲標準。多采用出色的生動的文字，去掉不生動的部分。

紺弩　我的意見和何先生宋先生不同，我是主張多采用方言的。我認爲：第一，假如一定要大家都懂得的方言纔能采用，就等於叫文學的用語停滯在現在的階段，因爲大家都懂得的方言已經不成其爲方言了。第二，過去有許多方言所以能讓大家懂得，就是因爲有人寫了出來，傳給大家，普遍化了。方言一定要多用纔能普遍化。假如没有人用，方言永遠不會使大家都懂得的。第三，所謂注意上下文的聯繫，我覺得也説不過去。因爲無論什麽文章，假如上下文連起來都讀不通，已經不能成爲文章了。

雲彬　我的意思是説：有可能使大家都懂得的方言，纔能采用。并不是説一定要大家都已經懂得的方言纔能采用。但是，方言中有些是没有使大家都懂的可能的，這種方言我認爲可以不用。

荃麟　使用方言在創作上是應該的，這點我們應當首先肯定。我認爲問題的中心是在：怎樣的方言纔有被我們采用的價值?

紺弩　這裏還有作者的主觀問題存在。作者認爲這方言可以采用，就把它用到作品裏面去。這方言被作者采用之後，就會在讀者身上發生反響。

艾蕪　此外，還有一點須要提及的是：什麽地方的人講什麽地方的話。作者寫方言的時候必須注意所寫的人物的地方性。

荃麟　關於使用方言到作品裏來的這個問題，我以爲最好能注意它的共同性。我們應當找共同的方言，以普遍爲原則。比方我們寫一個廣東人，當然没有方法寫出廣東話。至於怎樣尋找共同的方言，也是值得我們在這裏提出討論的。

艾蕪　如果幾個不同地方的人集在一塊，他們一定會説一種共同的語言，作者便可以采用這種共同的語言。

家槐　聶先生的意見是很對的，宋先生的意見也可作根據的原則，在不同地方的人群中使用普遍的語言。藝術不是現實的超然，還須從現實中挖掘它的價值。有人主張臨時學習方言，這是不對的，方言的收集，應當從實生活的體驗中得來。今天我們所討論的，也應當衹限於原則上的决定。

敬文　這裏所提出的意見，原則上各個人都同意。我們應當儘量運用方言，意義不明顯的，再加注解。

四、如何使現代語法和大衆口語獲得統一

荃麟　剛纔已經有提到過，我們需要儘量采用大衆口語，但也不能拋棄現代語法。所謂現代語法，大概是指比較高級的語法，爲使文字組織更嚴密，形象更明確，采用這種語法是必要的，但這種語法却不易爲大衆所立刻接受，如何使現代語法與大衆口語獲得統一，請大家發表高見。

家槐　現代語法和大衆口語的矛盾，的確是還嚴重地存在着的，其中以歐化的問題，争論得最久最烈，直到如今還沒有圓滿解決，因爲創作的實踐原是很困難的。我以爲現代語法并不是歐化與否的問題，而是歐化的程度的問題，因爲事實上，如果照語言與文字的關係來説，有現代語纔有現代語法，而現代語的確已有某一程度的歐化（當然不是全盤歐化）實在是相當“摩登”的，有些本來是新的外來術語和名詞，現在已經漸漸普遍化，成爲大衆的口語，士兵工人不必説，就是大部分的農民也已能領略運用。作家筆下寫出來的語言，如果確實是從生活中提煉得來，不是自己幻想的産物和從書本上借來的陳言濫語，那麽，這種語言的組織形式和運用方法，也一定可以符合於大衆口語，適宜於表現大衆生活。所謂現代語法也者，我想無非就是歐化了的中國語法，在文字運用上來説，自然，也就是現代中國氣派的文法，和舊語言或舊文法的不同，是在於一是死的規則的安排，一是活的語言的運用。

紺弩　歐化和現代語是分不開的。我們要知道現代人的語言狀況，應知道現代人的生活，而且展望將來的生活。現代人的生活在不斷發展，語言也跟着不斷地發展，它絶不會停滯在某一階段的。我們的用語應以不違背中國文法爲原則，必要時得采用歐化的方式作補充。

敬文　在作品中要求比較精密地表現動作或人物，純粹用現在民衆的口頭語，也許多少要感覺到不够的地方。但是如果我們説，不多采用嚴密的歐化語法，便不能够（或很困難）達到充分表現的目的，這是頗值得商量的。我們現在要寫作一種義理精密的學術論文，也許不能够不較多地采取更加合於邏輯的歐化語法。（這也不見得是絶對的。）但是，在文學的表現上，除了這樣做，似乎不見得没有别的辦法。中國過去許多大體上用口語寫作的小説，在表現動作或人物上，曾經有過相當的成績。現在民間流行的口頭語，加以適當的洗練和運用，未必不能够做出更充分的表現。不過這點和作者的美學角度和操縱，陶練語言的能力很有關係。

荃麟　現代語法并不是從天降下的，也不是完全是外國輸出的，它的存在是根據於新的社會意識的生長，以及社會生活的日趨複雜，舊的語法已不够應用，所以現代語法并不是和大衆語絶對對立的，它們是在逐漸統一的過程中，今天這種矛盾存在是由於大衆文化水準的低落，將來大衆文化水準日益提高時，這種新的語法也逐漸大衆化了。

不管大衆語也好，現代語法也好，運用在文學創作上，其目的都是爲了加强作品的現實性與形象性，這種現實性與形象性，也就是統一它們矛盾的契機。當我們覺得僅用大衆口語和語法，不能精密和明確地表現時，就需要采用現代語法以補大衆語法的不足，但必須注意其明瞭性。這一點絶不能忽略。

所謂歐化的詞句，大概是指從翻譯上搬過來的詞句，這是需要改造過的。我們所謂現代語法，并不是指這種歐化詞句，而是説，根據於中國新的社會意識和適應這時代需要而産生的新的中國語法，即是較高級的中國語法，這種語法將來會逐漸變爲中國的大衆語法。因此，現代語彙與語法的創造與運用，也即是促使大衆語言進步的必要手段。這種語法的創造與運用，必須與新的進步的中國社會生活密切地聯繫着。——這一點，我以爲必須辨認清楚。

現代語法雖較精密，但因爲在目前衹限於少數智識分子所使用，所以它的缺點便是不生動，缺乏活力，明瞭性不够，因此在美的條件上不够。但我們不應該在它與口語中間去築一道高墻，我們應該一方面使口語更現代化，一方面使現代語法更接近於口語，正如普式庚所說："寫的語言是不斷被那些由談論中得來的辭句充實起來的，但是一個人不應該就此放棄了許多世紀來的收穫，單是衹用口語寫作，這表明那個人不懂得他的言語。"

發展語言，是藝術家的任務，但這工作必須從瞭解自己民族的人民生活上去着手。

敬文　任何文藝作品，應以能够廣泛地被瞭解和欣賞爲原則；作品的是否廣泛地被瞭解或欣賞，我以爲和以下各點很有關係：（一）讀者文化水準的高下，（二）題材是否富於普遍性，（三）作者的美學觀點等。至於所用語言，衹是其中的一點罷了。

荃麟　現代語法的長處就是精密，大衆口語的長處就是生動，美，我們在寫作時應當是能兼顧。

紺弩　"精密"，"美"，"現實"，在作品中最好能同時兼顧，但經常不易做到，作者處理題材的方法各有不同，我們應讓作者有主觀選擇的權力。

荃麟　現在時間已快六點了。大家的肚子也許在發生問題，今天的座談就此結束一下罷，本來還有"戲劇上的語言運用"和"舊文學中的言語"兩個問題，衹好留待下次再談了。

今天大家發表的意見，大體上都是一致的。既然是座談，也無需再做結論了，反正這些問題還需要大家繼續去研究的。

花費了各位許多寶貴時間，特地謝謝。

（原載 1941 年《文化雜志》第 1 卷第 5 期）

“六鷁退飛”

春秋上有“六鷁退飛”這話，記性壞，忘記了是《公羊》還是《穀梁》注解説：乍看是“六”鳥，看清楚時則知是“鷁”，仔細看，則是“退飛”。言外之意是足見春秋筆法謹嚴；而把四個字分成三個程序，入情入理，比金聖嘆批《西厢》張生木頭木腦就是“不做周方，埋怨你法聰和尚”處還要能心照作者。所以有人認爲是注疏的典範，從來没有異説。

然而我曾試改爲别種寫法：

1. 六鷁飛退，

2. 六飛退鷁，

3. 六飛鷁退，

4. 六退鷁飛，

5. 六退飛鷁，

6. 鷁六退飛，

7. 鷁六飛退，

8. 鷁退六飛，

9. 鷁退飛六，

10. 鷁飛退六，

11. 鷁飛六退，

12. 退鷁飛六，

13. 退鷁六飛，

14. 退六鷁飛，

15. 退六飛鷁，

16. 退飛六鷁，

17. 退飛鷁六，

18. 飛退六鷁，

19. 飛退鷁六，

20. 飛鷁退六，

21. 飛鷁六退，

22. 飛六退鷁，

23. 飛六鷁退。

幾乎没有一種成話的，就是勉强成話，含義也大不相同。這纔恍然“六鷁退飛”是中國語言的本來的説法，也是文字的惟一的紀録法，無論誰要表達這意思，這四個字的次序都非這樣排列不可，其中毫無秘密，毫無匠心，也就毫無所謂“春秋筆法”之類。《公羊》或《穀梁》上的解釋，除了注疏家的像煞有介事之外，其實一無所有。

至於六鷁退飛這事本身，更是子虛烏有，没有鳥能够退飛，如果春秋紀録的是作者自己所見，那是他的錯覺，像齊襄公看見野猪了以爲是公子彭生一樣。如果是傳聞，那是無中生有，捕風捉影，以訛傳訛。記録下來，雖然也可以像現在的新聞記者掩飾門面，説是“有聞必録”，其實漫無抉擇，倒暴露了録者的無常識，不但不足以表示筆法之嚴，反足以表示筆法之濫。自然，春秋作者是相信天人感應之類的道理的，人事的善惡，能引起天心的喜怒而降以祥殃，警以妖異，而且記録者用意很好，在勉人爲善去惡。六鷁退飛，蓋有天意存焉。縱然這樣吧，也還應該尊重事實一點。“六鷁退飛”四個字，不但拆穿了注疏家的西洋鏡，也展露了所謂春秋筆法。

（原載 1946 年 3 月 2 日重慶《客觀》第 15 期）

對目前語文運動的意見

——答上海語文周刊社問

語文周刊社：

我對於語文問題的意見，第一，現在不必過分非難白話文。白話文是方塊字的最高表現，是目前文化鬥争最重要工具，惟一的工具——目前反動派還在提倡文言文咧！五四以來的新文學，就都是用白話文寫的，在新文化運動上有着重大的作用。不用説，它和人民大衆還有着不小的距離，但在方塊字存在的時候，它恐怕很難有大的改進了。因此，衹要拼音文字能實現，不怕白話文不跟着走；拼音文字還未普遍化的時候，不能先把白話文反對掉，在拼音文字初期的文章，恐怕還衹能是白話文的拼音化，正像初期白話文，衹是文言文的白話化一樣，一定要有一個時期，真正人民大衆的口語，纔能逐漸在文章裏占重要地位。

第二，一切拼音文字主張者，無論他們主張何種方案，便都是同志，都應該携起手來。不必入主出奴，來些門户乃至意氣的争執，究竟哪一種方案是對的這一問題，最好的解决是實踐。拉派推行拉丁化，羅派推行羅馬字，注派推行注音字母，在推行的實踐中，衹要是真誠的工作者，一定會發見自己的乃至旁人的方案的長處或缺點，來隨時加以改正，甚至捨己從人。那麽，豈不是要人民大衆學習幾種方案麽？我想這不是大問題，衹要學會了一種，觸類旁通，學另外的方案是極容易的，而且衹是一個短時期，當他們多數認爲某種方案最適合於自己，一經抉擇，以後子孫萬代都用不着浪費時間了。第三，國羅和拉新兩派，更應携手，更應合流。兩派的争執，不外兩點：（一）統一語與方言，（二）四聲符附帶與否。但國羅派也并非絶不重視方言，記得他們也曾經從事調查乃至方言方案的擬定之類的工作。抗戰八年，人民流離轉徙的非常多，生活上起了大的波動，説着不同的方言的人們之間，增加了許多接觸，方言的籓籬已不像以前那樣牢固了；也就是向統一語的形成邁進一大步，以統一語的需要的人民爲對象，致力於統一語的拼音化，拉新派以土著農民爲對象，致力於方言的拼音化，兩者盡可相輔相成，并行不悖——不，缺一不可！至於四聲符問題，倒是一個笑話，國羅派主張帶，可是因爲各地四聲不同，它在統一語中間，作用非常小，而且顧此失彼，徒增許多麻煩；拉新派主張不帶，省事自然省事，可是這東西在方言裏起着重要作用，本應國羅派主張不帶，拉新派主張帶的，而事實剛剛相反，豈非笑話，帶與不帶，現在也不必争執，實踐是我們的試金石，我們都各持原案，請實踐先生解决。因此對於你們要組織一個包括各種拼音文字者的大團體，極贊成而且欽佩。

語文敬禮！

紺弩

（原載 1946 年 11 月 26 日重慶《新民報·呼吸》）

附　录

聶紺弩著作書目

邂逅

1935 年 9 月上海天馬書店初版；1942 年該社再版。

從白話文到新文字

1936 年 6 月大衆文化社初版；9 月，該社再版。

語言・文字・思想

1937 年 6 月上海大風書店出版。

夜戲

1940 年 6 月福建永安改進社出版。

歷史的奧秘

1941 年 6 月桂林文獻出版社初版；1942 年該社再版；1947 年該社三版；1994 年 5 月河北教育出版社重排再版。

蛇與塔

1941 年 6 月桂林文獻出版社初版；2001 年 1 月北京人民文學出版社根據桂林文獻出版社初版重排再版。

早醒記

1942 年 11 月 30 日桂林遠方書店出版。

嬋娟

1943 年 1 月桂林文化供應社出版。

姐姐（英漢對照文藝叢書，金重英譯）

1944 年 3 月桂林遠方書店初版；1946 年 1 月該社在滬再版。

關於知識分子

1937 年上海潮鋒出版社付排，因國難遭損未印；1948 年 9 月該社重排出版。

沈吟

1948 年 10 月上海文化供應社出版。

天亮了

1949 年 2 月香港人間書屋初版；1950 年 8 月香港求實出版社再版。

兩條路

1949 年 7 月上海群益出版社出版。

元旦

1949 年 7 月香港求實出版社出版。

二鴉雜文

1949 年 7 月香港求實出版社出版。

血書

1949 年 8 月上海群益出版社出版。

巨像

1949 年 8 月上海學習出版社出版。

小鬼鳳兒

1949 年 12 月上海新群出版社初版；1950 年 3 月該社再版。

海外奇談

1950 年 10 月香港求實出版社出版。

寸磔紙老虎

1951 年 3 月香港求實出版社出版。

紺弩雜文選

1955 年 4 月北京人民文學出版社出版。

聶紺弩雜文選

1977 年 9 月爾雅書業公司出版。

紺弩小説集

1981 年 1 月湖南人民出版社出版。

中國古典小説論集

1981年1月上海古籍出版社出版。

聶紺弩雜文集

1981年3月北京生活·讀書·新知三聯書店出版。

三草

1981年6月香港野草出版社出版。

紺弩散文

1981年12月北京人民文學出版社出版。

散宜生詩

1982年8月北京人民文學出版社出版。

山呼

1950年8月香港求實出版社出版的《天亮了》，刊出"本書作者其他著作"告示，其中列有《山呼》，並標有"即出"二字，未印行。後編入上海學林出版社所出之《聶紺弩詩全編》。

傾蓋集·咄堂詩

1984年6月福建人民出版社出版。

高山仰止

1984年7月北京人民文學出版社出版。

散宜生詩（增訂、注釋本）

1985年7月北京人民文學出版社出版。

蛇與塔（重編本）

1986年2月北京生活·讀書·新知三聯書店出版。

脚印

1986年3月北京人民文學出版社出版。

聶紺弩詩全編

1990年12月上海學林出版社出版。

聶紺弩詩全編（增補本）

1999年12月上海學林出版社出版。

聶紺弩舊體詩全編

侯井天編注，自費印行。先後有 1990 年 12 月第 1 次印本，1992 年 4 月第 1 次續印本；1992 年 12 月第 2 次印本；1996 年 3 月第 3 次印本；1999 年 3 月第 4 次印本；2000 年 3 月第 5 次印本。

聶紺弩名號録

（一）正式名號

姓：聶

乳名：兆年

本名：國棪

字：幹如（干如）

學名：畸

別號：咄堂　散宜生

齋名：三紅金水之齋　散宜生

（二）筆名： 聶國棪　聶　琦　聶　畸　聶紺羽

紺　羽　聶紺弩　紺　弩　聶甘弩

耳　耶　甘　奴　紺　乳　甘　努

臧其人　周　穎　悍　膂　蕭今度

今　度　邁　斯　澹臺滅闇

紫　晴　盞　蚓　二　鴉

（三）其他稱呼

1. 他人稱呼：緑林　托爾斯泰（以上爲外號）

紺奴　三耳

2. 其他自稱：聶　觭　聶　踦　聶有才　聶衣葛

甘　雨　甘　雨　史青文

肖令雨　弩　朱草衣　草　衣

草　朱布衣　布　衣　悄　鴛

疳　翁　甘　草　度　垂老蕭郎

蕭　郎　蕭草衣　聾　耶　耶

老咄庵　　牛四倌　　四　倌　　長生庚
痏積堂

聶紺弩生平年表

説明：

1. 本年表中的著譯篇目，先按發表時序編排；如未見發表，有具體寫作時間者，按寫作時序編排；無具體寫作時間者，統一置本年度後；發表時間和寫作時間均不明者，刊於年表後。

2. 舊體詩詞，有的已發表，有的未發表，大多無具體寫作時間，且一時難以考定，爲保持其整體性，未入年表。

3. 書信部分，有的寫作時間不詳，且一時難以考定，亦未入年表。

4. 標有※記號者，爲資料缺失而未查得正文的篇目，以存目備查。

1903年，1歲

事　略

1月28日（壬寅年臘月三十），出生於湖北京山縣城關十字街一個城市平民家庭。取乳名兆年，本名國棪，字幹如（干如），學名畸。聶氏爲當地大姓。曾祖輩經營當鋪，甚興旺。祖父輩個個讀書習文。祖父聶大來咸豐年間補恩貢，但一生未中舉，不能入仕途；生有四子二女。生父聶平周（1873－1914），讀過幾年私塾，一生無固定職業，曾販賣土産，開鞋鋪，最後在自家門口開一煙館；能畫，喜唱漢劇。生母張氏（1871－1905），出生於京山縣城關的一個書香之家，其父爲私塾先生。

1905年，2歲

事　略

生母張氏病逝。因叔父聶行周（字爲臧，1879—1919）無後，遂過繼爲其養子。養父雖爲讀書人，但終未取科；年輕時曾任縣自治研究所所長；辛亥革命時，受舅弟申國炬和好友孫鐵人（二人皆京山縣最早的同盟會會員）的影響，曾參加同盟會；辛亥革命後，做過雲夢縣法院書記官；做生意不成，晚年靠“跑契税團”維生。養母申氏（1881—1941），爲縣内飽學宿儒（清貢生）申子輿之女，略讀詩書。

1910年，7歲

事　略

2月25日（庚戌正月十六日）發蒙上學。學校爲京山縣東關國民學校（申家祠堂），係初級小學，名義上是新式“小學”，實際上是私塾性質，只有一個不同程度的混編班，教員爲孫鐵人（鏡）和申先甫先生。下午學國文、算學，上午却完全讀經書。一個月讀完《三字經》，又一個多月讀完《論語·學而》，並能對對子，頗得先生的賞識。讀到《先進》不幾頁放暑假，下學期與高年級學童一起學作文。

1911年，8歲

事　略

辛亥革命成功後，孫鐵人到武昌軍政府監察處工作，只有申先甫一人任教。小學一度停學，遂轉至城關梧桐巷栖鳳祠從鄧熾昌、汪覺非先生讀書。後小學請了新老師才復學。

1914 年，11 歲

事　略

1 月下旬（癸丑年臘月下旬），生父聶平周患肺結核病去世。初小畢業後，即昇入京山縣立高等小學。在學期間，屢以作文成績優秀而受到老師獎勵，被同窗戲贈“聶賢人”雅號，並以聶幹如之名與吴奚如、汪蔚如有“京山三才子”之譽。

1917 年，14 歲

事　略

高小畢業，因家貧不能去武漢投考中學而失學。有時替父親“跑契稅團”；但仍不廢讀，經常去借外祖父家藏書閲讀；並從城關益大元商店管事陳海嶠先生學作舊體詩詞，由是舊學根底日深。

1919 年，16 歲

事　略

旁聽由查傳軾等組織的京山縣“學生聯合會”集會活動。6 月，養父聶行周患肺結核病去世。

1920 年，17 歲

事　略

因受新思潮的影響，曾與同學合謀，試圖離家出走，未果。養母爲拴住兒子，安排與外家表親申小姑成親（申小姑於四五年後病逝）。結識潘從先，始知辛亥革命和孫中山。得讀鄉人董楚屏（又名鋤平，第一批共産黨人）所寄《共産黨宣言》、《勞動週刊》等進步書籍，開始接觸新思想。以本名聶國棪在漢口《大漢報》發表詩詞，時任國民黨總部代理黨務部長的孫鐵人偶見後，大爲激賞，乃函請赴滬。

1921年，18歲

事　略

秋，在孫鐵人與大舅父申國炬的資助下，終得離家赴滬。途經武漢逗留月餘後抵上海，又得孫鐵人資助入上海高等英文學校（私人補習學校）學習兩個多月。此間，第一次瞭解胡適之和“文學革命”。

1922年，19歲

事　略

年初，回家鄉休假，返回上海後，由孫鐵人介紹加入國民黨；隨即被介紹赴福建泉州國民黨“東路討賊軍”（討伐北洋軍閥）前敵總指揮部，在同鄉何成濬司令部秘書處任録事。從辛亥革命前輩王守愚（原名權一，號玄奕）處聽到洪秀全是革命而曾國藩是反革命的説法；接觸到劉師復的《無政府主義討論集》；得讀郭沫若的《女神》，開始接觸新詩。

1923年，20歲

事　略

上半年，由孫鐵人介紹與汪慰如一起赴吉隆坡投奔鮑慧僧。途經新加坡，滯留了一小段時間，參加了擁護孫中山的《新國民日報》與擁護陳炯明的《南鐸報》的論戰，撰文站在《新國民日報》一邊，反駁《南鐸報》的論點。至吉隆坡後，由鮑慧僧推薦到半山巴運懷義學（華僑免費小學）任國文教員三個月，後受到當地“華民政務司”的注意和傳訊。

秋、冬之際，受已在仰光的鮑慧僧之邀，赴仰光接替被英政府驅逐出境的董鋤屏辦《覺民日報》，後因與老闆有矛盾而被開除，遂寄居朋友處幫助辦《緬甸晨報》。先後在兩報資料室讀到群益出版局出版的《新青年》合訂本，並開始涉獵一些自然科學和五四時代關於社會改革的著譯。

1924 年，21 歲

事　略

五六月間，從仰光經檳城返廣州，由鮑慧僧（當時是國民黨中央黨部宣傳部幹事）推薦，以聶觭之名考入廣州陸軍軍官學校（黄埔軍校）第二期。此間，與時爲軍校政治部主任的周恩來相識，並在以後的生活和工作中，多次得到周恩來的直接領導和幫助。

1925 年，22 歲

事　略

2 月，與第二期全體學員作爲校長蔣介石（東征主將）的衛隊，參加國共合作的第一次“東征”，討伐陳炯明。取道平山、淡水，在淡水等船時，得讀《小説月報》上魯迅先生的《在酒樓上》，久久難以忘懷；後經海豐至汕尾待命。在汕尾幫助國民黨第某區黨部舉行了孫中山追悼會，得汕尾新市長賞識。後被調回海豐，任彭湃同志主辦的“海豐縣農民運動講習所”教官兼政治部科員。半年後，在當地學潮中出任海豐縣第一高等小學兼職校長。在海豐期間，經常應《陸安日刊》編輯李谷珍之邀，撰寫詩文，以聶畸之名在副刊上發表；並因此結識鍾敬文、丘東平、馬醒、林海秋等文友。5 月，通過鍾敬文、馬醒等人邀約該縣十多位文學愛好者相聚農講所所在地——龍山準提閣，舉行紀念屈原的端午詩會，並爲詩會撰寫一聯云：“悼三閭大夫慶咏端陽，論五月形勢謳歌農會。”東征勝利後，又返回廣州陸軍軍官學校學習。年底，畢業後以第三名考取莫斯科中山大學。不久，從廣州乘船出發到達上海；次年元旦後又啓航前往海參崴，轉赴莫斯科。

著　譯

※醒後（詩）

載 1925 年《陸安日刊》，署聶畸。

1926 年，23 歲

事　略

年初，抵莫斯科，入中山大學。同學中有鄧小平、伍修權、谷正綱、鄧文儀、蔣經國、康澤等人。學了半年俄文後，即潛心閱讀魯迅、胡適、郭沫若、冰心等人的作品和一些文藝理論方面的著作，並自學了許多北京各大學的講義（如胡適的《中國哲學史大綱》，張慰慈的《政治學大綱》，梁漱溟的《東西文化及其哲學》等），幾乎自修了文科大學的全部課程。以專心文藝被同學戲稱爲“托爾斯泰”。不久，應鍾敬文之約，以聶畸、紺乳爲筆名，在鍾敬文於廣州主編的《國民新聞》副刊《傾蓋》上發表新詩和散文。鍾敬文離開副刊編務後，還將部分稿件介紹給復旦大學出版的《黎明週刊》及南洋日報社的《椰子集》。

著　譯

※列寧機器（詩）

載 1926 年廣州《國民新聞》副刊《傾蓋》。

※撒旦的頌歌（詩）

載 1926 年廣州《國民新聞》副刊《傾蓋》。

城下後（詩）

1926 年作於莫斯科。初收《聶紺弩詩全編·山呼》。

※龍津溪畔

載 1926 年廣州《國民新聞》副刊《傾蓋》。

1927 年，24 歲

事　略

繼續在鍾敬文主編的《國民新聞》副刊《新時代》上發表詩文。蔣介石發動上海“四一二”反革命政變後，五六月間隨第二批留學生從莫斯科被遣回國。抵上海後，與谷正綱、康澤等分配到南京國民黨中央黨務學校（後改爲“中央政治學校”）當訓育員，認識女學生周穎（之芹）。在賀揚靈主編的《救黨特刊》上發表批判西山會議派的文章，在南京的大小報刊上發表詩文。

著　譯

詩譯中山悼列寧詞（詩）

——譯自俄文

在莫斯科譯。載 1927 年 3 月 18 日廣州《國民新聞》副刊《新時代》，署聶畸。

雪海的窺望（詩）

載 1927 年 3 月 21 日廣州《國民新聞》副刊《新時代》，署聶畸。

軍閥旗幟下的死者（詩）

1927 年 2 月 9 日作於莫斯科。載 1927 年 3 月 26 日廣州《國民新聞》副刊《新時代》，署聶畸。

克魯泡特金墓上（詩）

1927 年 5 月作於莫斯科。具體發表時間及刊物不詳。後載 1931 年 10 月 1 日《蘇俄評論》創刊號，署聶紺弩。

摔掉一杆槍（詩）

載 1927 年 6 月 5 日《北新》第 1 卷第 36 期，署聶畸。

※與李協和論黨争

載 1927 年《救黨特刊》，刊載日期不詳。

※共產黨的宣傳機關——“西山會議派”

載 1927 年《救黨特刊》，刊載日期不詳。

1928 年，25 歲

事　略

下半年，調任南京國民黨中央宣傳部總幹事；不久，任南京中央通訊社副主任。請假與在杭州工作的鍾敬文一起遊歷上海、蘇州、杭州等處。在留蘇同學辦的刊物《黨基》上發表政論性文章，並代主編《黨基》的最後兩期。

著　譯

東南西北的年關

1928 年 1 月某日作於南京。載 1928 年 2 月 4 日至 7 日《京報》，署聶紺羽。初收初版《脚印》。

大日本對支那貧民問題之最輕便的解決法

——日兵暴行之真憑實據的總算賬

載 1928 年 6 月 5 日南京《黨基》創刊號，署聶紺羽。

無政府主義者與軍閥

載 1928 年 6 月 15 日南京《黨基》第 2 期，署紺羽。

麵包，怎樣略取呢?

載 1928 年 6 月 15 日南京《黨基》第 2 期，署紺羽。

時事述評

載 1928 年 6 月 25 日南京《黨基》第 3 期，署紺羽。

沙基在哪兒?

載 1928 年 6 月 25 日南京《黨基》第 3 期，署紺羽。

南京特別市黨務指導委員會宥電

載 1928 年 6 月 25 日南京《黨基》第 3 期，署紺羽。

中國國民黨的以黨治國

分載1928年7月5日南京《黨基》第4期，8月5日《黨基》第7期，署紺羽。

問與答（通信）

載1928年7月5日南京《黨基》第4期，署紺羽。

編後（《黨基》第5期）

載1928年7月15日《黨基》第5期，署紺羽。

1929年，26歲

事　略

年初，與周穎結婚。不久，周穎即以河北公費赴日本早稻田大學留學。

1930年，27歲

事　略

年前，趁放年假回京山老家探親。其時爆發了唐生智、石友三的聯合反蔣戰爭，因希望唐生智占領武漢後能留在武漢辦報而脫離蔣介石，故意在武漢拖延了兩個多月。後唐生智終未拿下武漢，不得已於本年2月返回南京，因逾假受到行政處分，不久，由副主任降爲普通編輯。

著　譯

※望着我的王妃而嘆息（詩）

載1930年《文藝週刊》第3期，署紺弩。

馬來的琴歌（詩）

約1928年作。載1930年10月15日南京《文藝月刊》第1卷第3號，署聶甘弩。初收《聶紺弩詩全編·山呼》。

你不該拿走我的腿（詩，後改作爲《一隻腿》）

載 1930 年 11 月 15 日南京《文藝月刊》第 1 卷第 4 號，署紺弩。

1931 年，28 歲

事　略

在南京中央通訊社工作期間，同時爲《新京日報》主編副刊《雨花》，發表抗日文章，常被“封殺”；不久，與在《新民報》擔任副刊《葫蘆》主編的金滿成共同組織“甚麼詩社”，詩社成員多至百餘人，曾在《南京日報》上附出《甚麼詩刊》，並出版單行本《甚麼月刊》，主要刊登自作的新詩。這些詩亦被當局視爲“左傾”“普羅”。“九一八”事變後，組織“南京文藝青年反日會”，詩社隨即解散；又印製、散發反日傳單，與人一起起草並到北京學生赴南京請願的集會上散發抗日宣言，在《雨花》等報刊上發表反對蔣介石投降賣國，要求停止內戰、聯蘇聯共聯工農共同抗日的文章，受到國民黨中宣部審查。9 月下旬，受到當局傳詢，遂棄職潛逃上海；後又返南京，但未上班。雖有留蘇同學沈苑明等一再挽留，仍決定脱離國民黨。年底，得周穎信經上海赴日本東京。

著　譯

現制度謳歌（詩，又題作《雨花臺》）

載 1931 年 5 月 1 日《創作》月刊創刊號。署聶紺弩。

自拷（組詩）

載 1931 年 6 月 1 日《創作》月刊第 1 卷第 2 期，署聶紺弩。

※你不懂，我懂！（詩）

載 1931 年《新京日報·雨花》。

1932年，29歲

事　略

在東京，靠周潁一份官費維持生活。邊學習邊向杭州留蘇同學孟十還（斯根）主編的《中華日報》文學旬刊《十日文學》投稿。通過周潁的介紹，結識胡風、何定華、王達夫、樓憲（尹庚）等，並於2月由胡風介紹加入中國左翼作家聯盟（“左聯”）；隨即以聶衣葛之名與胡風、何定華、王達夫、樓憲、周潁、楊玉清、陳建晨等組織“新興文化研究會”。5月，開始出版油印刊物《文化鬥争》（出版兩期後改名爲《文化之光》，又出了一兩期後停刊），宣傳抗日，每期印二三十份，免費分送給相識的留蘇學生閱讀，一直堅持到次年4月。

著　譯

高爾基的作家生活四十年（［日］秋田雨雀作）

載1932年11月10日《中華日報·十日文學》，署聶紺弩譯。

藝術的内容與形式（［日］藏原惟人作）

載1932年11月20日、12月10日《中華日報·十日文學》，署聶紺弩譯；又載1934年4月24日—5月10日《中華日報·動向》，署耳耶譯。

魯迅之時代及其作品

1932年11月21日作於東京。載1932年12月20日《中華日報·十日文學》，署聶紺弩。

蘇聯文壇最近的理論鬥争（［日］上田進作）

1932年11月27日譯於東京。載1932年12月30日《中華日報·十日文學》，署聶紺弩譯。

1933 年，30 歲

事　略

2 月 20 日，日本無產階級作家同盟書記長小林多喜二被警方刑訊致死；4 月，《文化之光》被封，被日本刑廳逮捕，關押於“早稻田留置場”達三個月。6 月 12 日，與胡風、何定華、周穎等十多人被日本當局驅逐出境。6 月 15 日回到上海。上岸後由胡風起草，以“留日歸國華僑代表團”的名義發表《反日宣言》；三四天後，在四馬路中央西菜館（廣東同鄉會）由周穎主持召開記者招待會，控訴日本政府對中國愛國留學生的迫害。不久，即參加“上海反帝大同盟”，常常一身兼任數個愛國組織的代表，全身心地投入反帝愛國鬥争；並與“左聯”接上關係，參加“左聯”理論研究委員會（馬克思主義理論研究委員會）活動，後成爲小説研究委員會成員。

著　譯

《人與女人》

——謹就正於“第三種人”

1932 年 12 月 29 日作於東京。載 1933 年 1 月 10 日《中華日報・十日文學》，署紺弩。

母親（［日］山内田鶴子作）

1932 年 11 月 21 日作完。載 1933 年 2 月 10 日、20 日《中華日報・十日文學》，署紺弩譯。

社會主義的寫實主義與革命的浪漫主義

——蘇聯文壇的新創作口號

載 1933 年 2 月 28 日《中華日報・十日文學》，署聶紺弩。

文藝批評的基準（［日］宫本顯治作）

1933 年 2 月 6 日譯於東京。載 1933 年 3 月 10 日《中華日報・十日文學》，署聶紺弩譯。

在日本帝國主義對文化運動高壓之下産生出的一個老英雄

1933 年 3 月 12 日作於東京。載 1933 年 3 月 30 日《中華日報·十日文學》，署聶紺弩。

機器與藝術（［日］藏原惟人作）

1933 年 3 月 7 日節譯於東京。載 1933 年 4 月 10 日《中華日報·十日文學》，署紺弩。

床上的故事（詩）

1933 年 2 月 5 日作於東京。載 1933 年 4 月 20 日《中華日報·十日文學》。初收《聶紺弩詩全編·山呼》。

插上一根草標（詩）

1929 年 3 月 3 日作。載 1933 年 6 月 1 日《論語》半月刊第 18 期，署聶紺弩，又載 1933 年 7 月 20 日《中華日報·十日文學》署聶紺弩。初收《聶紺弩詩全編·山呼》。

恩格斯論巴爾扎克

1932 年 12 月 26 日譯於東京。載 1933 年 6 月 21 日《中華日報·十日文學》，署紺弩譯。

電影與現實

——從《現代一女性》説到《我們的生路》

載 1933 年 7 月 20 日《中華日報·十日文學》，署紺弩。

通訊員的資格及任務（［日］本莊陸男作）

載 1933 年 8 月 10 日《中華日報·十日文學》，署紺弩譯。

暴君勒羅

1933 年 9 月 3 日作於上海。載 1933 年 9 月 11 日《中華日報·十日文學》，署紺弩。

關於社會主義的寫實主義（［蘇］基爾遜作）

1933 年 9 月 18 日譯。載 1933 年 9 月 25 日、10 月 2 日《中華日報·十日文學》，署紺弩譯。

有一個乞丐（詩）

載 1933 年 10 月 23 日《中華日報·十日文學》，署紺弩。

蘇聯演劇的方向與任務（［蘇］盧那恰爾斯基作）

載 1933 年 11 月 6 日、11 月 13 日《中華日報·十日文學》，署紺弩譯。

兩條路

1933 年 10 月 27 日作。載 1933 年 11 月 15 日《文藝》月刊第 1 卷第 2 期，署聶紺弩。初收初版《兩條路》。

1934 年，31 歲

事　略

3 月，經孟十還介紹，受林柏生邀請，徵得“左聯”同意，受聘於《中華日報》，創辦著名文學副刊《動向》，爲左翼作家從事文化鬥争提供了重要陣地；並請貧病中的“左聯”作家葉紫作助編。《動向》於 4 月 11 日創刊。因編《動向》的關係，結識了魯迅、茅盾、丁玲等著名作家，並與魯迅多次面晤和通信，得到魯迅中肯的批評和幫助，其短篇小説《金元爹》得到魯迅的親自指點。在《動向》上，先後發表了魯迅 20 多篇文章；周而復、歐陽山、田間、宋之的、章泯等也都是經常投稿者。利用這個陣地，一面積極推動關於采用舊形式和大衆語的討論，一面以“耳耶”和“臧其人”作爲筆名發表雜文，積極投入反文化圍剿的鬥争。在蔣、汪鬥争中，因林柏生受到威嚇，聶被迫辭職。《動向》共歷時八個月，於 12 月 18 日停刊。此間，還通過魯迅認識了東北作家蕭軍和蕭紅，並與丘東平重逢。

著　譯

一隻腿（詩，由《你不該拿走我的腿》改作而成）

載 1934 年 1 月 1 日《中華月報》第 2 卷第 1 期，署聶紺弩。

※第一次講話

載1934年4月1日上海《中華日報·動向》。

追論京派海派什麼的

載1934年4月11日《中華日報·動向》，署耳耶。

笑與幽默

載1934年4月11日《中華日報·動向》，署聶紺弩。

杜衡先生還往哪裏逃?

載1934年4月12日《中華日報·動向》，署耳耶。

文壇洗冤録

載1934年4月15日《中華日報·動向》，署耳耶。

廢稿示衆（《吹毛求疵》一文的“編者按語”）

載1934年4月15日《中華日報·動向》，署編者。

《懷鄉集》的根本態度

載1934年4月17日《中華日報·動向》，署耳耶。

内容與形式不可分論（即《藝術的内容與形式》的第一段）

載1934年4月22日《中華日報·動向》，署耳耶譯。

新形式的探求與舊形式的采用

載1934年4月24日《中華日報·動向》，署耳耶。

何謂形式?

載1934年4月24日《中華日報·動向》，署耳耶。

※没有人談歐陽山

1934年4月22日作。載1934年4月25日《中華日報·動向》，署耳耶。

奴才與環境

載1934年4月29日《中華日報·動向》，署甘奴。

藝術形式受什麼東西的規定呢?

載1934年5月7日《中華日報·動向》，署耳耶。

從未來派説到大衆爲什麼不懂藝術形式

載 1934 年 5 月 8 日《中華日報・動向》，署耳耶。

娜拉與現代婦女問題

1934 年 5 月 31 日《中華日報・動向》，署耳耶。

“土産”——“接儀”

載 1934 年 6 月 9 日《中華日報・動向》，署耳耶。

“蘇聯的何徐事件”及其他

1934 年 5 月 29 日作。載 1934 年 6 月 19 日《中華日報・動向》，署耳耶。

爲白話文敬告林語堂先生

1934 年 6 月 19 日作。載 1934 年 6 月 21 日《中華日報・動向》，署耳耶。初收初版《語言・文字・思想》。

話跟話的分家（即《語言・文字・文章》第一節）

載 1934 年 6 月 22 日《中華日報・動向》，署耳耶。

※决心（［日］窪川稻子作）

載 1934 年 6 月 24 日《作品》創刊號，署紺弩譯。

話跟文章的分家（即《語言・文字・文章》第二節）

載 1934 年 6 月 25 日《中華日報・動向》，署耳耶。

關於“文言文”的形成跟發展

載 1934 年 6 月 28 日《中華日報・動向》，署耳耶。

關於“白話文”的發生跟成長

載 1934 年 6 月 30 日《中華日報・動向》，署耳耶。

金元爹（又改作《鹽》）

載 1934 年 7 月 1 日天津《當代文學》第 1 卷第 1 期，署聶紺弩；又載 1941 年香港《時代文學》第 1 卷第 3 期，署聶紺弩。初收初版《邂逅》。

開快車時候的一個備忘録

一　引言

二　文言文

三　白話文

四　文白争執的本質

五　文白争執的意義

六　大衆語的建立問題的提出

七　大衆語跟文章内容

八　大衆語跟白話文

九　大衆語跟土語

十　建立大衆語是個實踐問題

十一　建立大衆語應該避除樂觀的放任主義色彩

載 1934 年 7 月 2 日《中華日報・動向》，署耳耶。初收初版《語言・文字・思想》。

金聖嘆的意識問題

1934 年 7 月作。載 1934 年 7 月 10 日《申報・自由談》，署耳耶。初收初版《關於知識分子》。

大衆語跟土話

載 1934 年 7 月 26 日至 7 月 30 日《中華日報・動向》，署耳耶。初收《語言・文字・思想》。

這算是我的懺悔録（又題作《我與文學》）

載 1934 年 7 月上海生活書店出版的《文學》一週年紀念號特輯《我與文學》，署紺弩。

擁護吴老將軍的"大衆語萬歲"

——参看八月一日《自由談》

載 1934 年 8 月 4 日《中華日報・動向》，署耳耶。初收《語言・文字・思想》。

擁護了吴老將軍之後

載 1934 年 8 月 5 日—6 日《中華日報・動向》，署耳耶。初收《語言・文字・思想》。

穿制服的文學家

載 1934 年 8 月 9 日《中華日報・動向》，署臧其人。

給葉籟士先生

載 1934 年 8 月 13 日《中華日報・動向》，署耳耶。

文學無用論與文學不足道論

載 1934 年 8 月 18 日《中華日報・動向》，署耳耶。

藝術的將來（［蘇］佛里契作）

載 1934 年 8 月 19 日《中華月報》第 2 卷第 8 期，署聶紺弩譯。

關於電影跟土話跟拉丁化

載 1934 年 8 月 20 日《中華日報・動向》，署耳耶。

爲愚民政策捏一把汗

載 1934 年 8 月 20 日《中華日報・動向》，署臧其人。

道統論

載 1934 年 8 月 31 日《中華日報・動向》，署耳耶。初收初版《關於知識分子》。

施蟄存先生好自爲之

載 1934 年 9 月 7 日《中華日報・動向》，署臧其人。

零碎話

載 1934 年 9 月 8 日《中華日報・動向》，署耳耶。

答霓璐先生的抗議

1934 年 9 月 13 日作。載 1934 年 9 月 15 日《中華日報・動向》，署耳耶。

談梅蘭芳

載 1934 年 9 月 16 日—17 日《中華日報・動向》，署耳耶。

談雜文

1934 年 9 月 11 日作於上海。載 1934 年 10 月 5 日《太白》半月刊第 1 卷第 2 期，署耳耶。初收初版《關於知識分子》。

論《封神榜》

1934 年 7 月 6 日作於上海。載 1934 年 10 月 20 日《太白》半月刊第 1 卷第 3 期，署耳耶。初收初版《關於知識分子》。

偉大的勝利

載 1934 年 10 月 26 日《中華日報・動向》，署臧其人。

爲大衆語敬告林語堂先生

1934 年 10 月 15 日作。載 1934 年 11 月 5 日《太白》半月刊第 1 卷第 4 期，署耳耶；又載 1935 年 2 月 20 日《文學新輯》第一輯，署耳耶。初收初版《語言・文字・思想》。

我與文學（又題作《這算是我的懺悔録》）

1934 年某月作於上海。載 1934 年 11 月 5 日《太白》第 1 卷第 4 期，署紺弩。初收初版《關於知識分子》。

大衆語"決不是含有階級性的"

1934 年 11 月 5 日作。載 1934 年 11 月 8 日《中華日報・動向》。初收初版《語言・文字・思想》。

論同音字

載 1934 年 12 月 14 日《中華日報・動向》，署耳耶。

※悲劇之夜（［蘇］倍兹敏斯基作）

譯作，發表於本年，所載刊物、日期及署名不詳。

1935 年，32 歲

事　略

二三月間，經吴奚如等人介紹加入中國共産黨。入黨後不到一個月，即被派遣打入國民黨内部以獲取軍事情報（當時康澤在四川任參謀團政訓處長，因看到紺弩剛從日本回來時在《十日文學》上的文章，曾邀請聶紺弩去他那裏），遂受命於 5 月初去成都找康澤"謀事"。因康澤知其身份，滯留月餘後，未有結果被禮遣，先隨康澤至重慶，再由别動隊長曹勖（小時同學，在黄埔時同隊）陪同至萬縣，後乘船途經武漢，返回上海。在上海，一度任“左聯”上海滬西區大組組長，負責傳達“左聯”的指示和任務，組織光華等大學的活動，參加一些紀念節日的“飛行集會”等等，從而認識周而復、田間、馬子華、王元亨、李勵文等人。支持馬子華與“左聯”同志葛一虹、向思賡編左聯機關刊物《文學新輯》，以“耳耶”筆名供稿並爲他們保存稿件。《文學新輯》僅出兩輯即被禁，後按魯迅先生指示將編餘稿件刊於胡風編輯的《木屑文叢》上。

9 月，短篇小説集《邂逅》，列爲《天馬叢書》之一，由上海天馬書店初版。

著 譯

一九三四年大衆語論戰回顧

1934 年 12 月 5 日作。載 1935 年 1 月 8 日《中華月報》元旦特刊。初收初版《語言・文字・思想》。

談《娜拉》

1935 年 1 月 27 日作。載 1935 年 2 月 5 日《太白》第 1 卷第 11 期，署周穎。初收初版《關於知識分子》。

樸列汗諾甫批判（［蘇］阿里希莫甫作）

載 1935 年 2 月 20 日《文學新輯》第 1 輯，署臧其人譯。

談《野叟曝言》

1935 年 2 月 5 日作於北平。載 1935 年 3 月 5 日《太白》半月刊第 1 卷第 12 期，署悍膂。初收初版《語言・文字・思想》。

再談《野叟曝言》

1935 年 2 月 18 日作於北平。載 1935 年 3 月 20 日《太白》半月刊第 2 卷第 1 期，署悍膂。初收初版《關於知識分子》。

追記

載 1935 年 3 月 20 日《太白》半月刊第 2 卷第 1 期，署悍膂。

阮玲玉的短見

1935 年作。載 1935 年 4 月 5 日《太白》半月刊第 2 卷第 2 期，署周穎。初收初版《關於知識分子》。

棉褲

1934 年 12 月 8 日作。載 1935 年 4 月 20 日《木屑文叢》第 1 輯，署臧其人。

一根棍子（又題作《邂逅》）

1935 年 4 月 19 日作於上海。載 1935 年 6 月 1 日《文學》月刊第 4 卷第 6 號，署紺弩。初收初版《邂逅》。

※林語堂的扯談

載 1935 年 10 月 10 日《文藝大衆》第 1 卷第 6 期，署聶紺弩。

關於知識分子

載 1935 年 10 月 15 日《申報·自由談》，署紺弩。初收初版《關於知識分子》。

家

載 1935 年 11 月 1 日《中華月報》第 3 卷第 11 期，署紺弩。

《八月的鄉村》

載 1935 年 11 月 10 日《讀書生活》第 3 卷第 1 期，署紺弩；又載 1935 年 11 月 10 日《文藝大衆》第 1 卷第 6 期，署紺弩。

天文學家是"不爲什麼"的麼?

載 1935 年 11 月 16 日《時事新報·每周文學》，署紺弩。初收初版《關於知識分子》。

※人間世——鬼間世

載 1935 年 11 月、12 月《漫畫與生活》第 1 卷第 1 期、第 2 期，署紺弩。

沒有青年的國

載 1935 年 12 月《漫畫與生活》第 1 卷第 2 期，署紺弩。初收初版《關於知識分子》。

我對於小品文的意見

1934 年作於上海。載上海生活書店 1935 年《太白》半月刊第 1

卷紀念特輯，署紺弩。初收初版《關於知識分子》。

一九三五年的中國語文運動

載 1935 年《改造》創刊號，署紺弩。初收初版《語言・文字・思想》。

“愛智盧”

——川游雜記之一

1934 年 5 月 6 日作於上海。載 1935 年《生活知識》。初收初版《語言・文字・思想》。

走掉

載 1935 年第 2 期《現代文學》。初收初版《邂逅》。

方塊字・別字・手頭字

1935 年 3 月 10 日作。載初版《語言・文字・思想》。

老子的全集

1935 年 4 月 7 日作。載初版《歷史的奧秘》。

邂逅（又題作《一根棍子》）

1935 年 4 月 19 日作於上海。載初版《邂逅》。

1936 年，33 歲

事　略

年初，左聯解散。在魯迅的倡議和支持下，與魯迅、胡風、吴奚如、蕭軍、蕭紅、周文等共同創辦出版《海燕》，以“耳耶”等筆名擔任編輯人。《海燕》第 1 期於 1 月 19 日出版，即日即售盡兩千册，旋即又重印兩次。由於其鮮明的政治傾向性，僅辦兩期即被反動當局以“宣傳普羅文化”的罪名勒令停刊。4 月，建議周而復、王元亨、馬子華等創辦月刊《文學叢報》，並以蕭今度的筆名列爲主編之一；組織刊登魯迅和其他作家的文章，5 月 31 日在該刊第 3 期上發表了根據魯迅的意見、由胡風執筆的《人民大衆向文學要求什麽?》，積極擁護魯迅先生提出的“民族革命戰争的大衆文學”的口號，并發表《創作口號和聯合問題》等文章投入“民族革命戰争的大衆文學”與“國防文學”兩個口號的論争，後接受周文傳達馮雪峰的意見而退出論争。在該刊第4期上，與茅盾、王任叔、王統照、立波等四十人共同簽名發表《中國文藝家協會宣言》；與魯迅、茅盾、胡風、巴金等七十七人共同簽名發表《中國文藝工作者宣言》。7月，與張天翼（負責）、蔣牧良、胡風、吴奚如、尹庚等共同編輯《現實文學》。8月5日在《文學叢報》出到第五期停刊後，又支持周而復、李勵文創辦《散文》，并介紹稿件。9月下旬，首次會見馮雪峰，受命護送丁玲赴陜北，後在返回上海途中得悉魯迅先生於10月19日病逝，遂急忙趕回上海參加治喪活動，與胡風、張天翼、蕭軍等人扶送魯迅先生靈柩至虹橋萬國公墓。11月，爲發行過《海燕》的群衆圖書出版公司編輯文藝刊物《熱風》（僅出兩期停刊）。12月25日，女兒海燕出生。年底，參加上海文化界救國會，被推舉爲委員。

6月，語言問題小册子《從白話文到新文字》，列爲《大衆文化叢書》之一，由大衆文化社初版；同年9月，由該社二版。

著　譯

大隱在朝

載1936年2月20日《海燕》月刊第2期，署耳耶。

假期（［日］小林多喜二作）

載1936年3月1日《中華月報》第4卷第3期，署聶紺弩譯。

支那人

載1936年4月1日《文學叢報》月刊誕生號，署聶紺弩。

關於《世界文庫》的翻印古書

1936年3月22日作。載1936年4月15日《作家》第1卷第1號，署甘奴。初收初版《語言·文字·思想》。

《國語運動史綱》

1936年4月4日作。載1936年5月《新東方》半月刊第1卷第2期，署紺弩。初收初版《語言·文字·思想》。

雨花臺（詩，又題作《現制度謳歌》）

1929年2月15日作。載1936年6月1日《文學叢報》月刊第3期，署聶紺弩。初收《聶紺弩詩全編・山呼》。

創作口號和聯合問題

載1936年6月15日《夜鶯》月刊第1卷第4期“民族革命戰爭的大衆文學”特輯，署紺弩。初收初版《關於知識分子》。

從白話文到新文字

一　起頭

二　文言文

三　方塊字

四　語文問題

五　五四運動

六　白話文

七　國語統一運動

八　文藝大衆化和大衆語

九　別字　手頭字

十　新文字

十一　收尾

1936年3月作。載1936年6月《大衆文藝叢刊》，署聶紺弩。於1936年6月由上海生活書店列爲《大衆文化叢書》（楊東菁主編）第1輯的第22種，以單行本行世。

國語羅馬字呢？中國新文字呢？

——答黎錦熙：論拉丁化的中國字母

1936年4月30日寫完。載1936年6月《新東方》半月刊第1卷第4期，署紺弩。初收初版《語言・文字・思想》。

創作活動的路標

載1936年7月1日《現實文學》月刊第1期，署耳耶。初收初版《關於知識分子》。

十一週年（新聞影片脚本）

載 1936 年 7 月 1 日《現實文學》月刊第 1 期，署聶紺弩。

冰條（［日］平田小六作）

載 1936 年 7 月 1 日《文學叢報》月刊第 4 期，署聶紺弩譯。

怎樣統一中國語言

載 1936 年 8 月 1 日《中華月報》第 4 卷第 8 期，署紺弩。

文章·語言·文字（該文第一、二節又分別作爲《從白話文到新文字》的第一、二節）

1936 年 7 月 7 日作。載 1936 年 8 月 1 日《現實文學》月刊第 2 期，署聶紺弩。初收初版《語言·文字·思想》。

父親

1935 年 7 月 8 日作於上海。載 1936 年 9 月 5 日《文學大衆》第 1 卷第 1 期，署紺弩；又載 1936 年 9 月《大衆文學》。初收初版《關於知識分子》。

關於語言

1936 年 9 月 18 日作於上海。載 1936 年 10 月 5 日《中流》半月刊第 1 卷第 3 期，署紺弩。初收初版《語言·文字·思想》。

※主題的積極性和真人真事和編輯方針（上海《小説家》第 1 次座談會記録）

1936 年 9 月 20 日座談紀録。載 1936 年 10 月 15 日上海《小説家》，署蔣牧良、王任叔、張天翼、周而復、聶紺弩等。

又是關於語言

1936 年 9 月 18 日作於上海。作者後將該篇與上篇《關於語言》合爲一篇，總題爲《關於語言》，此爲第二節。

酒船

1936 年秋作於上海。載 1936 年 10 月 15 日上海《小説家》月刊第 1 卷第 1 期，署紺弩。初收初版《夜戲》。

鲁迅的錯誤

載 1936 年 11 月《熱風》創刊號，署耳耶。

關於哀悼魯迅先生

魯迅先生逝世後十二日作。載 1936 年 12 月 1 日上海《小説家》月刊第 1 卷第 2 期，署紺弩。初收初版《關於知識分子》。

※《小説家》第二次座談會記録（題名不詳）

1936 年 10 月 30 日座談記録。載 1936 年 12 月 1 日上海《小説家》，署蔣牧良、王任叔、張天翼、周而復、聶紺弩、蕭軍、沙汀等。

新文字和大衆文學

初收初版《語言・文字・思想》。

給一本厦門話新文字小册子作的序

1936 年 5 月 30 日作。初收初版《語言・文字・思想》。

《語言・文字・思想》自序

1936 年 9 月 17 日作。載初版《語言・文字・思想》。

1937 年，34 歲

事　略

七七事變後，送妻女回京山避難。後周穎留在京山國民中心小學執教，隻身返回上海。其時，正值八一三抗戰全面爆發，即參加上海救亡演劇一隊，與馬彦祥、宋之的、賀緑汀、塞克等經南京去武漢請示周恩來，準備去抗日戰區工作。在南京逗留時，從康澤處募得捐款作路費，於九十月間抵武漢。因演劇隊北上，留漢待命。在漢期間，曾主編幾期《新華日報》副刊《團結》；並參加進步文學團體“哨崗社”，成爲重要成員；同時，爲胡風辦的《七月》積極供稿。

6 月，語文問題論集《語言・文字・思想》，由上海大風書店初版。9 月，雜文集《關於知識分子》由上海潮鋒出版社付排，因國難遭損未印。另有兩部交印的書稿《癩子的散步》(文藝論文和雜文集) 和《兩條路》(小説集), 亦在戰禍中丢失。

著　譯

一個高大的背影倒了（詩）

1936 年 11 月作。載 1937 年 1 月《熱風》創刊號，署紺弩。初收初版《關於知識分子》。

語言和文字的分家（又題作《話跟文字的分家》，作爲《語言·文字·文章》的第三節）

1937 年 1 月 18 日作。載 1937 年 2 月 1 日《語文》第 1 卷第 2 期，署紺弩。

請莫介紹稿件

載 1937 年 3 月 1 日《熱風》第 1 卷第 2 期，署蕭今度。

旁聽

1936 年 11 月 6 日作。載 1937 年 5 月 15 日《文叢》第 1 卷第 3 期，署紺弩。初收初版《夜戲》。

瑪德里曲可不可以唱?

載 1937 年 7 月 10 日《自修大學》第 1 卷第 13 期，署紺弩。

※談是非

載 1937 年 10 月 16 日漢口《哨崗》半月刊第 1 卷第 1 期，署紺弩。

人與魯迅

載 1937 年 10 月 16 日《七月》第 1 集第 1 期，署紺弩。

游吕菊芬

魯迅先生週年祭日作。載 1937 年 11 月 1 日《七月》第 1 集第 2 期，署紺弩。初收初版《歷史的奧秘》。

記一個朋友的談話

1937 年 12 月 10 日作。載 1937 年 12 月 16 日《七月》第 1 集第 5 期，署耳耶。

懷南京（又題作《失掉南京得到無窮》）

1937 年 12 月 20 日作於漢口。載初版《沈吟》。

把古書怎麼辦呢?

1937 年 5 月作於上海。

四聲論及其他

1937 年 8 月 13 日以前作於上海。

1938 年，35 歲

事 略

1 月 27 日，受薄一波同志聘請，與艾青、田間、端木蕻良、蕭軍、蕭紅、李又然等人從武漢啓程赴山西臨汾山西民族革命大學任教，途中與塞克、端木蕻良、蕭紅合作劇本《突擊》。抵達後尚未開課，戰火便延燒至臨汾，旋即隨前來慰問的由丁玲和吴奚如率領的八路軍“西北戰地服務團”經風陵渡，渡黄河到西安。在周恩來的安排下，又和丁玲等人赴延安考察，在延安參加陝北公學開學式，毛澤東邀請其與丁玲、李又然共進餐。約三個月後又與丁玲一起返回西安。其時因周恩來已去武漢，8 月，又至武漢。此間，趁隙回故鄉探望女兒和在當地學校教課及參加婦女抗日工作的周穎，並參與主持孫鐵人夫人葬禮並寫祭文。8 月 29 日，日機三次轟炸京山縣城，祖屋部分被炸，所幸其母及妻女免於難。一個月後返回武漢，經周恩來介紹去皖南新四軍軍部。一到新四軍軍部，就得到葉挺、項英支持，籌備並成立推廣拉丁化新文字工作領導小組，計劃培訓連隊文化教員，教授戰士新文字；後因社會上一般人都用漢字，覺得學習新文字用處不大，遂停止。同時，在教導隊任教。後參加軍部戰地服務團創作組，成員還有辛勞、羅涵之（菡子）、林琳（林果）；最後任軍部文化委員會委員，編輯了兩三期軍部刊物《抗敵》和《抗敵》的文藝部分。10 月 9 日，在新四軍軍部舉行的紀念魯迅先生逝世兩週年大會上，作《紀念魯迅，發揚魯迅精神》的報告。曾與丘東平、徐平羽

（白丁）應陳毅之邀，赴敵後收集寫作材料，體驗生活，約三個月後又回到軍部。

著　譯

失掉南京得到無窮（又題作《懷南京》）

1937年12月20日作於漢口。載1938年《七月》第1集第6期，署耳耶。初收初版《歷史的奧秘》。

抗戰以後的文藝活動動態和展望（《七月》座談會記録）

1938年1月16日座談記録。載1938年《七月》第1集第7期，署艾青、東平、聶紺弩等。

母親們

1938年1月7日作於漢口。載1938年《七月》第2集第1期，署耳耶。初收初版《蛇與塔》。

延安的虱子

1938年4月18日作於漢口。載1938年《七月》第2集第1期，署紺弩；又載1938年6月25日《文藝》第1卷第2期，署聶紺弩。

※華北的烽火

載1938年2月4日至4月24日《救亡日報》，聶紺弩與艾蕪、舒群、張天翼等合作。

突擊

載1938年4月1日《七月》第2集第6期。與塞克、端木蕻良、蕭紅合作。

宣傳・文學・舊形式的利用（《七月》座談會記録）

1938年4月26日座談記録。載1938年《七月》第3集第1期，署胡風、聶紺弩、吴組湘等；又載1938年6月25日《文藝》第1卷第2期，署胡風、聶紺弩等。

寂寞的故鄉

1938年母親節作。載1938年5月16日《七月》第3集第2期，署紺弩。

《此時此地劇運》補義

1938 年 12 月 8 日作於金華。載初版《早醒記》。

月夜的故事（又分別作爲《巨像及其他》第三節、《延安的虱子》第二節）

1938 年 3 月某日作於漢口。載初版《嬋娟》。

1939 年，36 歲

事　略

離開新四軍，先到金華，跟邵荃麟、駱耕漠等編輯大型政治文藝月刊《東南戰綫》；後刊物被禁，受託去方岩找第三戰區政訓處主任谷正綱（原南京中央黨校訓育處副主任）疏通，未果，但瞭解到被禁的原因。後再次找谷正綱要求另辦一刊物獲准，遂出《文化戰士》（實際爲中共浙江省委刊物），並任主編兼發行人；因反汪僅出兩期後遭禁。在金華的幾個月，還爲《浙江婦女》（葛琴主編）、《刀與筆》（萬湜思主編）等刊物寫稿。其間，曾赴温州作短暫逗留，會見中共温州地方組織負責人和部分進步作家，傳達陝北、皖南戰地和本省各地的政治及文化信息。

著　譯

不死的槍（詩）

——獻給畫篇《不死的槍》的作者新波

1938 年 9 月作。載 1939 年 1 月 1 日《文藝陣地》第 2 卷第 6 期，署紺弩；又載 1939 年 2 月 28 日、3 月 1 日《華美晨報·浪花》，署紺弩。初收初版《元旦》。

山芋

1939 年 2 月 2 日作。載新四軍出版的《抗敵》。初收初版《夜戲》。

聖母

1939年三八節作於金華。載桂林《力報·新墾地》，署紺弩。初收初版《蛇與塔》。

巨像（又作爲《巨像及其他》第一節）

1938年12月3日作於雲嶺。載1939年10月《七月》第4集第3期，署紺弩。初收初版《歷史的奧秘》。

創作口號及其他

載1939年11月15日《浙江婦女》第5期，署耳耶。

櫻花節（又作爲《嬋娟》第五節）

載1939年11月15日《浙江婦女》第5期，署邁斯；又載1946年8月17日《商務日報·茶座》，署蕭今度。

序《捧血者》

載1939年金華《東南戰綫》第1卷第5期，署紺弩。

"現在中國人爲人的道德"

1939年10月19日作。載1939年11月20日《刀與筆》月刊創刊號，署耳耶。初收初版《高山仰止》。

記周佛海林柏生

1939年12月15日作於金華。載1939年12月20日《刀與筆》月刊第2期，署聶紺弩。

噩夢（又題作《永遠地，永遠地……》，又作爲《〈嬋娟〉題記》）

1939年8月23日作。載1939年12月20日《刀與筆》月刊第2期，署耳耶。

我的金言

載1939年12月20日《刀與筆》月刊第2期，署耳耶。

收穫的季節（詩）

——爲魯迅先生三年祭作

1939年中秋作。初載1939年《抗敵》，又載1940年8月3日桂林《力報·新墾地》。初收初版《元旦》。

小號兵

1939 年 1 月 2 日作於金華。載初版《巨像》。

心祭

1938 年三八節作於屯溪。載初版《蛇與塔》。

嬋娟

1939 年 3 月 15 日作於金華。載初版《嬋娟》。

離人散記（由《嬋娟》部分章節組合而成）

1939 年 3 月 15 日作於金華。後收入初版《脚印》。

物輿篇（即《黄牛》《白兔》《仔狗》的合篇）

1939 年 4 月 2 日作於金華。載初版《巨像》。

沈疴（又作爲《巨像及其他》第二節）

1939 年 4 月 2 日作於金華。載初版《嬋娟》。

風塵

1939 年 5 月 25 日作於金華。載《改進》半月刊，初收初版《兩條路》。

1940 年，37 歲

事　略

四五月間，張天翼從桂林寫信至金華找人相助，由邵荃麟推薦聶紺弩至桂林，編輯《力報》副刊《新墾地》，一直延續到 1943 年。其時邵慎之（高旅）亦在編輯部供職。編《新墾地》不久，針對沈從文“婦女回家”的倒退論調，發動了關於女權問題的大辯論，自己也著文參加，次年將雙方論戰文章結集爲《女權論辯》一書出版，并親爲《題記》。與夏衍、宋雲彬、孟超、秦似等創辦“野草社”，辦刊物《野草》，7 月與讀者見面，在該刊上發表了大量短小精悍、犀利潑辣的雜文。還在《現代文藝》《中蘇文化》等刊物上發表文章。在魯迅逝世四週年之際，著《魯迅——思想革命與民族革命的倡導者》一文，大力弘揚魯迅精神，對魯迅研究作出了獨特貢獻。年底，請葛琴、彭燕郊作《新壟地》助編，介紹邵荃麟任《力報》主筆。

6月，短篇小説集《夜戲》，列爲《現代文藝叢刊》之一，由福建永安改進出版社初版；短篇小説《風塵》，由福建永安改進出版社收入《改進文庫》之四《風塵》一書。

著　譯

白兔（又作爲《物輿篇》第二節）

1939年3月22日作於金華。載1940年1月9日《前綫日報》第7版，署紺弩；又載1940年8月20日《野草》月刊創刊號，署紺弩。初收初版《嬋娟》。

仔狗（又作爲《物輿篇》第三節，又爲《致生者、悼死者、懷生死不明者》第二節）

1939年4月2日作於金華。載1940年1月30日《前綫日報》第7版，署紺弩。初收初版《嬋娟》。

夜戲

1939年11月22日作於金華。載1940年1月《七月》第5集第1期。初收初版《夜戲》。

弟弟

1939年12月23日作於金華。載1940年3月1日《東綫文藝》創刊號，署聶紺弩。初收初版《夜戲》。

陽光的踪迹

載1940年5月《七月》第5集第3期，署紺弩。

莎士比亞應該後悔

載1940年5月12日桂林《力報・新壟地》。初收初版《歷史的奥秘》。

飛機的用途及其他

載1940年5月14日桂林《力報・新壟地》。初收初版《歷史的奥秘》。

兔與狐（又作爲《飛機的用途及其他》第三節）

1940 年 5 月 14 日作。載 1940 年 5 月 16 日桂林《力報·新墾地》。

吃驚的時候

載 1940 年 5 月 20 日桂林《力報·新墾地》。

飛機的用途

1940 年 5 月 19 日作。載 1940 年 5 月 21 日桂林《力報·新墾地》。

向往（又作爲《飛機的用途及其他》第二節）

1940 年 5 月 22 日作。載 1940 年 5 月 23 日桂林《力報·新墾地》。

從汽車節約説到張恨水（又作爲《汽油——藝術》第一節）

載 1940 年 5 月 25 日桂林《力報·新墾地》。初收初版《歷史的奥秘》。

從張恨水説到墨子（又作爲《汽油——藝術》第二節）

載 1940 年 5 月 27 日桂林《力報·新墾地》。初收初版《歷史的奥秘》。

從墨子説到藝術什麽的（又作爲《汽油——藝術》第三節）

載 1940 年 5 月 28 日桂林《力報·新墾地》。初收初版《歷史的奥秘》。

汽油——藝術（即《從汽車節約説到張恨水》《從張恨水説到墨子》和《從墨子説到墨子什麽的》的合篇）

初收初版《歷史的奥秘》。

※《飛機的用途》補遺

載 1940 年 5 月 29 日桂林《力報·新墾地》。

關於幽默

1940 年 5 月 30 日作。載 1940 年 5 月 31 日桂林《力報·新墾地》。

“莎士比亞後悔”以後

載1940年6月1日桂林《力報·新墾地》。

記周佛海（即《記周佛海林柏生》之一部分）

載1940年6月12日桂林《力報·新墾地》。初收初版《歷史的奥秘》。

架橋者

1940年6月14日作。載1940年6月15日桂林《力報·新墾地》。

爲一個詩人我擁護憲政

1940年6月15日作。載1940年6月17日桂林《力報·新墾地》。

雪的曠野

載1940年7月13日桂林《力報·新墾地》。

關於異小民族的藝術

載1940年7月16日桂林《力報·新墾地》。

幻象

載1940年7月24日桂林《力報·新墾地》。

市場上

載1940年8月1日桂林《力報·新墾地》。

火

載1940年8月8日桂林《力報·新墾地》。

榮譽村

1940年8月8日作。載1940年8月9日桂林《力報·新墾地》。

没有脊椎的人

載1940年8月19日桂林《力報·新墾地》。

關於歐陽予倩

載1940年8月23日桂林《力報·新墾地》。

姐姐

1940 年 7 月 1 日改作於桂林。載 1940 年 8 月 25 日《現代文藝》月刊第 1 卷第 5 期，署聶紺弩。初收初版《姐姐》。

《國家至上》公演後，一個看客的獨白

載 1940 年 8 月 27 日—30 日桂林《力報・新墾地》。

美的追求者

載 1940 年 9 月 14 日桂林《力報・新墾地》。

歷史的奧秘

1940 年 9 月 9 日作於桂林。載 1940 年 9 月 20 日《野草》月刊第 1 卷第 2 期，署蕭今度。初收初版《歷史的奧秘》。

信念

載 1940 年 9 月 20 日桂林《力報・新墾地》。

狼狽和主后

載 1940 年 9 月 21 日桂林《力報・新墾地》。

魯迅——思想革命與民族革命的倡導者

1940 年 10 月 8 日完於桂林。載 1940 年 10 月 15 日《中蘇文化》半月刊第 7 卷第 9 期。初收初版《早醒記》。

略談魯迅先生的《野草》

1940 年 10 月 15 日作。載 1940 年 10 月 20 日《野草》月刊第 1 卷第 3 期，署紺弩。初收初版《歷史的奧秘》。

黄牛（又作爲《物輿篇》第一節）

1939 年 3 月 18 日作於金華。載 1940 年 11 月 1 日《自由中國》月刊第 1 卷第 1 期，署紺弩。初收初版《嬋娟》。

從沈從文筆下看魯迅

1940 年 11 月 5 日作於桂林。載 1940 年 12 月 1 日《野草》月刊第 1 卷第 4 期，署紺弩。初收初版《歷史的奧秘》。

在汽車上

1940 年 5 月 12 日作於桂林。載初版《嬋娟》。

"確係處女小學亦可"

1940 年 9 月 18 日作。載初版《蛇與塔》。

永遠地，永遠地……（即《〈嬋娟〉題記》、《噩夢》）

1940 年 9 月 18 日作於金華。載初版《巨像》。

飛機木刻號

1940 年 11 月 15 日作。載初版《嬋娟》。

胡風的水準

1940 年 12 月 1 日作。載初版《早醒記》。

偶語

原載 1940 年《前綫日報》，後作爲《力報·新墾地》《野草》補白重刊。

1941 年，38 歲

事　略

1 月，皖南事變爆發，發表散文詩《絶叫》，抒發憤怒的心情。3 月，養母申氏在京山老家病逝，因值戰亂，未能奔喪。其時，國民黨當局的文化專制日嚴，2 月間生活書店桂林分店被查封，不久新知書店、讀書生活出版社相繼被迫停業，在《野草》上發表《韓康的藥店》，回擊國民黨掀起的反共逆流，在讀者中引起强烈反響，並爲此殃及《力報》。不久，暫離《力報》，由張稚琴推薦作曾養甫秘書，隨曾赴重慶，準備接替去香港的胡風續編《七月》。在重慶，承印由胡風編就的《七月》最後一期，後因返回桂林，以致《七月》延誤半年未出刊，被吊銷登記證。後接替被辭退的葛琴編《新墾地》和她創辦的《半月文藝》，並請彭燕郊作助編；又支持彭燕郊主辦《半月新詩》。

6 月，雜文集《歷史的奥秘》和《蛇與塔》，列入《野草叢書》，由桂林文獻出版社初版。

著　譯

魯迅的褊狹與向培良的大度

1940 年 12 月 17 日作於桂林。載 1941 年 1 月 1 日《野草》月刊第 1 卷第 5 期，署耳耶。初收初版《歷史的奧秘》。

從陶潛説到蔡邕

1940 年 12 月 27 日作於桂林。載 1941 年 1 月 1 日《野草》月刊第 1 卷第 5 期，署蕭今度。初收初版《歷史的奧秘》。

怎樣做母親

1940 年 12 月 6 日作於桂林。載 1941 年 1 月 1 日《野草》月刊第 1 卷第 5 期，署紺弩；又載 1941 年 11 月《文綜月刊》第 2 卷第 3 期，署紺弩。初收初版《蛇與塔》。

蛇與塔

1941 年 1 月 31 日作於桂林。載 1941 年 2 月 1 日《野草》月刊第 1 卷第 6 期，署耳耶。初收初版《蛇與塔》。

《歷史的奧秘》題記

1941 年 1 月 25 日作。載 1941 年 2 月 1 日《野草》月刊第 1 卷第 6 期，署紺弩。初收初版《歷史的奧秘》。

時間的啓示

1941 年 2 月 2 日作於桂林。載 1941 年 4 月 1 日《野草》月刊第 2 卷第 1、2 期合刊，署蕭今度。初收初版《歷史的奧秘》。

韓康的藥店

1941 年 2 月末作於桂林。載 1941 年 4 月 1 日《野草》月刊第 2 卷第 1、2 期合刊，署邁斯。初收初版《嬋娟》。

范蠡與西施

1941 年 3 月 5 日作於桂林。載 1941 年 4 月 1 日《野草》月刊第 2 卷第 1、2 期合刊，署紺弩。初收初版《嬋娟》。

《蛇與塔》題記

1941 年三八節作於桂林。載 1941 年 4 月 1 日《野草》月刊第 2

卷第 1、2 期合刊，署紺弩。初收初版《蛇與塔》。

裝腔作勢的男人

1941 年 3 月 13 日作於桂林。載 1941 年 4 月 1 日《野草》月刊第 2 卷第 1、2 期合刊，署耳耶。初收初版《早醒記》。

《女權論辯》題記

1941 年 4 月 7 日作於桂林。載 1941 年 5 月 1 日《野草》月刊第 2 卷第 3 期，署紺弩；又見《女權論辯》一書。

魔鬼的括弧

1941 年 8 月 26 日作於桂林。載 1941 年 10 月 15 日《野草》月刊第 3 卷第 2 期，署耳耶。初收初版《早醒記》。

醃狗記

1941 年 9 月 24 日作於桂林。載 1941 年 10 月 15 日《野草》月刊第 3 卷第 2 期，署紺弩。初收初版《嬋娟》。

補白

載 1941 年 10 月 15 日《野草》月刊第 3 卷第 2 期，署蕭今度。

第一把火

——爲紀念魯迅先生逝世五週年作

1941 年 10 月某日作於桂林。載 1941 年 10 月 15 日桂林《文化雜誌》第 1 卷第 3 期，署紺弩。初收初版《天亮了》。

文學創作上的言語運用問題（座談會記録）

載 1941 年《文化雜誌》第 1 卷第 5 期，參加討論者有紺弩，艾蕪，何家槐，荃麟等。

“女神”的邂逅

——爲郭沫若先生五十誕辰作

1941 年 10 月 10 日作於桂林。載 1941 年 11 月 15 日《文藝生活》月刊第 1 卷第 3 期，署紺弩。初收初版《嬋娟》。

給戰死者

1941 年 10 月 19 日作於桂林。載 1941 年 12 月 15 日《野草》月

刊第 3 卷第 3、4 期合刊，署紺弩。初收初版《嬋娟》。

東平瑣記

1941 年 11 月 7 日作於桂林。載 1941 年 12 月 15 日《野草》月刊第 3 卷第 3、4 期合刊，署蕭今度。初收初版《嬋娟》。

記一個叫做托爾斯山的青年

1941 年 11 月 8 日夜作。載 1941 年 12 月 15 日《野草》月刊第 3 卷第 3、4 期合刊，署耳耶。初收初版《嬋娟》。

擁護《忠王李秀成》

1941 年 2 月 15 日作於桂林。載 1941 年 12 月 15 日《野草》月刊第 3 卷第 3、4 期合刊，署澹臺滅闇。初收初版《早醒記》。

夢讀天書記

1941 年 11 月 22 日夜作於桂林。載桂林《野草》月刊第 3 卷第 3、4 期合刊，署邁斯。初收初版《嬋娟》。

天界（又作爲《嬋娟》第八節）

載 1941 年香港《時代文學》第 1 卷第 3 期，署紺弩。

婦女·家庭·政治

1941 年 1 月 28 日作於桂林。載初版《蛇與塔》。

賢妻良母論

1941 年 2 月 6 日作於桂林。載初版《蛇與塔》。

母性與女權

1941 年 2 月 11 日作於桂林。載初版《蛇與塔》。

體貌篇

1941 年 2 月 14 日作於桂林。載初版《蛇與塔》。

絶叫

1941 年 7 月 5 日作於桂林。載初版《巨像》。

讀魯迅先生的《二十四孝圖》

1941 年 8 月 7 日作於桂林。載初版《二鴉雜文》。

壁畫

1941年12月20日作於桂林。載初版《早醒記》。

1942年，39歲

事　略

是年虛歲四十，桂林文友曾設宴祝壽。3月，與從香港脱險到達桂林的胡風會晤。夏，由於受到特務點名威脅，與彭燕郊一起離開《力報》，一度失業，並復發瘧疾，得組織及時照顧。後爲遠方書店編輯了兩期《山水文學叢刊》；與胡風一起幫助駱賓基編輯了兩期《文學報》；同時繼續爲《野草》寫稿。

主編的《女權論辯》集由白虹書店出版；短篇小説集《邂逅》由桂林文獻出版社再版；11月，雜文集《早醒記》由桂林遠方書店初版；《歷史的奥秘》由桂林文獻出版社再版。

著　譯

小雨點

1942年1月8日作於桂林。載1942年2月15日《野草》月刊第3卷第5期，署蕭今度。初收初版《早醒記》。

廢話

1942年2月2日作於桂林。載1942年3月15日《野草》月刊第3卷第6期，署蕭今度。初收初版《嬋娟》。

知父莫若女

——一個美國紳士的側影

1942年2月6日作於桂林。載1942年3月15日《野草》月刊第3卷第6期，署耳耶。初收初版《早醒記》。

回信

1942年2月10日作於桂林。載1942年5月15日《野草》月刊第4卷第1、2期合刊，署紺弩。初收初版《早醒記》。

關於《擁護忠王李秀成》

1942 年 4 月 8 日作於桂林。載 1942 年 5 月 15 日《野草》月刊第 4 卷第 1、2 期合刊，署澹臺滅闇。初收初版《早醒記》。

早醒記

1942 年 5 月 7 日作於桂林。載 1942 年 6 月 15 日《野草》月刊第 4 卷第 3 期，署蕭今度。初收初版《早醒記》。

給鼠輩

1942 年 5 月 6 日作於桂林。載 1942 年 6 月 15 日《野草》月刊第 4 卷第 3 期，署紺弩。初收初版《早醒記》。

探春論

1941 年 7 月 6 日作於桂林。載 1942 年 9 月 1 日《野草》月刊第 4 卷第 4、5 期合刊，署紫晴。初收初版《二鴉雜文》。

鹽（由《金元爹》改作而成）

1942 年 8 月 8 日改作。載 1942 年 10 月 10 日桂林《青年文藝》第 1 卷第 1 期，署紺弩。初收初版《兩條路》。

一秒鐘寫起的劇本

1942 年 11 月 4 日作。載 1942 年 12 月 1 日《野草》月刊第 5 卷第 1 期，署紺弩。

山城的“五四”

1942 年春節前若干日作於桂林。載初版《嬋娟》。

兔先生的發言

1942 年 2 月 21 日作於桂林。載初版《嬋娟》。

巨像及其他（即《巨像》《沈痾》和《月亮的故事》的合篇）

1942 年 5 月作於桂林。載初版《巨像》。

殘缺國（又題作《〈早醒記〉題記》）

1942 年 7 月 7 日作於桂林。載初版《天亮了》。

《早醒記》題記（又題作《殘缺國》）

1942 年 7 月 7 日作於桂林。載初版《早醒記》。

彭燕郊的《第一次愛》

1942年7月30日作於桂林。載《文化雜誌》，署紺弩。初收初版《脚印》。

《嬋娟》題記（即《噩夢》，又題作《永遠地，永遠地……》）

1942年“九一八”於桂林。載初版《嬋娟》。

1943年，40歲

事　略

國民黨當局對大後方進步民主力量的高壓日趨嚴重，桂林空氣緊張，因受到注意而一時難以找到工作和發表文章，遂潛心語言問題的研究，並寫出論文《釋舅姑》和《廣“古有複輔音説”》。替文協桂林分會編輯《二十九人自選集》，於10月28日由桂林遠方書店出版。

1月，散文、雜文集《嬋娟》由桂林文化供應社初版。童話集《杜鵑花》由桂林文獻出版社列入《文學創作叢刊》（總12種）之一，後未出版，内容不詳。

著　譯

釋舅姑

1942年10月28日作於桂林。載1943年1月10日桂林《文化雜誌》第3卷第3號，署紺弩。

廣“古有複輔音説”

1942年12月21日作於桂林。載1943年7月《中山文化季刊》第1卷第2期，署聶紺弩。

懷曹白

——作爲《呼吸》的讀後感

1943年4月28日作於桂林。載初版《沈吟》。

道德一論（又分别題作《論道德》《强者的道德》）

1943年8月3日作。載初版《二鴉雜文》。

1944年，41歲

事　略

得段夢暉之助，再次離開桂林去重慶，先住北碚周穎工作的慈幼院；約半年後，與邵荃麟、葛琴夫婦，彭燕郊，駱賓基同住文協“作家宿舍”。由馮雪峰介紹，掛名於“文化運動委員會”（張道藩主持，名義上由國民黨領導，實在周恩來領導下，主要由非黨的進步文化人組成）。6月，經友人介紹，入私立建川中學擔任教職，並與同在那裏的朱希籌辦綜合性文藝刊物《藝文志》。

3月，短篇小説《姐姐》由金重英譯成英文，列爲《英漢對照文藝叢書》之一，由桂林遠方書店初版。

著　譯

我若爲王

載1944年8月重慶《微波》第1卷第1期；又載1946年5月22日重慶《商務日報·茶座》，署紺弩；又載1948年8月28日香港《華商報·茶亭》，署紺弩。初收初版《血書》。

輩分·壽命·體格

1944年4月4日作。載初版《血書》。

1945年，42歲

事　略

1月15日，《藝文志》創刊，馮雪峰等名作家供稿，後因引起審查機關注意，加上經費困難，僅出兩輯後停刊。同時亦在邵荃麟編輯的《文藝雜誌》和《文萃》上發表文章。五六月間，辭教職，主編《真報》副刊《橋》。該刊堅持揭露蔣管區的黑暗，反對蔣介石打内戰的辦報方針，受到周恩來的肯定。因抗戰勝利，僅編了三四期即停刊。後爲張稚琴辦的刊物《客觀》(儲安平、吴世昌先後任主編)編《副頁》。編至第8期，適逢國共兩黨重慶談判，《新民報》首次刊發了毛澤東所作《沁園春·雪》，轟動山城。《客觀》發特刊全文轉載毛詞和柳亞子、郭沫若等的和詞，作《毛詞解》評贊注釋；並作和詞對易君左等的和詞予以嘲諷。11月，在《文萃》上發表反對內戰的長詩《命令你們停戰》，以不分敵我受到黨内批評。

著　譯

智人的心算

1944年作。載1945年1月15日重慶《藝文志》創刊號，署蕭令度。初收初版《聶紺弩雜文集》。

明末遺恨

1944年作。載1945年1月15日《藝文志》創刊號，署耳耶。初收初版《聶紺弩雜文集》。

懷《柚子》

1944年作。載1945年1月15日《藝文志》創刊號，署紺弩；初收初版《沈吟》。

中國學者的厄運

載1945年1月15日《藝文志》創刊號，署邁斯。

無所謂怎樣寫雜文?

1944年3月27日作。載1945年2月青年生活社初版《怎樣自我學習》，署聶紺弩。

放心，不會被唾沫淹死

1944年作。載1945年3月15日《藝文志》第2期，署蠡蚓。初收初版《聶紺弩雜文集》。

諸夏有君論

1945年1月15日作於渝學田灣。載1945年3月15日《藝文志》第2期。初收初版《血書》。

倫理三見

1945 年 1 月 14 日作於重慶。載 1945 年 5 月《文藝雜志》月刊新 1 卷第 1 期，署紺弩。初收初版《血書》。

讀《在酒樓上》的時候

1942 年 9 月 6 日作於桂林。載 1945 年 6 月 25 日《文藝雜志》月刊新 1 卷第 2 期，署紺弩。初收初版《沈吟》。

後悔

1945 年 7 月 26 日作於渝通遠門。載 1945 年 8 月 15 日《新華日報》，署紺弩。初收初版《沈吟》。

狗道主義舉隅

1945 年 9 月 1 日作於渝通遠樓。載 1945 年 10 月 16 日《文萃》第 2 期，署聶紺弩。初收初版《血書》。

乞師

載 1945 年 10 月 22 日《新華日報》，署紺弩；又見 1946 年 1 月 1 日《文藝生活》月刊光復版第 1 期，署紺弩。

毛遂

1945 年 9 月 18 日作於重慶。載 1945 年 10 月 30 日《文萃》第 4 期，署紺弩。初收初版《天亮了》。

您該回去了

1945 年 11 月 1 日作。載 1945 年 11 月 10 日重慶《客觀》第 2 期，署紺弩。

命令你們停戰（詩）

載 1945 年 11 月 13 日《文萃》第 6 期，署紺弩。

從《封神演義》扯到佛朗哥

1945 年 11 月 25 日作。載 1945 年 12 月 1 日重慶《客觀》第 4 期，署紺弩；又載 1946 年 1 月 1 日《文萃》第 13 期，署紺弩。

感謝與寄慰

1945 年 11 月 25 日作。載 1945 年 12 月 1 日重慶《客觀》第 4

期，署紺弩。

給亞美利加的人民

1945年國父誕辰日於渝傷風樓作。載1945年11月上海《民主》第7期，署紺弩。

用不着警惕

1945年12月2日作。載1945年12月8日重慶《客觀》第5期，署紺弩。

毛詞解

1945年12月25日作。載1945年12月29日重慶《客觀》第8期，署紺弩。

頌中國古代的選舉

1945年6月6日作於重慶。載初版《血書》。

※陶行知訪問記（據回憶録，篇名不詳）

載1945年重慶《真報週刊·橋》。

※黄炎培訪問記（據回憶録，篇名不詳）

載1945年重慶《真報週刊·橋》。

1946年，43歲

事　略

2月，與郭沫若等312人聯名發表關於《對時局進言》的簽名運動。3月，進陳國良主辦的《商務日報》，任副刊《茶座》編輯；後因在報上抗議逮捕周穎（時爲全國勞協負責人之一）而招忌，於10月將《茶座》交給張白山接編。不久，應陳銘德、鄧季惺之邀，爲重慶《新民報》編副刊《呼吸》。10月19日，以《呼吸》全版編《魯迅先生十週年祭特刊》。至1947年3月21日止，在《呼吸》上先後發表富有戰鬥性和文藝性的雜文達五十多篇，觸怒了當局，以致編輯部被警備司令部派人占領，要報館道歉一個月，並立即撵走編輯。4月，周穎進入勞協的重慶工人福利社，8月被捕，出獄後被迫出走香港。

1月，《姐姐》由遠方書店在上海再版。

著 譯

帽子

1946年元旦作。載1946年1月5日重慶《客觀》第9期，署名耳耶。

韓青天

1945年聖誕日作。載1946年1月5日重慶《客觀》第9期，署紺弩。

傷風樓自語

1946年作。載重慶1946年《客觀》，署紺弩。

論發脾氣

1946年1月8日作於傷風樓。載1946年1月12日重慶《客觀》第10期，署紺弩。初收初版《血書》。

談輩分（又作爲《輩分·壽命·體格》第一節）

1946年1月12日作。載1946年1月19日重慶《客觀》第11期，署紺弩；又載1946年12月11日《新民報·呼吸》，署紺弩；又載1947年7月5日《野草》新第4號，署邁斯。初收初版《血書》。

黄帝的子孫

載1946年1月19日重慶《客觀》第11期，署耳耶。

在西安

1946年1月20日作於重慶。載1946年1月22日重慶《新華日報》，署聶紺弩。初收初版《沈吟》。

蕭紅一憶

載1946年1月26日重慶《客觀》第12期，署紺弩。

上會（又作爲《兒時》第二節）

1946年1月25日作。載1946年2月9日重慶《客觀》第13

期，署紺弩。初收初版《脚印》。

欣聞秦似未死

載 1946 年 3 月 1 日《文藝生活》月刊光復版第 3 期，署紺弩。

“六鷁退飛”

1946 年 2 月 25 日作。載 1946 年 3 月 2 日重慶《客觀》第 15 期，署紺弩。

天亮了

1945 年 11 月 28 日作於渝三十六計樓。載 1946 年 3 月 2 日重慶《客觀》第 15 期，署紺弩。初收初版《天亮了》。

開筆

載 1946 年 3 月 9 日重慶《客觀》第 16 期，署紺弩。

德謨克拉西如是説

1946 年 2 月 22 日作。載 1946 年 3 月 11 日—12 日重慶《商務日報·茶座》，署紺弩。

闊人禮贊

1945 年 10 月 10 日作於渝三十六計樓。載 1946 年 3 月 16 日重慶《商務日報·茶座》，署紺弩。初收初版《血書》。

民主的消息（又作爲《我願》的一部分）

載 1946 年 4 月 20 日重慶《客觀》，署紺弩。

奇異的人力車

載 1946 年 4 月 22 日《商務日報·茶座》，署紺弩。

《紅樓夢》人物列贊

載 1946 年 4 月 23 日《商務日報·茶座》，署紺弩。

《妻》

載 1936 年 4 月 27 日《商務日報·茶座》，署紺弩。

一種對女性的看法

載 1946 年 5 月 4 日《商務日報·茶座》，署紺弩。

茶話（五則）

分別載於 1946 年 5 月 10 日《商務日報·茶座》，署紺弩；1946 年 5 月 14 日《商務日報·茶座》，署紺弩；1946 年 5 月 15 日《商務日報·茶座》，署今度。

論“青天大老爺”

1946 年 1 月 7 日作於重慶。載 1946 年 5 月 15 日《商務日報·茶座》，署紺弩；又載 1946 年 10 月 1 日《野草》復刊號。初收初版《血書》。

論“民主低能説”

1946 年 5 月 26 日作。載 1946 年 5 月 28 日《商務日報·茶座》，署紺弩。

北邙（即《鬼谷子》）

載 1946 年 6 月 2 日—4 日《商務日報·茶座》，署紺弩。

月與影

載 1946 年 6 月 3 日《商務日報·茶座》，署蕭今度。

我願

1946 年 6 月 14 日作。載 1946 年 6 月 17 日《商務日報·茶座》，署紺弩。

兩狼山

載 1946 年 6 月 22 日《商務日報·茶座》，署紺弩。

論反民主

1946 年 5 月 17 日作於嘉陵江邊。載 1946 年 6 月 27 日《文萃》第 36 期，署紺弩。

談《簡·愛》

1946 年 6 月 14 日作。載 1946 年 7 月 15 日《萌芽》月刊第 1 卷第 1 期，署紺弩。初收初版《二鴉雜文》。

石頭墳

載 1946 年 7 月 18 日《新湖北日報·長江》，署耳耶；又載 1946

年10月26日《新民報・新民副刊》，署紺弩；1946年10月31日重慶《新民報・呼吸》，署紺弩。

致生者、悼死者、懷生死不明者

載1946年7月28日～30日《商務日報・茶座》，署紺弩。

友誼

載1946年8月7日《商務日報・茶座》，署紺弩。

季氏將伐顓臾

1946年7月20日作。載1946年8月8日《商務日報・茶座》，署紺弩；又載1946年10月1日《野草》復刊號。初收初版《天亮了》。

上山

載1946年8月15日《萌芽》月刊第1卷第2期，署紺弩。初收初版《巨像》。

人的弱（補白）

載1946年8月27日《商務日報・茶座》，署今度。

“喪心病狂!”

載1946年9月10日重慶《新華日報》第4版。

夢

1942年8月10日作。載1946年10月10日—1946年10月22日《新民報・新民副刊》，署紺弩。初收初版《天亮了》。

讓我們呼吸吧

載1946年10月16日重慶《新民報・呼吸》，署紺弩。

給夜鶯倆

1946年10月15日作。載1946年10月17日重慶《新民報・呼吸》，署紺弩。

論童匪（又題作《童匪猖獗》，又作爲《童匪・女兒國・裸體的人們》第一節）

1946年10月16日作。載1946年10月18日重慶《新民報・呼吸》，署紺弩。

《魯迅正傳》

載 1946 年 10 月 19 日重慶《新民報·呼吸》（魯迅先生紀念特刊），署紺弩。

孔聶短簡

載 1946 年 10 月 21 日《新民報·新民副刊》，署紺弩。

給臭蟲（詩）

1946 年 10 月作於重慶。載 1946 年 10 月 22 日《新民報·新民副刊》，署紺弩。初收初版《元旦》。

論女兒國（又作爲《童匪·女兒國·裸體的人們》第二節）

1946 年 10 月 21 日作。載 1946 年 10 月 22 日重慶《新民報·呼吸》，署紺弩；又載 1947 年 1 月 1 日《野草》新 3 號，署紺弩。

論刺客

載 1946 年 10 月 23 日重慶《新民報·呼吸》，署紺弩。

强者的道德（又題作《論道德》、《道德一論》）

載 1946 年 10 月 23 日《新民報·新民副刊》，署紺弩。

熊猫骨

載 1946 年 10 月 24 日重慶《新民報·呼吸》，署紺弩。

論道德（又題作《道德一論》、《强者的道德》）

載 1946 年 10 月 27 日重慶《新民報·呼吸》，署紺弩。

女子教育一文獻

1946 年 10 月 26 日作。載 1946 年 10 月 28 日重慶《新民報·呼吸》，署紺弩。初收初版《二鴉雜文》。

論蓮花化身

1942 年 10 月 20 日作於重慶。載 1946 年 10 月 29 日重慶《新民報·呼吸》，署紺弩。初收初版《血書》。

星夜（又題作《往星中》）

載 1946 年 10 月 29 日《新民報·新民副刊》，署紺弩；又載

1946年11月5日重慶《新民報・呼吸》，署紺弩。

人物描寫的一苦惱

載1946年10月30日重慶《新民報・呼吸》，署紺弩。

論拍馬（又作爲《人與非人》的第一節，又題作《人怎樣變成非人》）

1946年11月2日作於重慶。載1946年11月4日重慶《新民報・呼吸》，署紺弩。

給裸體的人們（又作爲《童匪・女兒國・裸體的人們》第三節）

1946年11月4日作。載1946年11月某日（星期一）重慶《新民報・呼吸》，署紺弩；又載1946年11月14日《新民報・新民副刊》，署紺弩；又載1947年7月5日《野草》新4號，署蕭今度。

論申公豹

1945年5月1日作於重慶。載1946年11月6日重慶《新民報・呼吸》；又載1948年7月19日香港《華商報・熱風》，署紺弩。初收初版《二鴉雜文》。

西餅論

1946年1月15日作。載1946年11月7日重慶《新民報・呼吸》。初收初版《二鴉雜文》。

樂觀（又作爲《友誼》的一部分）

載1946年11月9日重慶《新民報・呼吸》，署紺弩。

官

載1946年11月11日《新民報・新民副刊》，署紺弩。

論烏鴉

1946年11月作。載1946年11月12日重慶《新民報・呼吸》，署紺弩；又載1947年1月1日《野草》新3號，署紺弩。初收初版《血書》。

偶感（又作爲《友誼》的一部分）

載 1946 年 11 月 13 日重慶《新民報·呼吸》，署紺弩；又載 1946 年 11 月 24 日《新民報·新民副刊》，署紺弩。

論國是（又分别題作《論時局》、《山徑》）

1946 年 11 月作於國共和談破裂聲中。載 1946 年 11 月 15 日重慶《新民報·呼吸》；又載 1946 年 11 月 20 日《新民報·新民副刊》，署紺弩。

論肥胖

載 1946 年 11 月 16 日重慶《新民報·呼吸》，署紺弩；又載 1947 年 7 月 5 日《野草》新 4 號，署紺弩。

往星中（又題作《星夜》）

1946 年 10 月作於重慶。載 1946 年 11 月 20 日《野草》新 2 號，署紺弩。

再論烏鴉（又作爲《論烏鴉·下》）

1946 年 11 月 18 日作。載 1946 年 11 月 20 日重慶《新民報·呼吸》，署紺弩。

毛澤東先生和魚肝油丸

1945 年 9 月 3 日作於渝通遠樓。載 1946 年 11 月 20 日《野草》新 2 號，署紺弩。

哪吒

1945 年 10 月 20 日作。載 1946 年 11 月 20 日《野草》新 2 號，署紺弩。

古時候的公務員

1946 年 9 月 30 日作。載 1946 年 11 月 20 日《野草》新 2 號，署紺弩。初收初版《血書》。

人怎樣變成末人？

載 1946 年 11 月 22 日重慶《新民報·呼吸》，署紺弩。

女性的名字

載 1946 年 11 月 23 日重慶《新民報·呼吸》，署紺弩。

更夫

1946 年 11 月 23 日改抄舊作。載 1946 年 11 月 25 日重慶《新民報·呼吸》，署紺弩。初收初版《巨像》。

對目前語文運動的意見

——答上海語文週刊社問

1946 年 8 月 16 日作。載 1946 年 11 月 26 日重慶《新民報·呼吸》，署紺弩。

駱駝（詩）

1946 年 3 月 29 日作於重慶。載 1946 年 11 月 27 日重慶《新民報·呼吸》，署紺弩。初收初版《元旦》。

奇遇

1946 年 11 月 28 日作於重慶。載 1946 年 12 月 1 日重慶《新民報·呼吸》，署紺弩；又載 1947 年 9 月《文匯叢刊》第 3 輯，署紺弩。初收初版《天亮了》。

末人一態（又作爲《官》中的一部分）

載 1946 年 12 月 5 日重慶《新民報·呼吸》，署紺弩。

鄉愚

載 1946 年 12 月 11 日重慶《新民報·呼吸》，署紺弩。

林沖楊志合論

1946 年 11 月 2 日作於重慶。載 1946 年 12 月 13 日重慶《新民報·呼吸》，署紺弩；又載 1948 年香港《野草文叢》第 9 期，署紺弩。初收初版《血書》。

論關羽

載 1946 年 12 月 14 日重慶《新民報·呼吸》，署紺弩。

西班牙人有福了

載 1946 年 12 月 15 日重慶《新民報·呼吸》，署紺弩。

“鄉愚”一解

1946年12月19日作。載1946年12月21日重慶《新民報·呼吸》，署紺弩。

争具文不迂

載1946年12月23日重慶《新民報·呼吸》，署紺弩。

“向偉大的行列致敬”（詩）

——題借某報論題爲暴徒搗毁《新華日報》而作

1946年3月15日作於重慶。初收初版《元旦》。

克利史馬史

1946年作。載1946年12月25日重慶《新民報·呼吸》，署紺弩。初收初版《沈吟》。

鄉下人的風趣

1946年7月7日作。載初版《血書》。

山徑（又題作《論國是》、《論時局》）

作於1946年國共和談破裂聲中。載初版《巨像》。

記周穎

1946年8月20日晨作。初收初版《沈吟》。

童匪·女兒國·裸體的人們（即《論童匪》《論女兒國》和《給裸體的人們》的合篇）

1946年12月1日作於重慶。載初版《血書》。

1947年，44歲

事　略

上年12月24日“沈崇事件”發生後，立即投入抗議美軍暴行的愛國運動，對沈崇的不幸受辱表示極大同情，對歧視沈崇者嚴加譴責。1月2日，與重慶文化界人士何其芳、艾蕪、孟超、力揚等一百餘人聯名發表宣言，呼吁抵制美貨、要求美軍退出中國、廢除不平等的《中美商約》；1月6日，參加重慶市大中學生一萬多人的示威遊行，被國民黨反動報紙《新華時報》公開點名爲“共匪”。3月7日和9日，中共代表團被迫分批撤離重慶，《新華日報》被封，18日國民黨軍隊攻占延安。3月，《呼吸》因刊登一篇揭露國民黨兵擾民害民的雜文《無題》，招致國民黨兵痞圍攻報社鬧事，乃被迫離開《新民報》；《呼吸》亦於3月21日出最後一期後停刊。四五月間，與孟超一起就任西南學院專職教授，講授《中國通史》；第二學期，趕上鬧學潮，又告失業；並被列入“六一”大逮捕黑名單，因未在學院宿舍而幸免於難。自此處境日益困難，遂於九十月間離開重慶，後經萬縣到武漢。此間，回故鄉一次，瞭解養母病逝情況，並賣掉部分房産。武漢形勢緊張後轉長沙暫避，不久即轉赴廣州，與南方黨組織領導人方方取得聯繫。此時，周穎特從香港抵穗，接其赴港。

《歷史的奥秘》由桂林文獻出版社三版。

著　譯

論時局（又題作《論國是》《山徑》）

載1947年1月1日《野草》新3號，署紺弩。

童匪猖獗（又題作《論童匪》，作爲《童匪・女兒國・裸體的人們》第一節）

載1947年1月1日《野草》新3號，署邁斯。

女兒國（又作爲《童匪・女兒國・裸體的人們》第二節）

載1947年1月1日《野草》新3號，署紺弩。

誤人父兄

1945年10月25日作於重慶。載1947年1月1日《野草》新3號，署紺弩。初收初版《血書》。

※不刊稿示例

1947年2月16日作。載1947年2月16日《新民報・呼吸》，署“編者”。

技藝之累

載 1947 年 3 月 3 日《商務日報·茶座》，署紺弩。

文娼

載 1947 年 3 月 8 日重慶《新民報·呼吸》，署紺弩。

論通天教主

1945 年 4 月 30 日作於重慶。載 1947 年 3 月 9 日重慶《新民報·呼吸》，署聶紺弩；又載 1948 年 7 月 27 日香港《華商報·熱風》，署紺弩。初收初版《二鴉雜文》。

德充符（又題作《一個殘廢人和他的夢》）

——演莊子義贈所亞

1947 年 4 月 2 日作於重慶。載香港《大公報·大公園》，署紺弩。初收初版《天亮了》。

鬼谷子（又題作《北邙》）

1946 年 3 月 8 日作於重慶。載 1947 年 3 月 13 日—19 日重慶《新民報·呼吸》；又載 1947 年 7 月 5 日《野草》新 4 號，署紺弩。初收初版《天亮了》。

沈崇的婚姻問題

1947 年 2 月 21 日作。載初版《二鴉雜文》。

從《擊壤歌》扯到《封神演義》

1947 年 5 月 6 日作於重慶。載初版《血書》。

西班牙改爲君主國（詩）

1947 年 5 月 22 日作於重慶。載初版《元旦》。

再論申公豹

1947 年 7 月 8 日作於香港。載初版《二鴉雜文》。

螢（詩）

1947 年 7 月 20 日作於南温泉。載初版《元旦》。

※歉詞

載 1947 年重慶《新民報·呼吸》，日期不詳。

1948年，45歲

事　略

抵港後，作爲家屬住在周穎的工作地點——中國勞協（九龍梭亞道15號）的一個小樓梯間。正式恢復了組織關係後，與以群（黨小組長）、張天翼、沈力群、孟超、樓適夷等在同一黨小組參加活動。在香港集中學習了馬列主義的一些基本著作（如斯大林的《列寧主義問題》、《聯共（布）黨史簡明教程》、《列寧文選（兩卷集）》等）。與夏衍、宋雲彬、孟超、秦似一起編輯《野草文叢》，並擔任編委。在《小説》（編委會以茅盾爲首）上發表小説作品；同時爲秦似主編的《野草》和《華商報》副刊撰寫雜文。7月，《血書——讀土改文件》脱稿，這是一篇謳歌全國農村土改的長篇報告文學力作。此間，還爲香港新創刊的《文匯報》撰寫社論，應羅孚之邀，爲《大公報》連續撰稿。

9月，雜文集《關於知識分子》，列爲《文學者叢書》之一，由上海潮鋒社重排初版；10月，散文集《沈吟》，由桂林文化供應社初版。

著　譯

春日（由《致生者、悼死者、懷生死不明者》部分章節組合而成）

載1948年2月14日香港《野草文叢》第8集，署紺弩。

論白俄（又題作《論白華》）

1948年4月20日作於香港。載1948年4月10日香港《野草文叢》第9集，署紺弩。初收初版《血書》。

自由主義的斤兩

1948年3月15日作於香港。載1948年4月10日香港《野草文叢》第9集，署紺弩。初收初版《血書》。

詩人節懷杜甫

1948年詩人節前五日作於九龍。載1948年6月20日香港《野草文叢》第10集，署紺弩。初收初版《血書》。

强與弱

載1948年6月20日香港《野草文叢》第10集，署邁斯。

隔籬呼取盡余懷

載1948年6月20日香港《野草文叢》第10集，署邁斯。

論娼妓

載1948年6月20日香港《野草文叢》第10集，署耳耶。初收初版《二鴉雜文》。

論怕老婆

1948年4月29日作於九龍。載1948年6月20日香港《野草文叢》第10集，署紺弩。初收初版《二鴉雜文》。

有奶就是娘與乾媽媽主義

1948年4月15日作。載1948年7月香港《大衆文藝叢刊》第3輯，署紺弩。初收初版《血書》。

血書

——讀土改文件

1948年7月23日作於香港。載1948年8月20日香港《野草文叢》第11集，署紺弩。初收初版《血書》。

記康澤

1948年7月31日作於香港。載1948年8月20日香港《野草文叢》第11集，署紺弩。

上岸（又題作《在新加坡上岸》）

1948年8月13日作於九龍。載1948年9月1日香港《小説》月刊第1卷第3期，署紺弩。初收初版《脚印》。

天門

——中秋節寫給我的女兒

載1948年9月18日香港《華商報·茶座》，署紺弩。

論武大郎

1948年9月29日作於香港。載1948年9月30日、10月1日、

10月2日香港《大公報·大公園》，署紺弩。初收初版《二鴉雜文》。

天壤

1948年11月27日作於香港。載1948年12月1日香港《小説》月刊第1卷第6期，署紺弩。初收初版《兩條路》。

獨夫之最後

1948年10月14日作於香港。載1948年香港《野草新集·論肚子》，署紺弩。初收初版《天亮了》。

打倒爸爸

1948年12月20日作於香港。載1948年香港《野草新集·論肚子》，署耳耶。初收初版《血書》。

過海記

1948年7月20日作於香港。載初版《巨像》。

1949年，46歲

事　略

春，與夏衍、邵荃麟同任《週末報》（馮英子主辦）編委，並協助集資和撰文。6月，赴北京參加第一次中華全國文學藝術工作者代表大會。7月17日大會閉幕後，赴東北新解放區參觀訪問。9月，發表長詩《山呼》，迎接新中國的誕生。10月1日，參加開國大典，並與家人團聚。後應林路邀請去武漢，任中南軍政委員會文教委員會委員。在漢期間，參加紀念魯迅的活動，并發表講話。年底，受中南局統戰部張執一指示，再返香港開展統戰和策反工作。

2月，散文、雜文集《天亮了》，列爲《人間文叢》之一，由香港人間書屋初版。7月，短篇小説集《兩條路》，列爲《群益文藝叢刊》之一，由上海群益出版社初版；7月，新詩詩集《元旦》，由香港求實出版社初版。8月，雜文集《二鴉雜文》，列爲《求實文藝叢刊》，由香港求實出版社初版；8月，雜文集《血書》，列爲《群益文藝叢刊》，由上海群益出版社初版；8月，雜文集《巨像》，列爲《紅星文藝叢書》（蕭金主編）第一輯第二卷，由上海學習出版社出版。12月，劇本《小鬼鳳兒》，由上海新群出版社初版。

著　譯

論元旦（詩）

——爲一九四九年元旦作

1948年除夕前二日作於香港。載初版《元旦》。

《巨像》序

1949年元旦作於香港。載初版《巨像》。

追悼

載1949年香港《野草新集・追悼》，署紺弩。

由蕭軍想起的

1949年1月20日作。載1949年1月23日香港《華商報・筆談》，署紺弩。初收初版《二鴉雜文》。

《天亮了》初版序

1949年1月28日（四十六歲生日）作於香港。載1949年1月31日香港《華商報・筆談》，署紺弩。初收初版《天亮了》。

人與非人

1949年2月3日作。載1949年2月7日香港《大公報・大公園》，署紺弩。初收初版《血書》。

音樂牛談

1949年2月11日作。載1949年2月14日香港《大公報》，署紺弩。

一九四九年如是說

載1949年2月15日香港《華商報・筆談》，署紺弩。初收初版《血書》。

論行李

載1949年1月16日香港《華商報·筆談》，署紺弩。初收初版《血書》。

三人坐

載1949年2月21日香港《大公報·大公園》，署紺弩。

禮貌篇

1949年2月27日作。載1949年2月28日香港《大公報·大公園》，署紺弩。初收初版《血書》。

迎駱賓基

1949年兒童節作於香港。載1949年4月7日香港《大公報·大公園》，署紺弩。初收初版《二鴉雜文》。

一九四九年在中國（詩）

載1949年香港《大衆文藝叢刊》第6輯《新形勢與文藝》，署紺弩。初收初版《元旦》。

山呼（詩）

——爲中華人民共和國誕生而歌

由《論元旦——爲一九四九年元旦作》和《一九四九年在中國》兩篇改作而成。初收《聶紺弩詩全編·山呼》。

小鬼鳳兒

1949年6月13日作。1949年12月由上海新群出版社以單行本行世。

《小鬼鳳兒》序

1949年6月14日作於香港。載上海新群出版社初版《小鬼鳳兒》。

論"親讀"

1949年2月17日作於香港。載初版《血書》。

《血書》序

1949年三八節作於香港。載初版《血書》。

《元旦》題記

1949年3月29日作於香港。載初版《元旦》。

魚水篇

1949年4月1日作。載初版《二鴉雜文》。

一九四九年，四，二一，夜

1949年4月22日作於香港。載1949年香港《大公報》（日期未詳），署紺弩。初收初版《二鴉雜文》。

渡江渡江渡江！（詩）

1949年4月22日作於香港。載《聶紺弩詩全編·山呼》。

《二鴉雜文》序

1949年5月10日作於香港。載初版《二鴉雜文》。

X公橋牌

載初版《血書》。

1950年，47歲

事　略

離港後的半年間，香港形勢發生了很大變化，民主進步人士大量北上，而反動文化人在港匯集，遂以雜文爲武器，在《大公報》副刊《大公園》上開闢《二鴉日談》專欄，批判各種怪現象、怪理論，宣傳新中國社會主義制度的優越性；同時在舊關係中開展統戰工作。七八月間，以總主筆名義入香港《文匯報》，初去的任務是疏通各方面的關係，團結同仁，實現改版計劃，使版面更適合香港的一般讀者。邀請桂林時的同事高旅入《文匯報》爲主筆。此間，正值朝鮮戰爭爆發，遂連續發表新聞短評《編者的話》和一些雜文，嚴厲譴責美國侵略者的罪行，受到讀者歡迎，部分文章後編爲《寸磔紙老虎》。

3月，劇本《小鬼鳳兒》，由上海新群出版社再版；8月，散文、雜文集《天亮了》，由香港求實出版社再版；10月，雜文集《海外奇談》，由香港求實出版社初版。

著　譯

我們過的還是舊年

載 1950 年 1 月 1 日香港《大公報》，署紺弩。

三嫂子

1949 年“耶誕後一日作”。載 1950 年香港《文匯報》元旦增刊，署紺弩。

嫖客與鴇母

1950 年 1 月 10 日作。載 1950 年 1 月 12 日香港《大公報・大公園》，署紺弩。初收初版《海外奇談》。

戰鬥與悲憫

1950 年 1 月 24 日作於九龍。載 1950 年 1 月 25 日香港《文匯報》，署紺弩。初收初版《海外奇談》。

論六個文盲衛士當局長

1950 年 1 月 26 日作。載 1950 年 1 月 29 日香港《大公報・大公園》，署紺弩。初收初版《海外奇談》。

從桃色太子看舊中國

1950 年 2 月 1 日作於九龍。載 1950 年 2 月 4 日香港《大公報・大公園》，署紺弩。初收初版《海外奇談》。

晤對李鳳蓮

——《從一個女人看兩個世界》的楔子

載 1950 年 2 月 11 日、12 日香港《大公報・大公園》，署紺弩。

烏金記（又作爲《兒時》第一節的一部分）

載 1950 年 2 月 25 日、26 日、27 日香港《大公報・大公園》，署紺弩。初收初版《脚印》。

論李逵

1950 年 3 月 5 日作。載 1950 年 3 月 6 日香港《大公報・大公園》，署紺弩。

徑賽

載 1950 年 3 月 7 日香港《大公報・大公園》，署紺弩。

字的省籍

1950 年 3 月 5 日作。載 1950 年 3 月 9 日香港《大公報・大公園》，署紺弩。

擁護愛人

1950 年 3 月 8 日作。載 1950 年 3 月 10 日香港《大公報・大公園》，署紺弩。

《光頭本紀》

載 1950 年 3 月 11 日香港《大公報・大公園》，署紺弩。

中國奴隸制度（又分別作爲《"中國奴隸制度"及其他》和《由"中國奴隸制度"想起的》的一部分）

1950 年 3 月 10 日作。載 1950 年 3 月 12 日香港《大公報・大公園》，署紺弩。

論"南無阿彌陀佛"

載 1950 年 3 月 14 日香港《大公報・大公園》，署紺弩。

關於《光頭本紀》

1950 年 3 月 12 日作。載 1950 年 3 月 15 日香港《大公報・大公園》，署紺弩。

兩個比蒂葛拉寶

1950 年 3 月 14 日作。載 1950 年 3 月 16 日香港《大公報・大公園》，署紺弩。

懷韶

載 1950 年 3 月 17 日香港《大公報・大公園》，署紺弩。

氣死影評家

1950 年 3 月 15 日作。載 1950 年 3 月 18 日香港《大公報・大公園》，署紺弩。

論霸王别姬

1950年3月16日作。載1950年3月19日香港《大公報・大公園》，署紺弩。

而今篇

1950年3月17日作。載1950年3月20日香港《大公報・大公園》，署紺弩。

我是有學問的人

載1950年3月22日香港《大公報・大公園》，署紺弩。

《北京旅行見聞》先序

1950年3月20日作。載1950年3月23日香港《大公報・大公園》，署紺弩。

關於廣告

載1950年3月24日香港《大公報・大公園》，署紺弩。

論我自己

載1950年3月25日香港《大公報・大公園》，署紺弩。

過海度週末

載1950年3月26日香港《大公報・大公園》，署紺弩。

論第一百零九條好漢

載1950年3月27日香港《大公報・大公園》，署紺弩。

社論三部曲

載1950年3月28日香港《大公報・大公園》，署紺弩。

“徒托空言”的時代過去了（又作爲《由一篇“社論”引起的》第一節）

1950年3月26日作。載1950年3月29日香港《大公報・大公園》，署紺弩。

拿證據來！（又作爲《由一篇“社論”引起的》第二節）

載1950年3月30日香港《大公報・大公園》，署紺弩。

論開館子

載 1950 年 3 月廣東《文藝生活》穗新版第 2 號，署紺弩。

先賞“反攻必勝論”兩記耳光

載 1950 年 4 月 1 日香港《大公報·大公園》，署紺弩。

論黄色文化

1950 年 1 月 15 日作於香港。載 1950 年 4 月 1 日香港《文匯報》。收 1986 年 2 月北京三聯重排版《蛇與塔》。

“大陸數億同胞所共切望!”

載 1950 年 4 月 2 日香港《大公報·大公園》，署紺弩。

是之謂“至仁”

載 1950 年 4 月 3 日香港《大公報·大公園》，署紺弩。初收《海外奇談》。

仁與苛（又作爲《由一篇“社論”引起的》第五節）

載 1950 年 4 月 4 日香港《大公報·大公園》，署紺弩。

“人民相率而遷移”（又作爲《由一篇“社論”引起的》第三節）

載 1950 年 4 月 5 日香港《大公報·大公園》，署紺弩。

論“中國之大患”

1950 年 4 月 16 日作於九龍。載 1950 年 4 月 6 日香港《大公報·大公園》，署紺弩。初收初版《海外奇談》。

技癢篇（又作爲《語文七札》第六節）

1950 年 4 月 7 日作。載 1950 年 4 月 8 日香港《大公報·大公園》，署紺弩。

“中國奴隸制度”及其他（即《中國奴隸制度》《由“中國奴隸制度”想起的》合篇）

1950 年 4 月 11 日作。載 1950 年 4 月 10 日香港《大公報·大公園》，署紺弩。初收初版《海外奇談》。

《大樹王子》

1950 年 4 月 10 日作。載 1950 年 4 月 12 日香港《大公報·大公園》，署紺弩。

羊和妓女和“相率而遷移”的人民（又作爲《由一篇“社論”引起的》第四節）

載 1950 年 4 月 13 日香港《大公報·大公園》，署紺弩。

罵人者和他所吸的香菸牌子

載 1950 年 4 月 14 日香港《大公報·大公園》，署紺弩。

《在崗位上》外序

載 1950 年 4 月 15 日香港《大公報·大公園》，署紺弩。

論萬里長城

1950 年 4 月 15—19 日作於香港。載 1950 年 4 月 16—20 日香港《大公報·大公園》，署紺弩。初收初版《海外奇談》。

論“詩曰……”

1950 年 4 月 4 日作於九龍。載 1950 年 4 月 21 日香港《大公報·大公園》，署紺弩。初收初版《海外奇談》。

由一篇“社論”引起的（即《“徒托空言”的時代過去了》《拿證據來!》《“人民相率而遷移”》《羊和妓女和“相率而遷移”的人民》的合篇）

1950 年 3 月 24 日作於九龍。載 1950 年 4 月 21 日香港《大公報·大公園》，署紺弩。初收初版《海外奇談》。

反動派談言微中

載 1950 年 4 月 23 日香港《大公報·大公園》，署紺弩。

反動到底的“底”到底伊於胡底?

1950 年 5 月 5 日作於九龍。載 1950 年 4 月 24 日香港《大公報·大公園》，署紺弩。初收初版《海外奇談》。

江湖爲賭及賭具發祥地説及其他（又作爲《語文七札》第二節）

載 1950 年 4 月 25 日香港《大公報·大公園》，署紺弩。

論猴把戲

載 1950 年 4 月 26 日香港《大公報·大公園》，署紺弩。

論錢穆的“借箸一籌”

1950年4月28日作。載1950年4月29日香港《大公報·大公園》，署紺弩。初收初版《海外奇談》。

一種把戲

載1950年5月3日香港《大公報·大公園》，署紺弩。

論中國人的喉嚨似乎特别容易發癢

載1950年5月5日香港《大公報·大公園》，署紺弩。

傅斯年與階級鬥争

1950年5月7日作於九龍。載1950年5月7日、8日、9日香港《大公報·大公園》，署紺弩。初收初版《海外奇談》。

由“中國奴隸制度”想起的（即《“中國奴隸制度”及其他》的一部分）

載1950年5月11日香港《大公報·大公園》，署紺弩。

紗巾

載1950年5月13日香港《大公報·大公園》，署紺弩。

蔣經國的孝道

載1950年5月14日香港《大公報·大公園》，署紺弩。

喉嚨發癢的階級性

載1950年5月16日香港《大公報·大公園》，署紺弩。

《天亮了》再版序

1950年5月15日作於香港。載1950年5月18日香港《大公報·大公園》，署紺弩。初收再版《天亮了》。

《一個下賤女人》裏的幾個方言字（又作爲《語文七札》第五節）

載1950年5月19日香港《大公報·大公園》，署紺弩。

關於笑

載1950年5月21日香港《大公報·大公園》，署紺弩。

談“你當”

載1950年5月28日香港《大公報·大公園》，署紺弩。

蔣介石與氣節

　　載 1950 年 5 月 30 日香港《大公報·大公園》，署紺弩。

姓

　　載 1950 年 5 月 31 日香港《大公報·大公園》，署紺弩。

奥本浩先生的花園

　　1950 年 3 月 18 日作於九龍。載 1950 年 5 月廣東《文藝生活》穗新版第 4 號，署紺弩。初收初版《海外奇談》。

又關於笑

　　載 1950 年 6 月 2 日香港《大公報·大公園》，署紺弩。

論關羽

　　載 1950 年 6 月 5 日香港《大公報·大公園》，署紺弩。

語文札記

　　載 1950 年 6 月 7 日香港《大公報·大公園》，署紺弩。

關於頒佈婚姻法和封閉妓院槍斃萬惡領家的一些冗談

　　1950 年 6 月 14 日作。載 1950 年 6 月 16 日、17 日香港《大公報·大公園》，署紺弩。

談"喝飯"（又作爲《語文七札》第七節）

　　1950 年 6 月 17 日作。載 1950 年 6 月 19 日香港《大公報·大公園》，署紺弩。

幾個用語的來源（又作爲《語文七札》第三節《聞人和名流及其他》）

　　載 1950 年 6 月 22 日香港《大公報·大公園》，署紺弩。

手和腦和創作

　　1950 年 6 月 23 日作。載 1950 年 6 月 27 日香港《大公報·大公園》，署紺弩。

論悲哀將不可想象

　　1950 年 7 月 3 日作於九龍。載 1950 年 7 月 6 日香港《大公報·大公園》，署紺弩。

失眠的猫頭鷹（詩）

1950年6月20日作。載1950年7月8日香港《週末報》，署紺弩。

把王老二的年朝兩頭過

1950年7月22日香港《文匯報》一版《編者的話》。初收初版《寸磔紙老虎》。

秧歌頌（詩）

載1950年7月23日香港《大公報·文藝》，署紺弩。

“少女國”

1950年8月4日香港《文匯報》一版《編者的話》。初收初版《寸磔紙老虎》。

笑話·漫畫·照片

1950年8月7日、8月18日、11月1日香港《文匯報》一版《編者的話》。初收初版《寸磔紙老虎》。

“我們要和平！”

1950年8月12日、10月16日、1951年1月11日香港《文匯報》一版《編者的話》。初收初版《寸磔紙老虎》。

再次釋放納粹戰犯

1950年8月19日香港《文匯報》一版《編者的話》。初收初版《寸磔紙老虎》。

眉頭一皺，計上心來！

1950年8月23日香港《文匯報》一版《編者的話》。初收初版《寸磔紙老虎》。

何謂侵略？

1950年8月27日、9月6日、1951年1月11日香港《文匯報》一版《編者的話》。初收初版《寸磔紙老虎》。

自由與人權

1950年9月17日、10月21日、10月22日香港《文匯報》一版《編者的話》。初收初版《寸礫紙老虎》。

血

1950年9月21日香港《文匯報》一版《編者的話》。初收初版《寸礫紙老虎》。

敲敲艾奇遜的門

1950年9月23日香港《文匯報》一版《編者的話》。初收初版《寸礫紙老虎》。

天安門

載1950年10月1日香港《文匯報・特刊》，署紺弩。

侵朝一動機

1950年10月13日香港《文匯報》一版《編者的話》。初收初版《寸礫紙老虎》。

《白蛇傳》三人物

載1950年10月23日香港《週末報・今日隨筆》，署紺弩。

抗美援朝保家衛國

1950年11月5日香港《文匯報》一版《編者的話》。初收初版《寸礫紙老虎》。

其言多甘，其心必苦

1950年11月9日香港《文匯報》一版《編者的話》。初收初版《寸礫紙老虎》。

何處是天堂

載1950年11月11日香港《週末報・今日隨筆》，署紺弩。

洋大人和中國農婦合影

1950年11月17日香港《文匯報》一版《編者的話》。初收初版《寸礫紙老虎》。

關於雷峰塔

載1950年11月25日香港《週末報・今日隨筆》，署紺弩。

《浮土德與魔鬼》

1950年11月26日香港《文匯報》一版《編者的話》。初收初版《寸磔紙老虎》。

"中國人民不反美"

1950年11月29日香港《文匯報》一版《編者的話》。初收初版《寸磔紙老虎》。

"侵略"

1950年11月30日香港《文匯報》一版《編者的話》。初收初版《寸磔紙老虎》。

華爾街的失策

1950年12月1日香港《文匯報》一版《編者的話》。初收初版《寸磔紙老虎》。

美帝的"最後"來何速也

1950年12月2日、12月5日香港《文匯報》一版《編者的話》。初收初版《寸磔紙老虎》。

魯智深斷片

載1950年12月2日香港《週末報·今日隨筆》,署紺弩。

麥克阿瑟晚景淒涼

1950年12月3日、12月12日、1951年1月18日香港《文匯報》一版《編者的話》。初收初版《寸磔紙老虎》。

不怕不識貨,祇怕貨比貨

1950年12月6日香港《文匯報》一版《編者的話》。初收初版《寸磔紙老虎》。

一種抗議書

1950年12月3日作。載1950年12月9日香港《週末報·今日隨筆》,署紺弩。

"姑息"

1950年12月10日香港《文匯報》一版《編者的話》。初收初版《寸磔紙老虎》。

讎恨

1950年12月14日香港《文匯報》一版《編者的話》。初收初版《寸磔紙老虎》。

兩種武裝

1950年12月15日香港《文匯報》一版《編者的話》。初收初版《寸磔紙老虎》。

宣佈緊急

1950年12月16日香港《文匯報》一版《編者的話》。初收初版《寸磔紙老虎》。

感訃

1950年12月11日作。載1950年12月16日香港《週末報・今日隨筆》，署紺弩。

杜魯門説

1950年12月17日、1951年1月10日、1月11日、1月28日香港《文匯報》一版《編者的話》。初收初版《寸磔紙老虎》。

論狗娘養的

1950年作於香港。1950年12月20日香港《文匯報》一版《編者的話》。初收初版《寸磔紙老虎》。

"無知的十五歲的孩子"

1950年作於香港。1950年12月22日香港《文匯報》一版《編者的話》。初收初版《寸磔紙老虎》。

嘘！

載1950年12月30日香港《週末報・今日隨筆》，署紺弩。

香港打波地之夜

1950年作於香港。初收初版《脚印》。

茫然

1950年6月6日作於九龍。載初版《海外奇談》。

睦鄰篇

載初版《寸磔紙老虎》。

關於伍修權將軍

1950年作。載初版《寸磔紙老虎》。

1951年，48歲

事　略

3月，離香港返回内地，先到武漢參加中南文教會議，並列席中南軍政委員會會議。回北京後，應馮雪峰之邀，出任人民文學出版社副總編輯兼古典部（二編室）主任。此間，香港《文匯報》曾一再挽留，但終未再回香港。同年，被選爲中國文藝家協會全國委員會委員，擔任中國作家協會理事兼古典文學研究部副部長；同時擔任中國文字改革委員會委員。整理注釋《瞿秋白文集》的同時，着手籌劃整理注釋《水滸》等古典文學名著。

3月，雜文集《寸磔紙老虎》，由香港求實出版社初版。

著　譯

世界主要語言中没有中國語言

1950年作於香港。1951年1月3日香港《文匯報》一版《編者的話》。初收初版《寸磔紙老虎》。

論如喪考妣

1951年1月5日香港《文匯報》一版《編者的話》。初收初版《寸磔紙老虎》。

傅斯年死了

載1951年1月6日香港《週末報·今日隨筆》，署紺弩。

斥艾森豪威爾

1951年1月14日香港《文匯報》一版《編者的話》。初收初版《寸磔紙老虎》。

科學與政治制度

1951 年 1 月 18 日香港《文匯報》一版《編者的話》。初收初版《寸磔紙老虎》。

朕即聯合國

1951 年 1 月 19 日香港《文匯報》一版《編者的話》。初收初版《寸磔紙老虎》。

怎樣“對付”聯合國?

1951 年 1 月 20 日香港《文匯報》一版《編者的話》。初收初版《寸磔紙老虎》。

一天的消息

1951 年 1 月 21 日香港《文匯報》一版《編者的話》。初收初版《寸磔紙老虎》。

美帝與臺灣

1951 年 1 月 23 日香港《文匯報》一版《編者的話》。初收初版《寸磔紙老虎》。

尼赫魯、狄托、亞阿十二國等

1951 年 1 月 24 日香港《文匯報》一版《編者的話》。初收初版《寸磔紙老虎》。

毛柳沁園春

載 1951 年 1 月 27 日香港《週末報・今日隨筆》，署紺弩。

試驗原子彈

1951 年 1 月 29 日香港《文匯報》一版《編者的話》。初收初版《寸磔紙老虎》。

殖民主義終結

1951 年 1 月 31 日香港《文匯報》一版《編者的話》。初收初版《寸磔紙老虎》。

兩個陣營，兩種聲音

1951 年 2 月 18 日香港《文匯報》一版《編者的話》。初收初版

《寸磔紙老虎》。

春天不是用兵天

載 1951 年 3 月 1 日香港《文匯報》副頁，署紺弩。

論虛無主義（又作爲《天地鬼神及其他》第一節）

1951 年 3 月 1 日作。載 1951 年 3 月 3 日香港《文匯報》副頁，署紺弩。

死生亦大矣

1951 年 3 月 3 日作。載 1951 年 3 月 5 日香港《文匯報》副頁，署紺弩。

爲辛賜卿而寫

載 1951 年 3 月 15 日香港《文匯報》副頁，署紺弩。

論“素患難行乎患難”（又作爲《天地鬼神及其他》第二節）

載 1951 年 3 月 23 日香港《文匯報》副頁，署紺弩。

天地鬼神及其他（即《論虛無主義》《論“素患難行乎患難”》和《論天地鬼神》的合篇）

1951 年 3 月 24 日作於香港。

1952 年，49 歲

事　略

主持人民文學出版社的古典文學出版工作，與《人民日報》記者徐放一起到蘇北興化等地調查《水滸》作者施耐庵的材料，並赴南京、揚州等地重游。2 月，中央發出《關於“三反”運動應和整黨運動結合進行的指示》。整黨開展後，即開始檢查思想，並寫出萬餘字檢查材料。

1953 年，50 歲

事　略

主持並組織編輯室張友鸞、顧學頡、舒蕪等專家，先後重新整理校訂和注釋《水滸》《紅樓夢》等古典文學名著。重新校訂和注釋的《水滸傳》（七十一回本），年底由作家出版社出版。該版本《水滸傳》的出版，是建國後整理古典文學遺産的開創性嘗試，得到中央有關領導的高度重視；出版時，《人民日報》專門發表短評表示祝賀。開始撰寫《水滸》論文；並應邀在北京圖書館主講《〈水滸〉是怎樣一部小説?》的學術報告，該報告中引用的有關資料後由北京圖書館匯編成《〈水滸傳〉及其參考資料》。6 月，參加屈原逝世 2230 週年紀念大會。9 月，參加在北京舉行的中華全國文學藝術工作者第二次代表大會。

著　譯

《水滸》是怎樣寫成的（又作爲《〈水滸〉五論》第一節）

載 1953 年 6 月《人民文學》第 6 期，署聶紺弩。初收初版《中國古典小説論集》。

《水滸》的影響（又作爲《〈水滸〉五論》第三節）

載 1953 年 7 月《文藝月報》第 7 期，署紺弩。初收初版《中國古典小説論集》。

1954 年，51 歲

事　略

應邀擔任《光明日報》社編委。在報刊上陸續發表研究《水滸》論文，影響很大，先後被邀請赴北京、天津、上海、南京、揚州等地許多學校和單位作關於《水滸》的報告達五十多場次。結合工作收集舊小説約三百種，加上短篇近千種，寫出札記上百條；抄了一百幾十篇序跋和幾十種短篇的目録，準備編寫一部中國小説史，後未能實現。7月，胡風向中央提出《關於解放以後文藝實踐狀況的報告》（即“三十萬言書”）。在此前後，開始被審查與胡風等人的關係，但與胡風兩家之間仍保持正常交往。不久，開展對“《紅樓夢》研究中的主觀唯心論”的批判。開始深入研究《紅樓夢》《三國演義》等古典文學名著，並陸續發表論文。

著　譯

論宋江三十六人名單的形成

——《水滸故事的發展》的一節

載1954年4月26日《光明日報》，署聶紺弩。

論《水滸》的思想性和藝術性是逐漸提高的（又作爲《〈水滸〉五論》第二節）

載1954年5月《人民文學》第5期，署聶紺弩。初收初版《中國古典小説論集》。

關於《水滸》的人物和故事

載1954年6月5日天津《大公報》，署聶紺弩。

《水滸》的繁本和簡本（又作爲《〈水滸〉五論》第五節）

載1954年7月5日《光明日報》。初收初版《中國古典小説論集》。

論釵黛合一論的思想根源

載1954年《文藝報》第21期，署聶紺弩。

1955年，52歲

事　略

年初，中國作家協會主席團決定在全國文化藝術界開展對胡風文藝思想的批判。5月，應江西省文化局和省文聯之邀，作《關於中國古典小説中的現實主義精神》的學術報告；不久，赴井岡山、瑞金等地參觀訪問。7月，“肅反運動”開始，被從江西緊急召回。因受左聯介紹人胡風（其時被定爲“反革命分子”）、入黨介紹人吴奚如（其時被定爲“叛徒”）的牽連，加上個人歷史和社會關係復雜，又偶藏有汪精衛題簽的汪母遺像册作物证，被隔離審查，反省三個月。反省結束時，雖未定爲“胡風分子”，但被認爲“有嚴重的政治歷史問題”，被支部一致通過開除黨籍（後改爲“留黨察看”），並被“撤職”，在出版社做一般的編輯工作。

4月，《紺弩雜文選》，由人民文學出版社初版，旋因作者受審查而停止發行。

著　譯

論俞平伯對《紅樓夢》的“辨僞存真”

載1955年1月《人民文學》第1期，署聶紺弩。

《紺弩雜文選》序言

1955年3月18日作於北京。載初版《紺弩雜文選》。

1956年，53歲

事　略

“肅反”受到處分後，情緒一度低落，偶爾來往的朋友也都是“肅反對象”或被“反革命”帽子壓得抬不起頭來的人。優待高級知識分子和百家争鳴的政策提出後，曾期望“肅反”中的偏差和消極影響能得以糾正。11月10日—15日，中共八届二中全會召開，宣佈準備在全黨開展“整風運動”。

1957年，54歲

事　略

整風中周穎（時任郵電部勞動工資處處長、“民革”中央委員）正在社會主義學院學習，因參加鳴放，談了“肅反”擴大化問題（涉及其老友胡風、駱賓基），成爲“反右”鬥争對象。紺弩雖在本單位未有任何言論或行動，但因替周穎的一份報告作過修改，也被牽連成爲“反右”鬥争對象。

著　譯

武則天四大奇案（《舊小説偶介與或評》之一）

載 1957 年 6 月 3 日《文匯報》，署聶紺弩。

“十五貫”兩種（《舊小説偶介與或評》之二）

載 1957 年 6 月 4 日《文匯報》，署聶紺弩。

筆記之筆記

藝術與非藝術

“兩世緣”與“借屍還魂”

王荆公

死算生

身外身

載 1957 年 6 月 4 日—20 日《文匯報》，署聶紺弩。

蜃樓外史（《舊小説偶介與或評》之三）

載 1957 年 6 月 22 日《文匯報》，署聶紺弩。

1958 年，55 歲

事　略

年初，與周穎都被定爲“右派分子”。周穎仍爲全國政協委員，雖降職降薪仍有工作。聶於 7 月被遣送北大荒密山農墾局 850 農場（在虎林縣境）4 分場勞改墾區勞動改造。剛去時在 2 隊參加各種勞動，如種地、伐木、推磨、搓繩以及放牛、牧馬、擔水、淘厠等等；中秋後，强勞力入山伐木時，轉入 5 隊參加積肥和修水利。時逢“大躍進”“全民寫詩”，作長、短篇古風多首，開大量創作描寫勞動的舊體詩之端。冬，因燒炕不慎失火，被懷疑故意破壞，天天挨批判鬥争，後以“反革命縱火罪”關進虎林監獄，但久不被提審。

著　譯

檻房雜記

1958年1月20日作於北京。初收初版《脚印》。

1959年，56歲

事　略

2月7日（舊曆除夕），周穎得聶託人寄的信，帶着全國政協秘書長張執一的介紹信至虎林探視，促進審判，結果“判刑一年，緩期執行”，於關押兩個多月後出獄，回850農場轉入7隊勞動。約10月被調至牡丹江農墾局《北大荒文藝》編輯部，與畫家丁聰等共事，經常乘小火車奔波於虎林的編輯部和密山的印刷所之間。

1960年，57歲

事　略

1960年春，牡丹江農墾局又將已在機關的“右派分子”組成生産隊勞動。全國政協開常務會時，張執一向周恩來反映了周穎瞭解的北大荒“右派”勞改的情況，促成流放北大荒的“右派分子”得以全部回京。冬，從北大荒回到北京，住西直門半壁街25號郵電部宿舍。復得老友張執一之助，安排在全國政協文史資料委員會工作，任文史專員。因無具體工作，承在農場作詩的馀緒，開始認真學詩和做詩；鍾敬文、陳邇冬等老友常爲家中座上客，一同談詩唱和。從追憶北大荒生活和感恩贈答開始，集中創作了一批以七律爲主的舊體詩。

1961年，58歲

事　略

1961年5月，開始和在香港的高旅通信，交流和切磋詩藝，在精神和物質上互相關懷。秋，原單位通知摘掉“右派”帽子。

1962年，59歲

事　略

3月，編成舊體詩集《馬山集》（收舊體詩四十首），手録於一印譜空頁中，從未示人，“文革”中曾散失，後在山東被人偶然發現；約同時編成《北大荒吟草》，初爲二十餘首，後不斷增補至四十餘首，陸續以手鈔本形式分贈親朋好友（包括仍在東北的丁玲、在香港的高旅和在武漢的朋友）。6月間，得邵荃麟幫助，在陳翔鶴主編的《文學遺産》（《光明日報》副刊）上發表研究《聊齋志異》等古典小説的論文，並獲得較高的稿酬以解決生活困難。10月，至武漢訪友，遊覽長江大橋，臨東湖瞻仰屈原像，均有感賦詩。

著　譯

林嗣環抄襲金聖嘆的文章

　　載1962年6月24日《光明日報》，署聶紺弩。

讀《聊齋志異》（又題作《漫談〈〈聊齋志異〉的藝術性》）

　　以《林四娘》作比較

　　《聊齋志異》的畫龍點睛與畫蛇添足

　　對話

　　化腐朽爲神奇

　　奇想

　　文章從矛盾中出來

向題材追索作品所需要的東西

載 1962 年 7 月 22 日、7 月 29 日、8 月 19 日、12 月 2 日《光明日報》，署聶紺弩。初收初版《中國古典小説論集》。

1963 年，60 歲

事　略

值曹雪芹誕辰二百週年紀念，潛心撰寫研究《紅樓夢》的文章，同時作咏《紅樓夢》人物組詩。前此亦有咏新、舊小説的詩多首，其中多有真知灼見，發前人所未發；且隱指現實，存有深意，少數曾托高旅在香港發表。研究《紅樓夢》的文章本爲《文學遺産》所寫，因《文學遺産》暫停，未得發表。

1964 年，61 歲

事　略

4 月 19 日起離京南游，歷時兩個半月。先至廣州、海豐，返回時經南昌、洪湖、京山、武漢。先後參觀了紅宫、紅場；拜訪了龍津溪畔的彭湃烈士紀念館（彭湃故居）；拜見了彭母周鳳老太太，並與之座談，題詩題詞，一起回憶大革命時的往事。又前往梅隴馬福蘭村訪丘東平故居，拜見丘母；還遊覽了汕尾漁港，參觀漁民新村。在廣州，祭掃了蕭紅墓，並探望了戰友。後回故鄉京山會見親友，參觀訪問。原還計劃往皖魯兩省，尋訪《水滸》人文歷史古迹，但未實現。8 月 17 日，以中國文字改革委員會委員身份赴西安參加“普通話教學成績觀摩會”，擔任評比委員；因重游西安，感念當年同至西安又同遣北大荒而此時仍滯留東北的丁玲，復成咏史詩多首。年底，託人向香港的高旅贈“蕭紅遺像”（尹瘦石畫，聶紺弩作詩，陳邇冬題字，詩書畫三絶，現存香港中央圖書館），以謝高旅請作蕭紅傳之意。

1965年，62歲

事 略

是年較沉寂，思想則更見深沉，開始研讀先秦諸子及《史記》《漢書》。作詩《與海燕公園看牡丹，以其意成一絶句》，記與女兒同游的天倫之樂，以其難得。8月，外孫方瞳出生。

1966年，63歲

事 略

1月，胡風回京候審，聶偕周穎前往探望，一起談論古典文學，談論詩詞等；旋胡風被押往四川，聶以詩幅“武鄉涕泪雙雄表”送行，並反復寄詩多首。手抄類編杜詩中有關政治的篇什。在研讀古籍中深有心得。不久，海燕夫婦赴邢臺“四清”，紺弩夫婦在家照顧外孫。6月1日，《人民日報》發表社論《横掃一切牛鬼蛇神》，預示“文化大革命”將在全國展開，隨即被兩次抄家。8月8日，中共八届十一中全會通過《關於無産階級文化大革命的决定》（即《十六條》）。

1967年，64歲

事 略

預窺風雨將臨，兩次去信囑胡風毁去贈詩，自己也將贈詩撕毁。1月13日，中央頒佈《公安六條》，規定凡是攻擊毛澤東、林彪者即以“現行反革命”罪懲辦。1月25日晚，在東直門外新源里寓所以“現行反革命”罪被捕，投入北京功德林第二監獄。逮捕具體原因不詳，並因無正式法律手續，家人很長時間無法知其關押地點。

1968年，65歲

事　略

冬，由功德林第二監獄轉北京半步橋第一模範監獄。在半步橋監獄時，曾夜間行動跌倒，鼻破血流滿面；進餐很少，以致身體十分瘦弱；又曾患肺炎兩三個月，透視七次，不能走路，由同監背負就醫。同號十幾人，有七名高級知識分子，如巨贊、梅洛、徐邁進等。與老友徐邁進自發組織青年獄友學習《毛澤東選集》。

1969年，66歲

事　略

10月19日總參謀長黄永勝發布加强戰備的《林彪副主席第1號令》，當即由北京監獄被押送至山西臨汾第三監獄，解晋途中，與曾任北京市政協秘書並在北京工藝美術學院任教的書畫家包于軌同銬。

1970年，67歲

事　略

4月，由臨汾轉押至山西稷山看守所，仍與包于軌同號，互相切磋學問。在獄中作《武漢大橋詩》近四十首，被搜去，後憶得十餘首發表，辭旨新奇瑰麗，氣象雄渾開朗，反映出在極端困苦環境中堅定達觀的精神狀態。

1971 年，68 歲

事　略

有詩贈包于軌，包於年内瘐死獄中。稷山看守所新所長蘇步雲給犯人購得一些馬列書籍，遂組織和幫助獄友學習《反杜林論》《唯物主義與經驗批判主義》和《資本論》。在晋獄中近七年，精讀《資本論》數遍，並作許多眉批和大量讀書札記。

1972 年，69 歲

事　略

在獄中逢七十（虚歲）生日，自壽詩有句云："死灰不可復燃乎？戲把前程問火爐。"

1973 年，70 歲

事　略

在獄學習之餘，常倚被而坐，默誦詩詞。特别努力回憶北大荒諸作，回憶不起來的則重作，反映出對這些心血之作的珍視。

1974 年，71 歲

事　略

春，曾在山西法院工作的友人朱静芳陪同周穎，前往山西稷山看守所探監。4 月底，接到北京市高院判處無期徒刑的判决書，罪名爲"惡毒攻擊無産階級司令部，書寫大量反革命文章"，因不服，提出上訴。不久，因稷山縣看守所大翻修，臨時轉至新絳縣看守所。10 月底，上訴被駁回，隨即送往臨汾第三監獄正式服刑，編在“老殘隊”。

1975年，72歲

事　略

周穎得知情況後，曾先後給周恩來、鄧小平等領導人寫信爲聶申訴。申訴信通過胡喬木批轉給當時主管政法工作的華國鋒，華國鋒作了批示。其時，因林彪垮臺，北京高院遂研究從原定罪狀中減去“污衊林彪”一項，將無期徒刑改爲十五年有期徒刑。但改判的判決書因故一直未能發出，聶本人及周穎直至逝世亦不知曉。8月7—12日，周穎再次在朱静芳陪同下，到臨汾第三監獄爲之解脱奔走，監禁條件始得有所改善；朱並與舊日同事楊孔珍監獄長及其夫人獄政科長彭元芳磋商，以先生年老體衰爲由，希望能争取減刑和保外就醫，以求生還北京。繼年初“特赦”全部在押戰犯之後，12月15日—18日，各地司法機關先後召開寬大釋放大會，對在押的原國民黨縣、團級以上黨政軍警特人員一律釋放，並給予公民權。山西省有七八百名有關人員釋放（包括著名的“大右派”葛佩琦），而聶仍不在其内。

1976年，73歲

事　略

在特赦國民黨黨政軍特人員查漏過程中，始得列入名單；於9月20日的裁定書中得到“寬大釋放，並予以公民權”。9月25日得到通知後即速函告北京，周穎得信後迅即由戴浩陪同，親赴山西迎接，11月2日回到北京新源里家中。先生得以生還北京，克服了兩大障礙：一是“現行反革命”不在特赦之列；二是除少將以上高級人員外，赦後不得返回北京、上海等大城市。此實爲楊孔珍夫婦仗義冒險施救所致。回京不久，北京高院才與山西監獄聯繫改判，因人已提前釋放，山西高院例行公事，向北京高院作了原則答復。但北京高院仍遲遲未撤銷原判，因此，政治上仍無自由。後幾經周折，始報上臨時户口，得以每月從朝陽區公安局民政科領取十八元生活補助金，作爲唯一生活來源。在回京前一個月，女兒、女婿先後自殺。

1977 年，74 歲

事　略

2 月，因牢役多年，疾病纏身，以至舉步維艱，但仍由旁人扶持，與姜牙子（黎丁）同往探望病中的阿英。以後，逐漸恢復與友人的詩詞贈答，年内詩作頗多。積極着手整理雜文、小説等舊作和創作新作品，回憶並從友人處搜集詩詞舊作，争取發表。

9 月，《聶紺弩雜文選》由香港爾雅書業公司出版（未經作者授權）。

1978 年，75 歲

事　略

歷經“文革”之阻隔後，恢復與高旅通信，並得高旅從香港抄回大批詩詞舊作。整理舊作新篇，先後編輯《北荒草》《贈答草》和《南山草》，開始以油印本在友好中流傳，獲得好的反響。應香港方面邀請，爲三聯書店成立三十週年著長文紀念，體力腦力均消耗甚大。

著　譯

我在《文匯報》工作時的一點回憶

1978 年 6 月 23 日作於北京。收 1998 年 1 月團結出版社初版《聶紺弩自叙》。

一個文字改革工作者的話

——爲紀念三聯書店成立三十週年作

1978 年 8 月 18 日作於北京。

1979年，76歲

事　略

回京後多次申訴，仍久拖未決。直至本年3月10日，在某些高層領導人的過問下，北京高院才撤銷原判，宣告無罪。4月7日，由人民文學出版社改正錯劃“右派”，恢復黨籍、級别、工資、名譽，並聘爲該社顧問。冬，參加中國文學藝術工作者第四次代表大會，被選爲全國委員會委員、中國作家協會常務理事。在文代會上，與李何林、吴奚如等請求已出獄並任四川省政協委員的胡風參加會議，因遭文藝界某負責人反對未能實現。香港友人羅孚提出願幫助在港出版《三草》合集。

著　譯

略談《紅樓夢》的幾個人物

載1979年11月《紅樓夢研究集刊》第1輯，署聶紺弩。初收初版《中國古典小説論集》。

1980年，77歲

事　略

自監獄歸家後即因肌肉萎縮而艱於離床榻，復爲老年疾病所困，曾多次住院。初夏，再次入北京郵電醫院就醫。此次入院延續至次年。在病床上與人談話，仍精神高昂，並奮力寫作不輟。時胡風夫婦自四川歸京，與胡風、蕭軍及他們的家人聚會、合影。冬，被補選爲第五屆全國政協委員。

著　譯

略談《聊齋志異》的反封建反科舉精神（又作爲《〈聊齋志異〉三論》第一、二節）

載《文學遺産》1980年第1期，署聶紺弩。初收初版《中國古典小説論集》。

七十年前的開筆

1980年春作。載1980年《文匯增刊》第3期；又載1981年3月14日香港《大公報》，初收初版《脚印》。

從男性紅娘説到挽陳帥詩

1980年7月8日作。載1980年8月6日香港《大公報》，署聶紺弩。

從《狂人日記》談到天門縣的人民（原題作《讀〈啊，父老兄弟〉》）

——爲魯迅先生百年誕辰作

1980年12月5日作於北京。載團結出版社初版《聶紺弩自叙》。

1981年，78歲

事　略

整理編輯舊作及新作，結集多種，於年内陸續出版。舊體詩集《三草》（收詩一百九十八餘首）得以在香港正式出版。自注有云："我詩曾全失去，若干年後始陸續搜得其小半，除極少數外，均忘其作年，故其次序無意義。"是以詩集分類編輯而不係年。9月，魯迅誕辰百年紀念大會在京舉行，本擬將上年底應北京魯迅研究室之邀寫成的雜文力作《讀〈呵，父老兄弟〉》更名爲《從〈狂人日記〉談到天門縣的人民——爲魯迅先生百年誕辰作》發表，但因怕再惹"文禍"，被親朋勸阻而撤回，遂代之以《爲魯迅先生百歲誕辰而歌》舊體詩二十二首。7月，參加全國政協會議。

1月，《中國古典小説論集》由上海古籍出版社初版；《紺弩小説集》由湖南人民出版社初版；3月，《聶紺弩雜文集》由北京生活·讀書·新知三聯書店初版；6月，舊體詩集《三草》由香港野草出版社（託名，實爲同人集資出版）初版；12 月，《紺弩散文》由北京人民文學出版社初版。

著　譯

《中國古典小説論集》自序

1980 年 1 月 21 日作。載上海古籍出版社初版《中國古典小説論集》。

《紺弩小説集》序

1980 年 4 月 20 日作於北京。載湖南人民出版社初版《紺弩小説集》。

《聶紺弩雜文集》序

1980 年 4 月 22 日作於北京。載北京生活·讀書·新知三聯書店初版《聶紺弩雜文集》。

序《蕭紅選集》

——回憶我和蕭紅的一次談話

1980 年 8 月 15 日作於北京。載人民文學出版社 1981 年 5 月出版的《蕭紅選集》；又載《新文學史料》1981 年第 1 期。初收初版《高山仰止》。

懷監獄

1981 年 7 月作。載 1981 年 8 月 17—20 日香港《大公報》，署聶紺弩。初收初版《脚印》。

《散宜生詩》自序（又題作《我與詩》）

1981 年 10 月 16 日作於北京。載初版《脚印》。

《紺弩散文》序

1981 年 3 月末作於北京。載人民文學出版社 1981 年 12 月版《紺弩散文》。

《水滸》五論（即《水滸是怎様寫成的》《論〈水滸〉的思想性和藝術性是逐漸提高的》《〈水滸〉的影響》《論〈水滸〉的版本鬥争》和《〈水滸〉的繁本和簡本》的合篇）

載初版《中國古典小説論集》。

關於魯迅先生百歲誕辰

1981 年 9 月 15 日作於北京。黎丁藏稿。署聶紺弩。

故鄉·故鄉的語言·兒歌之類

1981 年 2 月 28 日作於北京。周健强藏稿。署聶紺弩。

1982 年，79 歲

事　略

《散宜生詩》在北京出版，爲《三草》增訂本，體例相同，而多分出一輯《第四草》，共收舊體詩二百二十首。胡喬木爲之作序，《胡序》云“希望一切舊體詩新體詩的愛好者不要忽略作者以熱血和微笑留給我們的一株奇葩——它的特色也許是過去、現在、將來的詩史上獨一無二的。”8 月，友人高旅自香港赴京探視，卅載暌隔，一朝相見，彼此甚爲珍重。高旅一直爲香港《文匯報》主筆，對《文匯報》建設有重要功績，因不滿“文革”中的一些錯誤做法而於 1968 年憤然擲筆，而“文革”後却一直未得落實政策，經紺弩夫婦多方努力，終於争取到胡耀邦的專門批示。

8 月，舊體詩集《散宜生詩》由人民文學出版社初版。

著　譯

我與詩（又作《〈散宜生詩〉自序》）

載《文匯月刊》1982 年第 6 期，署聶紺弩。

俠女·十三妹·水冰心

1982 年 5 月 9 日作。載《讀書》1982 年第 8 期，署聶紺弩。初收重編本《蛇與塔》。

鍾敬文·《三朵花》·《傾蓋》及其他

1982 年 1 月 23 日作於北京。載 1982 年《新文學史料》第 3 期，署聶紺弩。初收初版《脚印》。

我愛金聖嘆

載 1982 年 11 月 2 日《光明日報》，署聶紺弩。

華民政務司

1982 年 12 月 1 日作於北京。載初版《脚印》。

1983 年，80 歲

事　略

6 月，被選爲第六届全國政協委員。《散宜生詩》出版後受到讀者歡迎，遂計劃出版增訂、注釋本，爲此增作《後記》，從思想和藝術兩方面對自己的詩做了評價。

著　譯

《詩刊》的幾首詩

1982 年 10 月 5 日作。載 1983 年《讀書》第 1 期，署聶紺弩。

編第一個日報副刊

1982 年 9 月 25 日作於北京。載 1983 年 1 月《新聞研究資料》第 17 輯，署聶紺弩。初收初版《脚印》。

語文七札

一　方字

二　江漖似爲某些賭具發祥地説及其他

三　聞人和名流及其他

四　而今篇

五　《一個下賤女人》裏的幾個方言字

六　技癢篇

七　談喝飯

八　後記

1983 年 3 月 24 日作。載廣西《語文園地》1983 年 2—3 期，署聶紺弩。

文理十斟

1983年作。載《語文園地》1983年第4期，署聶紺弩。

懷或本《水滸》

載1983年5月3日《光明日報·文學遺産》，署聶紺弩。

《散宜生詩》後記

1982年舊曆端午節作。載《散宜生詩》。

《吴奚如小説集》序言

1983年6月18日作於北京。載初版《吴奚如小説集》，又載初版《脚印》。

從《吴虞文録》説到《花月痕》

載1983年《讀書》第9期，署聶紺弩。初收1986年2月北京三聯重排版《蛇與塔》。

《山呼》自序

1983年9月6日作於北京。載《聶紺弩詩全編·山呼》。

神仙也封建

1983年5月5日作於北京。周健强藏稿。署聶紺弩。

王安石的兩句詩

1983年5月18日作於北京。周健强藏稿。署聶紺弩。

1984年，81歲

事　略

繼續寫作回憶文章、文藝評論和序跋。贈詩謝“左聯”戰友周而復登門探望。

6月，九人詩合集《傾蓋集》由福建人民出版社初版，其中《咄堂詩》係紺弩自選舊體詩集，選編時間與《三草》大致相同，共收詩詞八十首。7月，論及魯迅的文章合集《高山仰止》由人民文學出版社初版。

著　譯

"板"琴

1984 年 1 月 10 日作於北京。載 1984 年上海《文匯月刊》第 7 期。初收初版《脚印》。

我和伍禾

載 1984 年《長江》文學叢刊，署聶紺弩。初收初版《脚印》。

談《金瓶梅》

1984 年 2 月 10 日作。載《讀書》1984 年第 4 期，署聶紺弩。初收重編本《蛇與塔》。

讀書篇（又題作《談讀書》）

載 1984 年《中國青年》第 2 期，署聶紺弩。

《語文半世紀》序

1984 年 3 月 1 日作於北京。中國現代文學館藏稿。

且説《三國演義》

1983 年 11 月 19 日作。載 1984 年《文史知識》第 3 期，署聶紺弩；又載 2001 年 9 月岳麓出版社初版《三國演義》。

《水泊梁山英雄譜》外序

——懷孟超

1984 年 4 月 4 日作於北京。載孟超著《水泊梁山英雄譜》；又載 1984 年《讀書》第 7 期，署聶紺弩。初收初版《脚印》。

《歷史哲學》·《玉嬌梨》·文字改革

中國現代文學館藏稿，發表刊物、時間不詳，署聶紺弩。

小紅論

1984 年 5 月 12 日作。載 1984 年《讀書》第 8 期，署聶紺弩。初收 1986 年 2 月三聯重排版《蛇與塔》。

《脚印》序（又題作《我的"自學"》）

1984 年 10 月作。載初版《脚印》。

禮與紅樓

載 1984 年《晋陽學刊》第 6 期，署聶紺弩。

曹操形象

1984 年 4 月 1 日作於北京。中國現代文學館藏稿。

語言·文字·文章

一　話跟話的分家

二　話跟文章的分家

三　話跟文字的分家

據中國現代文學館藏稿《語文半世紀》目録。

1985 年，82 歲

事　略

老友馮伯恒於 3 月逝世，不敢使聞，8 月偶然得知，即作詩悼念。6 月，胡風逝世，即作悼詩，刊於《人民日報》。秋，病情持續惡化，拒絶住院，準備寫《賈寶玉論》而未能完成。11 月，手寫《雪峰十年忌》詩二首。病重期間，作爲文字改革委員會委員，仍牽挂文字改革事業。

7 月，《散宜生詩》（增補、注釋本）由人民文學出版社二版，共收詩詞二百六十二首。

著　譯

三上紅樓

載 1985 年《語文園地》第 1 期，署聶紺弩。

我的“自學”（又題作《〈脚印〉序》）

1984 年 10 月作。載 1985 年《讀書》第 1 期，署聶紺弩。

雜文：侵入高尚的文學樓臺

——《中國新文學大系（一九二七——一九三七）·雜文卷》序

載 1985 年《書林》第 1 期，署聶紺弩。

讀《讀孟嘗君傳》

載1985年3月15日《中國社會科學院研究生院學報》第2期，署聶紺弩。

《徐冬冬詩畫集》跋

1985年12月8日作。載《徐冬冬詩畫集》，署聶紺弩。

1986年，83歲

事　略

1月，應邀口述《我與雜文》，由何滿子整理成文。3月初，病情漸重，但頭腦清楚，拒不吃藥。24日入院，26日於北京協和醫院安詳謝世。4月7日下午，在八寶山革命公墓禮堂舉行遺體告别儀式。徐向前等黨和國家領導人送了花圈；全國政協、民革中央、中組部、中宣部、文化部、全國僑聯、中國作協、黄埔軍校同學會、國家出版局，以及湖北省京山縣委和縣政府也獻了花圈；習仲勛、鄧力群、朱學范、楊静仁、屈武等領導人和首都文藝界、新聞出版界人士六百多人出席了告别儀式。

2月，婦女問題論集《蛇與塔》（重編本）由北京生活·讀書·新知三聯書店初版；3月，回憶專集《脚印》，列爲《新文學史料叢書》之一，由人民文學出版社初版；7月，《散宜生詩》（增訂、注釋本）由人民文學出版社再版。

著　譯

《聊齋志異》的思想性舉隅

初收初版《中國古典小説論集》。

《聊齋志異》在婦女問題上的矛盾（又作爲《〈聊齋志異〉三論》第三節）

初收1986年2月三聯重排版《蛇與塔》。

《聊齋志異》三論（即《略談〈聊齋志異〉的反封建反科舉精神》《〈聊齋志異〉在婦女問題上的矛盾》的合篇）

載初版《中國古典小説論集》。

談鴇母（由《嫖客與鴇母》删節而成）

1950 年 1 月 10 日作。載 1986 年 2 月北京三聯重排版《蛇與塔》。

《蛇與塔》（重編本）自序

載 1986 年 2 月北京生活·讀書·新知三聯書店版重編本《蛇與塔》，署聶紺弩。

我與雜文

1986 年 1 月作。載上海古籍出版社 1990 年版《青年文學手册》。

兒時（即《〈烏金記〉和買〈聊齋〉》《上會》和《咸茶與閒書》的合篇）

初收初版《脚印》。

以下篇目爲中國現代文學館及周健强所藏作者手稿，未註明寫作時間：

寓言

潘贊化

讀瞿鋼詩《三棒鼓今昔唱》

咸茶與閒書（又作爲《兒時》第三節）

從《紅樓夢》説到戀愛與婚姻

“銀樣鑞槍頭！”

論《金瓶梅》的黄色

《花柳深情傳》

十美圖

有兩種本子的三種舊小説

斷片五則